Dilo en voz alta 2de

RÉFORME LYCÉE 2019

C'est vous qui le dites !*

J'ai rarement vu dans un manuel **autant de thématiques !** Cela me donne l'impression que je n'aurai pas à aller chercher d'autres choses ailleurs.

Fatima G. (Lyon)

Les documents sont **authentiques** et vraiment **récents**. En plus, je découvre des choses que je ne connaissais pas.

Élodie L. (Paris)

C'est une **progression** qui fera évoluer les élèves du niveau A2 au B1 **en douceur**, j'y vois vraiment une transition jusqu'au cycle terminal.

Paul R. (Marne-la-Vallée)

Le **choix des documents** est **très varié**, il y a de nombreux audios et vidéos. On peut vraiment travailler toutes **les activités linguistiques**. Un **gain de temps** pour nous !

Moran L. (Aix-en-Provence)

J'aime beaucoup les activités de la double-page ***Calentando Motores*** : c'est une nouvelle manière de **travailler sur le vocabulaire** !

Michèle C. (Toulouse)

Les **projets finaux** sont **très motivants, détaillés** : **on guide bien les élèves**, ce qui correspond à **nos pratiques** !

Beatriz G. (Créteil)

* *Avis recueillis lors des études*

L'offre complète de *Dilo en voz alta* 2de

	POUR L'ENSEIGNANT	POUR L'ÉLÈVE
Le manuel papier	✓	✓
Le manuel numérique	✓	✓
Le livret de l'enseignant	✓	
Le guide pédagogique papier, pdf ou epub	✓	
Le coffret classe CDs + DVD	✓	
Toutes les ressources à l'unité sur : Didier-Prof	✓	
e-didier.fr ou l'appli « onprint »		✓
OFFRES GRATUITES	ENSEIGNANT ADOPTANT ▼ Le manuel numérique OFFERT 5 ans	SPÉCIAL RÉFORME LYCÉE 2019 ▼ Le manuel numérique OFFERT 1 an

▶ découvrez la collection sur www.editionsdidier.com/dilo-en-voz-alta

Détail de l'offre pages suivantes

Les supports papier/CD/DVD

▶ LE MANUEL

- Les **8 axes du programme** traités systématiquement en **2 à 3 chapitres problématisés,** pour offrir un **large choix à l'enseignant**
- **L'oral, le travail de la langue et le culturel** au cœur de l'apprentissage
- **Des pages originales et innovantes :**
  → **« Calentando motores » :** une double page d'entrée dans le thème par le visuel pour **travailler l'oral** et **stimuler la prise de parole en classe**
  → **« De cine » :** un zoom original sur le **cinéma hispanophone**
  → **« En grupos » :** des mises en œuvre et des supports pour la **collaboration** et le **travail en groupe**
- **Des documents variés,** classiques, récents, d'actualité, **et 100% authentiques**
- **Des activités interactives supplémentaires** en grammaire et lexique sur e-didier.fr
- **Les pré-requis du collège** pris en compte :
  → des exploitations différentes pour la **pédagogie différenciée**
  → **une unité 0** pour faire le point sur le niveau des élèves
  → **un quiz Vocabulaire/Grammaire/Culture** en ouverture d'axe pour tester les pré-requis

⊕ LE LIVRET DE L'ENSEIGNANT

Offert dans votre spécimen, et téléchargeable, avec :

→ les **évaluations diagnostiques** de début d'année
→ les fiches de **pédagogie différenciée**
→ les supports **d'évaluation de compréhension écrite**
→ les supports **d'activités**

▶ LE GUIDE PÉDAGOGIQUE

- Les **mises en œuvre** pédagogiques
- Les **fiches** de la méthode
- Les **grilles d'évaluation**
- Les **quiz**

→ *Également téléchargeable* ***gratuitement*** *sur :* Didier-Prof *ou sur :* **www.editionsdidier.com/dilo-en-voz-alta**

▶ LE COFFRET CLASSE CDs + DVD

- Les **audios et vidéos** exploités dans le manuel, y compris les **supports d'évaluation** pour la compréhension de l'oral

→ *Les audios et vidéos sont également disponibles sur* Didier-Prof

Les supports numériques

▶ LE MANUEL NUMÉRIQUE

Le manuel enrichi avec :

- tous les **audios** et toutes les **vidéos**
- les **activités interactives et autocorrectives** supplémentaires en **grammaire** et en **vocabulaire**, et les **activités interactives** à partir des documents
- les fiches de la méthode (pédagogie différenciée, supports d'activités, tutos TIC…)

⊕ **SPÉCIAL DYS :** les textes et les fiches de vocabulaire en typo DYS

OFFRE « SPÉCIAL RÉFORME LYCÉE 2019 »

→ **OFFERT 5 ans aux enseignants** qui équipent leur classe de manuels papier ou numériques (20 élèves minimum)

→ **OFFERT 1 an aux élèves** si toute la classe est équipée de manuels papier (offre valable jusqu'au 31/12/19)

1clic **NOUVEAU**

Plus besoin de connexion Internet pour utiliser votre manuel numérique !

➡ **Téléchargez-le depuis votre ENT en 1 clic !**

Infos sur : **www.editionsdidier.com/fr/actualite/1-clic**

▶ UN ACCÈS SIMPLE ET RAPIDE AUX RESSOURCES

Pour l'enseignant

Sur **Didier-Prof** : un espace unique et **gratuit** pour accéder :

- à chacune des **ressources du manuel** (indexée pour être utilisée **à la carte**, comme vous le souhaitez)
- aux activités **interactives** de **grammaire** et de **vocabulaire**, et les **activités interactives** à partir des documents
- à toutes les **fiches** de la méthode (pédagogie différenciée, supports d'activités, tutos TIC…)
- au **Guide pédagogique**, au 8 **quiz** interactifs et imprimables et aux supports d'**évaluation**

⊕ Un ***Escape Game*** ludique et culturel

→ *accessible automatiquement avec votre manuel numérique*
démo sur : jeteste.fr/7457081

Pour l'élève

Un **accès simple, rapide et gratuit** pour consulter et/ou télécharger **toutes les ressources** du manuel :

- les **audios** et les **vidéos**
- les **activités interactives** et **autocorrectives** supplémentaires en **grammaire** et en **vocabulaire**
- les **fiches élève** de la méthode
- les 8 **quiz**

→ Sur **e-didier.fr** :
saisir le code signalé par le picto e EVA2000

OU

→ avec **l'appli** « onprint »,
à télécharger gratuitement :
flasher la page où apparaît le picto e EVA2000
avec son smartphone ou sa tablette

Téléchargez l'appli gratuite « onprint », et flashez les pages pour un accès direct aux **ressources**

Accès à vos offres numériques

RÉFORME LYCÉE 2019

1 Testez vos ressources numériques

➡ Accédez à une démo du manuel numérique et de Didier-Prof en vous connectant sur :
→ jeteste.fr/7457081

2 Obtenez vos offres gratuites (enseignant et élèves)

➡ À l'aide du formulaire de prescription accessible sur votre espace e-education :
→ jeteste.fr/7457081

VOUS ÉQUIPEZ VOTRE CLASSE EN MANUELS PAPIER

3 Accédez à vos offres gratuites (enseignant et élèves) (1)

- **Manuel numérique enseignant gratuit 5 ans + accès à Didier-Prof**
- **Manuels numériques élèves gratuits 1 an** (**OFFRE « spécial réforme lycée 2019 » :** 1 manuel papier acheté = 1 manuel numérique offert)

➡ Un mail de confirmation d'enregistrement de votre demande vous est envoyé

➡ Accédez à votre offre gratuite :
→ directement dans votre ENT
OU
→ **en ligne**, depuis votre **espace e-education**, avec vos identifiants :
monespace-educ.fr/acceder

VOUS ÉQUIPEZ VOTRE CLASSE EN MANUELS NUMÉRIQUES

3 Accédez à vos offres gratuites (enseignant et élèves) (1)

- **Manuel numérique enseignant gratuit 5 ans + accès à Didier-Prof**

➡ La commande s'effectue sur le site **Kiosque Numérique de l'Éducation** (par vous ou votre gestionnaire) où vous serez guidé dans votre démarche :
→ www.kiosque-edu.com

➡ Pour toutes vos questions : → info@kiosque-edu.com

(1) *Sous réserve d'équiper 100 % de la classe - 20 élèves minimum*

▶ Nos tarifs

Manuel numérique *Dilo en voz alta* (en ligne + téléchargement + tablette)	CLASSE ÉQUIPÉE EN MANUELS PAPIER*	CLASSE ÉQUIPÉE EN MANUELS NUMÉRIQUES
Licence élève 1 an Offre « Spécial réforme » lycée 2019 jusqu'au 31/12/19	~~3,50 €~~ gratuit •	7,00 €
Licence élève 5 ans	10,00 €	20,00 €
Licence enseignant 5 ans	OFFERTE **	

* ***Offre licence élève :*** *pour l'achat du* ***manuel papier*** *- Sous réserve d'équiper 100 % de la classe - 20 élèves minimum.*

** ***Offre licence enseignant :*** *pour l'achat du* ***manuel papier ou numérique*** *- Sous réserve d'équiper 100 % de la classe - 20 élèves minimum.*

• *Offre « Spécial réforme » valable sous réserve d'équiper 100% de la classe en manuels papier.*

Nos manuels numériques sont compatibles tous supports : PC/MAC et Tablette Android/IOS/Windows
→ Consultez la configuration minimum sur www.kiosque-edu.com

Dilo en voz alta

Espagnol

2de

A2 ▶ B1

Coordination pédagogique

Marianne Ellafaf
Consejería de Educación (Cantabria, Espagne)

Sonia Ramirez
Formatrice académique
Lycée Marie Curie, Tarbes (Académie de Toulouse)

Élodie Beauvais
Lycée Sainte Céline, La Ferté-sous-Jouarre (Académie de Créteil)

Imed El Azhar
Formateur académique
Lycée Pierre Mendès-France, Tunis (AEFE)

David Escobar
Lycée Victor Louis, Talence (Académie de Bordeaux)

Ian Escusa
Lycée Léonard de Vinci, Amboise (Académie d'Orléans-Tours)

Thierry Rodriguez
Formateur académique
Lycée Marie Curie, Tarbes (Académie de Toulouse)

Les auteurs et l'éditeur remercient
Marie-Thérèse Garcès
Inspectrice Pédagogique Régionale (Académie de Toulouse)
pour sa relecture et ses précieux conseils.

didier

Votre manuel Dilo en voz alta 2de et le nouveau Programme de langues vivantes

Le culturel

« **En classe de seconde,** le niveau visé dans les deux langues permet d'aller au-delà du thème travaillé au collège (cycle 4), *la rencontre avec d'autres cultures*. Il s'agit désormais de problématiser davantage les questions de cohésion sociale et culturelle. [...] La thématique de **l'art de vivre ensemble** se décline, en classe de seconde, selon huit axes. [...]
Au fil de l'année, les professeurs abordent **au moins six axes sur les huit de la liste**, selon un ordre qu'ils choisissent, chacun d'eux étant envisagé à travers **deux ou trois séquences** portant sur des **problématiques** qui y sont reliées. »

BO, www.education.gouv.fr, 2019

Dilo en voz alta 2de vous propose tous les **axes du Programme** :

- Vivre entre générations
- Les univers professionnels, le monde du travail
- Le village, le quartier, la ville
- Représentation de soi et rapport à autrui
- Sports et société
- La création et le rapport aux arts
- Sauver la planète, penser les futurs possibles
- Le passé dans le présent

Chaque axe (" TEMA ") est traité en 2 ou 3 séquences avec des **documents 100 % authentiques et variés.**

¡QUIZ! 10'

Une entrée **ludique** pour tester vos connaissances en **lexique**, **grammaire** et **culture.**

***1 chapitre** = 1 problématique + tout pour y répondre à la fin de chaque chapitre.*

DATOS claves
Pages 206 à 215

Des **compléments culturels et historiques** pour mettre en contexte des documents.

De cine

Un zoom sur le **cinéma hispanophone.**

Un manuel pour tous

Les prérequis du collège pris en compte

- ✓ Des **évaluations diagnostiques** selon les nouveaux descripteurs dans le *Livret de l'enseignant*.
- ✓ Une **unité de début d'année** (" Entremeses ") pour une entrée progressive au lycée.
- ✓ Un **quiz** en ouverture de chaque axe, pour se tester avant l'étude des chapitres.

De l'expression : beaucoup d'oral... sans oublier l'écrit

- ✓ Les double pages **Calentando motores** : en fonction des classes, des prérequis ou du temps disponible, consacrez quelques minutes ou plus à ces activités ludiques de prise de parole.
- ✓ La rubrique **Actúa** : de la pédagogie actionnelle pour préparer les projets.
- ✓ Les pages **Expresión guiada** : de la méthodologie, pas à pas et prête à l'emploi, pour faciliter l'expression.
- ✓ Des **projets** finaux de toute nature, individuels, en équipe, avec les TICE, dans toutes les activités langagières.

L'étude de **la langue**

« Comme au collège, le **lexique** et la **grammaire** sont toujours abordés **à partir de documents** et toujours en lien avec un **contexte** d'utilisation. » [...]
« La mise en place de **séances d'entraînement** doit permettre à l'élève de s'approprier et d'approfondir le lexique de la **description**, de l'**explication**, de la **narration** et de l'**argumentation**. » [...]
« À partir des documents abordés en cours, l'élève est conduit à découvrir les règles d'usage de la langue, à identifier les points de syntaxe ou de morphologie constitutifs du document, afin de se les approprier. Une **meilleure maîtrise de la grammaire** donne sens et cohérence aux énoncés produits. » [...]
« La **maîtrise phonologique** n'est pas réduite à la seule composante de l'accent et son exactitude, mais se compose d'un ensemble d'éléments parmi lesquels l'articulation (incluant l'intonation, le rythme, l'accent tonique, l'accent phrastique, le débit et le découpage), et l'intelligibilité (accessibilité du sens pour les auditeurs). »

BO, www.education.gouv.fr, 2019

Tout au long des documents de
Dilo en voz alta 2de, vous serez guidés dans l'appropriation de nouveaux mots et points de grammaire :

- **Para expresarte :** une rubrique lexicale en contexte pour vous aider à vous exprimer autour d'un document.
- **Gramática :** un encart synthétique en contexte sur des faits de langue abordés en réception ou en production.
- En plus, révisez et entraînez-vous avec les **pages Gramática** et **Vocabulario** de chaque axe : des fiches + des exercices pour approfondir et systématiser + des activités interactives et autocorrectives.

Les points grammaticaux, ainsi que le vocabulaire, s'appréhendent en les pratiquant : les **exercices proposés sur ces pages**, tout comme les **exercices interactifs**, sont une bonne façon d'ancrer l'apprentissage.

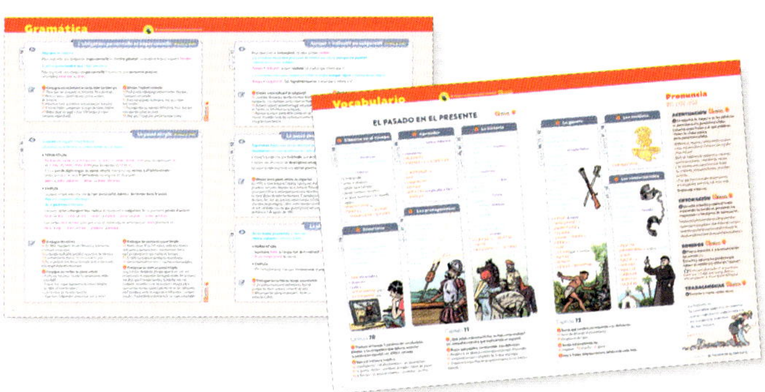

Écoutez le plus souvent possible les audios et entraînez-vous !
La rubrique **Pronuncia en voz alta** propose un entrainement à l'accentuation, à l'intonation, aux sons et se termine par un *Trabalenguas* : un défi phonologique !

De solutions pour différents usages

- ✓ Des fiches pour la **pédagogie différenciée** en compréhension.
- ✓ Des pages **En grupos** pour favoriser la collaboration, la médiation et le travail en groupes.
- ✓ Les textes en **typo DYS** sur **Didier-Prof**.
- ✓ « onprint » pour utiliser son smartphone ou sa tablette : **flashez la page et accédez aux ressources**.
- ✓ **e-didier.fr** depuis un ordinateur : **entrez le code et accédez aux ressources**.

Vers le bac !
Retrouvez sur **Didier-Prof**, à la parution définitive des épreuves, tout pour vous accompagner et préparer le bac.

EL PASADO EN EL PRESENTE

Gramática

- *l'obligation personnelle et impersonnelle*
- *le passé simple*
- ***aunque** + indicatif ou subjonctif*
- *le passé simple et l'imparfait de l'indicatif*
- *le plus-que-parfait de l'indicatif*

Vocabulario

situarse en el tiempo • divertirse • aprender • la historia • la guerra y las batallas • los protagonistas • los motivos y las consecuencias de las conquistas

EL BARRIO, EL PUEBLO, LA CIUDAD

Gramática

- *le comparatif*
- *le superlatif*
- *l'expression de la quantité*
- *les emplois des temps du passé*

Vocabulario

la ciudad y el pueblo • el barrio • la gente del barrio • los edificios • la arquitectura • lugares emblemáticos • el patrimonio

¿Quién es quién?

Esa soy yo

DOCUMENTO 1

Soy Maya Vidal, diecinueve años, sexo femenino, soltera. [...]

En hindi, maya significa "hechizo[1], ilusión, sueño". Nada que ver con mi carácter. [...]

¿Cómo soy? Un metro ochenta, cincuenta y ocho kilos cuando juego al fútbol y varios más si me descuido[2], piernas musculosas, manos torpes, ojos azules o grises, según la hora del día, y creo que rubia, pero no estoy segura ya que no he visto mi pelo natural desde hace varios años.

No heredé el aspecto exótico de mi abuela, con su piel aceitunada y esas ojeras oscuras que le dan un aire depravado, o de mi padre, apuesto como un torero e igual de vanidoso [...].

Me parezco a mi madre, al menos en el tamaño y el color. No era una princesa de Laponia, como yo creía antes de tener uso de razón, sino una asistente de vuelo danesa de quien mi padre, piloto comercial, se enamoró en el aire.

Isabel Allende (chilena), *El cuaderno de maya*, 2011

---

1. un hechizo: *un sortilège* - 2. si me descuido: *si je ne fais pas attention*

LEE. (1) Prepara preguntas para que tus compañeros puedan presentar a la protagonista.

(2) Completa la presentación:

La chica / La narradora / La protagonista es...
La chica se llama... / Se parece a...
Tiene... / Viene de... / Es una chica muy...

Les mots interrogatifs

qué	de quién	cómo	por qué
de qué	a quién	dónde	cuánto(s)
quién	cuándo	de dónde	

⚠ « est-ce que » n'existe pas en espagnol !
Est-ce qu'elle est espagnole ? = ¿Es española?

¿Quién es?

Actividad 1

Elige a un compañero y haz su descripción física sin decir su nombre.
El resto de la clase está de pie.
Se sientan las personas que no corresponden a tu descripción hasta que solo quede el compañero de pie.

Descripción física (EVA2001)

SER alto, bajo, moreno, pelirrojo, rubio

TENER el pelo: corto, largo, liso, rizado

TENER los ojos: azules, grises, marrones, negros, verdes

Ropa y accesorios (EVA2002)

LLEVAR/TENER

- un abrigo
- unas botas
- una bufanda
- una camisa
- una camiseta
- una cazadora
- un chándal
- una chaqueta
- una falda
- unas gafas
- un gorro de lana
- un jersey
- una mochila
- unos pantalones
- un pañuelo
- unas sandalias
- una sudadera
- unos vaqueros
- un vestido
- unas zapatillas de deporte
- unos zapatos

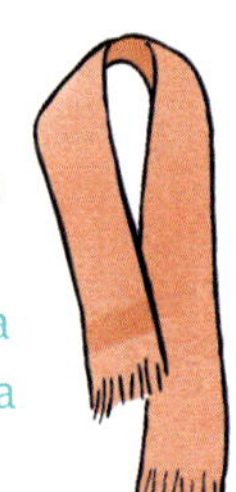

DOCUMENTO 2

Primeros encuentros

EVA2003

Serie: *Si fueras tú*, RTVE, 2017

MIRA EL VÍDEO. (1) Presenta la escena dando todas las informaciones posibles: lugar, personajes, actitudes, situación...
(2) ¿Puedes imaginar lo que pasa?

Actividad 2

Rompemos el hielo

Ponte con un compañero al que no conozcas. Tenéis 2 minutos para haceros preguntas y conoceros (domicilio, teléfono, familia, rasgos de carácter, gustos, cumpleaños, etc.). Presenta a tu compañero a la clase y él a ti.

Caracteres y emociones

EVA2004

SER
- amable
- comprensivo
- extraño
- extravertido
- impresionante
- increíble
- intrigante
- simpático
- sonriente
- tímido

ESTAR (=SENTIRSE)
- alegre/contento
- asombrado
- asustado
- avergonzado: *honteux*
- enfadado
- extrañado
- impresionado
- intimidado
- intrigado
- molesto
- sorprendido
- triste

Le présent de l'indicatif

LLAMAR(SE)	CREER	VIVIR	SER	ESTAR	TENER	PARECER(SE)
me llam**o**	cre**o**	viv**o**	s**oy**	est**oy**	teng**o**	me pare**zco**
te llam**as**	cre**es**	viv**es**	**er**es	est**ás**	t**ie**n**es**	te parec**es**
se llam**a**	cre**e**	viv**e**	**es**	est**á**	t**ie**n**e**	se parec**e**
nos llam**amos**	cre**emos**	viv**imos**	s**omos**	est**amos**	ten**emos**	nos parec**emos**
os llam**áis**	cre**éis**	viv**ís**	s**ois**	est**áis**	ten**éis**	os parec**éis**
se llam**an**	cre**en**	viv**en**	s**on**	est**án**	t**ie**n**en**	se parec**en**

Entre nosotros

¿Le gustó el regalo? EVA2005

DOCUMENTO 3

Publicidad: *El Almendro*, 2017

- cuñada: *belle-sœur*
- polígrafo = detector de mentiras

MIRA EL VÍDEO. ① Mira la 1ª parte del vídeo. Presenta a los personajes y resume la escena diciendo qué objeto se muestra a cada uno de ellos y con qué intención.

② A tu parecer, ¿qué regalo les puede encantar a estas personas? Haz hipótesis.

Pienso que a ... le puede gustar...

③ Mira la 2ª parte del vídeo y di cuál es el regalo que llega. ¿Quiénes pueden ser estas personas?

④ Explica por qué cambian las emociones de los personajes.

Actividad 3

El detector de mentiras

Juego en cadena. Prepárate para presentar en 3 frases tus actividades de ocio preferidas... pero, cuidado, ¡una de ellas tiene que ser mentira! Tus compañeros deben descubrir la información falsa.

Actividad 4

Bingo de personas

Paséate por la clase y busca a personas que correspondan a lo indicado en la tabla, haciendo preguntas. Los compañeros solo pueden responder que sí o que no. ¡No puedes poner dos veces el nombre de la misma persona! Gana quien termine primero el bingo.

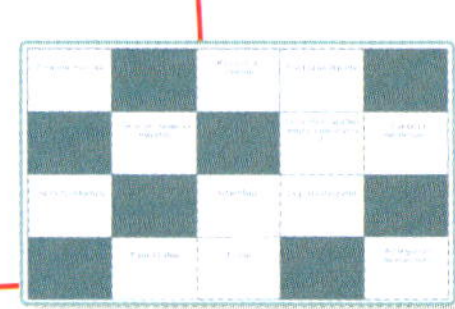

EVA2006

Actividades de ocio
EVA2007

ESCUCHAR
- canciones
- música

IR
- al cine
- de compras
- al parque
- a la piscina

LEER (la lectura)
- cómics
- novelas
- revistas

PRACTICAR / JUGAR / HACER
- el ajedrez
- el atletismo
- el baloncesto
- el balonmano
- la bici(cleta)
- un deporte de combate
- el fútbol
- los juegos de mesa
- el monopatín
- la natación
- el rugby
- el tenis
- los videojuegos
- el voleibol

SALIR con los amigos

TOCAR un instrumento
- la batería
- la flauta
- la guitarra
- el piano
- el violín

VER
- películas
- series de televisión
- vídeos

Exprimer les goûts et les préférences

– A mí **me gusta**...	– Yo **prefiero**...	– **No me gusta**...
– A mí también.	– Yo también.	– A mí tampoco.
– Pues a mí no.	– Pues yo no.	– Pues a mí sí.

Exprimer l'hypothèse

- **A lo mejor**...
- **Quizás**...
- **Es posible que** + *subjonctif*
- **Puede ser que** + *subjonctif*

DOCUMENTO 4

En un aula de Costa Rica

Algunas reglas básicas para implementar[1] en el salón[2] de clase:

- Al entrar al salón se debe mantener el orden, y no ingresar[3] corriendo, gritando o atropellándose entre todos.
- Para tomar la palabra se debe levantar la mano y cuando un compañero está hablando no se lo debe interrumpir.
- No se puede conversar con los demás: si hay algún aporte sobre la lección, debe compartirse con el resto de los compañeros.
- Se debe cuidar el salón y los materiales que están allí dentro.
- Respetar a todos los compañeros y al maestro. No decir jamás un insulto ni gritarles a los demás.
- No levantarse y salir sin autorización: si se tiene que salir de clase, se debe informar al maestro.

Éstas son solo algunas de las reglas básicas que deberían existir en cada salón y espacio compartido, pero además lo ideal es que cada grupo redacte sus propias normas en forma conjunta.

Reglas básicas para la convivencia en el salón de clase, noticias.universia.cr

1. para implementar (en Costa Rica): *à mettre en œuvre* - 2. el salón (en Costa Rica) = el aula (en España) - 3. ingresar (en Costa Rica) = entrar

LEE. (1) Busca las normas citadas en el texto y clasifícalas según sean una obligación o una prohibición.

(2) En grupos, proponed las normas para la clase (buscad también otras que no estén en el texto). Se votarán las 5 mejores normas para el año escolar.

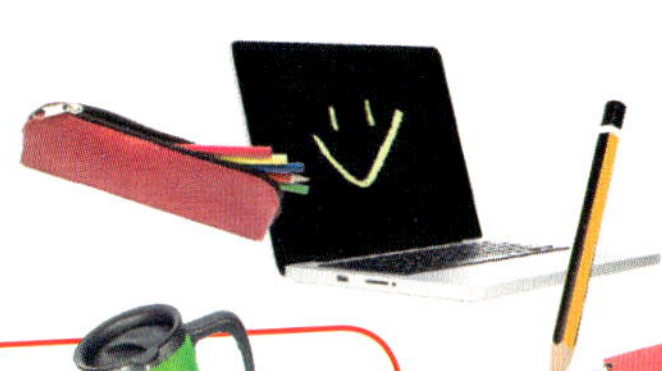

Actividad 5

Inventa tu clase

¿Cuál sería tu clase ideal? ¿Cómo la imaginas? (disposición de las mesas, de los alumnos, horarios, tipos de actividades...)

En mi clase ideal imagino que... / Hay... / Las mesas están... / Los alumnos... / El profesor...

En clase (EVA2008)

Actividades

- APUNTAR
- DIBUJAR
- ESCRIBIR
- ESCUCHAR
- GRABAR
- HABLAR
- IMAGINAR
- LEER
- MIRAR
- PRACTICAR
- PREGUNTAR ≠ CONTESTAR
- TRABAJAR en grupo, por parejas, individualmente

Convivencia

- en parejas
- APUNTAR el trabajo
- CAMBIAR de sitio
- DARSE la vuelta
- DEJAR la clase limpia
- DESPEDIRSE [i]
- DESPLAZARSE
- LEVANTAR la mano
- LLEGAR con retraso / a la hora
- PASAR lista
- PONERSE de pie
- RECOGER los papeles
- RESPETAR
- SALUDAR
- SENTARSE [ie]

L'obligation

- **Se debe** / **Hay que** / **Es necesario** + *infinitif*
- DEBER + *infinitif*
- TENER que + *infinitif*

L'interdiction

- **Está prohibido** + *infinitif*
- **No se puede** + *infinitif*
- **No se debe** + *infinitif*
- **No hay que** + *infinitif*

Mi estilo de aprendizaje

EVA2009

DOCUMENTO 5

TEST

¡DESCUBRE CÓMO ERES!

¿Eres visual, auditivo o kinestésico?

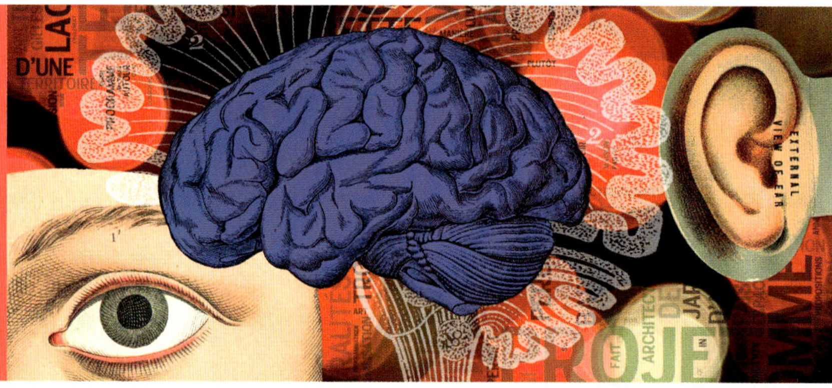

1 Cuando el profesor explica algo, te es más fácil seguir las explicaciones:

a. escuchando al profesor.

b. leyendo el libro o la pizarra.

c. Te aburres y esperas a que te den algo que hacer a ti.

2 Cuando estás en clase:

a. te distraen los ruidos.

b. te distrae el movimiento.

c. te distraes cuando las explicaciones son demasiado[1] largas.

3 Cuando te dan instrucciones:

a. te pones en movimiento antes de que acaben de hablar y explicar lo que hay que hacer.

b. te cuesta[2] recordar las instrucciones orales, pero no hay problema si te las dan por escrito.

c. recuerdas con facilidad las palabras exactas de lo que te dijeron.

4 Cuando tienes que aprender algo de memoria:

a. memorizas lo que ves y recuerdas la imagen (por ejemplo, la página del libro).

b. memorizas mejor si repites rítmicamente y recuerdas paso a paso.

c. memorizas a base de pasear y mirar y recuerdas una idea general mejor que los detalles.

5 En clase lo que más te gusta es que:

a. se organicen debates y que haya diálogo.

b. que se organicen actividades en que los alumnos tengan que hacer cosas y puedan moverse.

c. que te den el material escrito, con fotos y diagramas.

6 Marca las dos frases con las que te identifiques más:

a. Te gusta tocar las cosas y tiendes a acercarte mucho a la gente cuando hablas con alguien.

b. Tus cuadernos y libretas están ordenados y bien presentados, te molestan los tachones[3] y las correcciones.

c. Sueles hablar contigo mismo cuando estás haciendo algún trabajo.

RESPUESTAS (La que prevalece es la que te define.)

1 **a.** auditivo - **b.** visual - **c.** kinestésico
2 **a.** auditivo - **b.** kinestésico - **c.** visual
3 **a.** kinestésico - **b.** visual - **c.** auditivo
4 **a.** visual - **b.** auditivo - **c.** kinestésico
5 **a.** auditivo - **b.** kinestésico - **c.** visual
6 **a.** kinestésico - **b.** visual - **c.** auditivo

emprendedores.estilosap

1. demasiado: *trop* - 2. te cuesta: *tu as du mal* - 3. los tachones: *les ratures*

1 **HAZ EL TEST.** Marca los resultados y lee la respuesta de tu test:

auditivo	visual	kinestésico
...	...	...

Actividad 6

Yo, ¿y quién más?

Mira los resultados del test y busca en la clase qué personas tienen más de 2 puntos comunes contigo.

DOCUMENTO 6

¡DESCUBRE QUÉ ESTILO DE APRENDIZAJE TE CORRESPONDE!

Estilo de aprendizaje visual

Quienes aprenden de forma visual son capaces de retener mejor la información que se presente en imágenes, vídeos, gráficas y libros. [...] Sus notas son muy detalladas e invierten tiempo adicional revisando la información de los manuales. Además, dibujan diagramas o imágenes para comprender mejor.

Estilo de aprendizaje auditivo

Retienen mejor la información a través de lecturas y discursos, grabaciones y otras formas de comunicación verbal. Suelen estudiar el contenido como un cuento novelado, de manera que se quedan con los conceptos y detalles fácilmente.

Estilo de aprendizaje táctil (o kinestésico)

Se inclinan por la interacción para fijar contenidos. [...] Por ejemplo, este tipo de estudiante aprenderá mejor en una clase de reparación de vehículos si puede trabajar en los coches en lugar de sentarse a leer acerca de* ello. Es lo que se conoce también como aprendizaje práctico.

noticias.universia.es

* acerca de: *à propos de*

② **LEE** este texto y descubre qué estilo de aprendizaje te corresponde.
¿Estás de acuerdo con lo que dice el texto cuando aprendes español?

③ Realizad un gráfico con el estilo de aprendizaje de la clase. Para ello hay que:
- contabilizar cada estilo de aprendizaje,
- hacer los porcentajes,
- realizar el gráfico y situarse en él.

Actividad 7

Objetivos para este año

Ahora que sabes cuál es tu mejor manera de aprender, ya puedes definir cuáles van a ser tus objetivos para este año. Escríbelos o dibújalos para presentarlos y recordarlos.

Le futur proche

IR a + *infinitif* :

voy a...
vas a...
va a...
vamos a...
vais a...
van a...

Exprimer des quantités

- la **mitad** de...
- **más** de... / **menos** de...
- la **mayoría** de... / la **minoría** de...
- **el 50 por ciento** de...

Les chiffres :

1 **uno**	11 **once**	30 **treinta**
2 **dos**	12 **doce**	31 **treinta y uno**
3 **tres**	13 **trece**	40 **cuarenta**
4 **cuatro**	14 **catorce**	50 **cincuenta**
5 **cinco**	15 **quince**	60 **sesenta**
6 **seis**	16 **dieciséis**	70 **setenta**
7 **siete**	17 **diecisiete**	80 **ochenta**
8 **ocho**	18 **dieciocho**	90 **noventa**
9 **nueve**	19 **diecinueve**	100 **cien**
10 **diez**	20 **veinte**	
	21 **veintiuno**	

⚠ À partir de 30, on lie les dizaines et les unités avec la conjonction **y** : *cuarenta* ***y*** *dos*

TEMA 01

YO Y LOS OTROS

Capítulo **01** **LAS LENGUAS DE MI VIDA**

¿Sirven para comunicarse o definen mi identidad?

1. VARIAS LENGUAS
2. SER BILINGÜE EN ESPAÑA
3. LAS LENGUAS INDÍGENAS

PROYECTO. Realizo una entrevista sobre "Las lenguas de tu vida".

Expresión guiada

Réaliser une interview.

¿Qué palabras puedes asociar a esta foto?

10'

¡QUIZ! Vocabulario Gramática Cultura

EVA2010

Capítulo 02 UN MUNDO DE INFLUENCIAS

¿Seguirlas o rechazarlas?

1. INFLUENCIAS DE OTROS PAÍSES
2. INFLUENCIADORES Y SEGUIDORES
3. FORMAR PARTE DE UNA PANDILLA

PROYECTO. Presento la reseña de un libro como un youtuber.

Expresión guiada *Présenter un livre.*

Capítulo 03 DIME LO QUE COMES

¿Puede la comida definir a un pueblo?

1. EL MATE
2. EL VALOR DE LA COMIDA

PROYECTO. Creo un emoji sobre un alimento y lo presento.

La Puerta del Sol (Madrid)

UTILIZAR

Vocabulario

- aprender una lengua
- lenguas diversas
- moda y estilos
- las redes sociales
- las influencias
- yo y el grupo
- valores e identidad
- alimentarse

Gramática

- *les verbes de type* gustar
- ser *et* estar + *adjectif*
- *l'expression de la durée*
- *un équivalent de « on » :* se + *verbe*
- *la traduction de « devenir » et de « rendre »*
- *l'obligation personnelle et impersonnelle*

DESCUBRIR

- las lenguas y el bilingüismo en España
- las lenguas indígenas
- el Día del Orgullo Friki
- algunos influenciadores hispánicos
- el botellón
- el mate
- la dieta mediterránea
- grandes autores: J. Semprún, M. León-Portilla, J. Ruescas, A. Gómez Cerdá, L. Esquivel

De cine

Sueño en otro idioma,
una lengua indígena que agoniza

Calentando MOTORES

Veo veo... ¿Qué veis?

1 Observad las imágenes y asociad palabras.
Recordad otras que no estén en la nube de palabras.

Imagen 1 → redes sociales, youtuber...
Imagen 2 → ...

2 Elige una imagen y construye una frase
para que tus compañeros puedan adivinar cuál has elegido.

Es/Son...
Está/Están...
...

3 Elegid una imagen y describidla con una de estas palabras.
lengua - HABLAR
influencia - INFLUENCIAR
comida - COMER

SER
diferentes
ropa comida GUSTAR
ESCUCHAR moda estilo
jóvenes HABLAR idiomas
influencia apariencia
COMPARTIR COMER
tradición
iguales amigos
familia APRENDER
COMUNICAR(SE) instituto
grupo ESTUDIAR
Hispanoamérica
personalidad bilingüe
COMER redes sociales
lengua materna
ENTENDER

El pasapalabra EVA2011

Adivina adivinanza. Escuchad estas 5 pistas e intentad adivinar lo antes posible de qué palabras se trata.

1) ¿Qué país?
2) ¿Qué lengua?
3) ¿Quiénes son?
4) ¿Qué es?
5) ¿Qué es?

Oigo cantar EVA2012

Escucha el principio (0' > 2'07) de la canción *Qué difícil es hablar el español*, de los hermanos Juan Andrés y Nicolás Ospina (Colombia).

¿Adivinas el acento que utilizan? Anota las palabras que entiendes y explica de qué hablan.

Tomo la palabra

Mis compañeros y yo.
Habla de ti contestando estas 3 preguntas, y escucha las respuestas de tus compañeros. ¿Tenéis puntos en común?

1) ¿Qué idiomas hablas y aprendes?
2) ¿Qué te influencia más?

amigos | música | redes sociales | familia | ...

3) ¿Cuál es tu comida favorita?

1 • VARIAS LENGUAS: ¿Qué ventajas tiene aprender otro idioma?

¿Por qué el español es difícil? EVA2013

DATOS claves
El español en el mundo
(p. 206)

Canal Youtube de Luke (Lucas) Korns: youtuber estadounidense, 2017

• soñar: *rêver* • un "gringo" = *(fam.)* habitante de los EE.UU. • un montón de: *un tas de* • nativo: *natif*

ANTICIPA. Lucas nos habla del español. Imagina de qué precisamente.

MIRA Y ESCUCHA. (1) Mira el vídeo y di cuál es el tema principal.

(2) ¿Qué has notado en la manera de expresarse del locutor?

(3) Apunta el aspecto positivo del español según Lucas.

(4) Indica las dos dificultades que experimenta Lucas para hablar español. ¿Cómo se explican?

ACTÚA. Haz como Lucas. Di qué te gusta y qué te parece complicado en español.

PRONUNCIA. EVA2014

¿**r** o **rr**? Escucha e intenta pronunciar correctamente el mismo trabalenguas que Lucas:

Erre con erre en cigarro,
erre con erre en barril,
rápido corren los carros
por los raíles del ferrocarril.

Para expresarte

- un acento
- la conjugación
- extranjero
- el singular ≠ el plural
- CONCORDAR [ue] con el masculino / el femenino
- COSTAR(le) [ue] a uno (*sur le modèle de* GUSTAR) = TENER dificultades para
- PRONUNCIAR

La panadera no comprende lo que le pide

En esta obra autobiográfica, J. Semprún evoca su adolescencia en París donde vivía como exiliado a causa de la guerra civil española (1936-1939).

Aquel jueves por la tarde, o aquel domingo de finales de marzo [...], había entrado en una panadería [...]. Había pedido un croissant, o un panecillo, no recuerdo ya qué mínimo alimento terrenal[1]. Pero, por una parte, debido a la timidez, y, por otra parte, debido a mi acento, que era entonces execrable (como ya he dicho, el francés era para mí casi exclusivamente una lengua escrita), la panadera no comprendió lo que le pedía. Volví a pedírselo, de forma aún más balbuciente, sin duda, de manera que resultó todavía menos comprensible. Entonces, la panadera, mirando de hito en hito[2] al flaco adolescente que yo era, imprecó[3] a través de mi persona a los extranjeros, a los españoles en particular, rojos[4] por añadidura[5], que invadían a la sazón[6] Francia y ni siquiera sabían expresarse.

Jorge Semprún (español y francés),
Adiós, luz de veranos, 1998

1. terrenal: *(ici) banal*
2. mirar de hito en hito: *regarder fixement*
3. imprecar: *s'en prendre à quelqu'un*
4. los "rojos": *les « rouges », manière péjorative de désigner les Espagnols républicains.*
5. por añadidura: *"par dessus le marché"*
6. a la sazón: *à cette époque-là*

PÉDAGOGIE DIFFÉRENCIÉE

EVA2015

ANTICIPA. Lee la introducción y el título. ¿Por qué la panadera no entiende al personaje?

LEE. (1) Presenta la situación inicial: quién, cuándo, dónde, qué.

(2) Utilizando el presente, resume lo que le pasa al personaje.

(3) Elige y justifica tu opinión.

El adolescente se siente:

intimidado | triste | avergonzado | contento

La panadera se muestra:

comprensiva | hostil | simpática | despectiva

REACCIONA. Y tú, ¿cómo te sientes cuando hablas un idioma extranjero?
Cuando ... me gusta... / me cuesta... / me molesta...

Para expresarte

- acomplejado: *complexé*
- arrogante
- debido a: *en raison de*
- BALBUCEAR
- DESPRECIAR: *mépriser*
- ENFRENTAR(SE) con: *être aux prises avec*
- SENTIR(SE) [ie] inseguro: *ne pas se sentir sûr de soi*
- TRANSCURRIR / OCURRIR / PASAR: *se passer, se dérouler*

REFLEXIONA. ***¿Qué ventajas tiene aprender otro idioma? ¿Qué dificultades se pueden encontrar?***

Gramática

Les verbes de type *gustar* [p. 40]

***Me encanta** este idioma. / **Me gustan** los idiomas.*
***Me cuesta** pronunciar el inglés.*

***Ser* et *estar* + adjectif** [p. 40]

*¿Por qué el español **es** difícil?*
*El adolescente **está** intimidado.*

Mi autorretrato lingüístico

4 autorretratos lingüísticos redactados por alumnos de un instituto en Cataluña.

DATOS claves
Una España plurilingüe (p. 206)

Lucía

Mi lengua materna es el castellano. A los dos años, empecé a hablarla, aunque nadie me entendía. A los tres, ya hablaba de forma fluida. Mi madre fue quien me enseñó mis primeras palabras. La primera que aprendí fue "mamá". Soy bilingüe, ya que sé hablar el catalán y el castellano.
Cuando tenía cuatro años, estudiaba inglés en una academia[1] y aprendí bastante. Espero continuar aprendiendo mucho sobre las diferentes lenguas, porque considero que nos ayuda a comunicarnos y a conocer otras culturas.

Cristina

Me llamo Cristina. Nací en Blanes y mi lengua materna es el castellano. Lo hablo desde pequeña. Mis padres me enseñaron a hablar catalán, pero siempre hablaba en castellano. A los siete años, mis padres me apuntaron[3] a una academia de inglés aunque yo no quería. Desde entonces he aprendido mucho allí y en la escuela. Aunque me cuesta[4] un poco, cada año voy aprendiendo más.

Manuel

Soy trilingüe, hablo el catalán, el castellano y el inglés, lengua que llevo estudiando desde los seis años. Mis padres quieren que hable idiomas, ya que en la academia, todos los profesores que he tenido han dicho que tengo facilidad para los idiomas y debo aprovecharlo[2].

Jordi

Yo nací en una familia 100% catalana, pero tengo unos abuelos sevillanos, por parte de madre y catalanes por parte de padre. En mi casa se habla catalán, menos cuando mi madre me obliga a hablar inglés una hora diaria. Más adelante[5], me gustaría estudiar latín, ya que es una lengua que encuentro[6] fascinante; y el alemán y el ruso, por su utilidad.

Alumnos del INS Serrallarga, Lourdes Domenech, apiedeaula.blogspot

ANTICIPA. España tiene varias lenguas cooficiales. ¿Sabes cuáles son y dónde se hablan?

LEE. (1) Completa la tabla siguiente con datos sobre estos 4 alumnos.

Idiomas y años hablándolos	Motivaciones	Dificultades
...	...	...

¿De qué manera han intervenido sus padres en el aprendizaje?

(2) Y a ti, ¿qué idioma te gusta practicar o tienes ganas de aprender? Explica cuáles son tus motivaciones.

ACTÚA. ✎ Inspírate en los modelos y haz tu autorretrato lingüístico.
Nací en...
He vivido siempre...
Desde hace...
Más adelante...

---

1. una academia: *une école privée hors temps scolaire*
2. aprovechar: *en profiter, mettre à profit*
3. apuntar: *inscrire*
4. costarle (a uno): *avoir du mal (s'utilise selon le modèle du verbe* gustar*)*
5. más adelante = más tarde
6. encuentro = *(ici)* me parece

Para expresarte

- ACONSEJAR
- COMUNICAR(SE) con
- CONSIDERAR que
- ELEGIR [i]
- HABLAR francés, portugués, árabe, chino... *(sans article)*
- OBLIGAR
- OPINAR que

Hablamos euskera en Euskadi EVA2016

Testimonios: *Sara y Asier*, eitb.eus, 2015

DATOS claves
Una España plurilingüe (p. 206)

• aita (en vasco) = padre
• ikastola (en vasco) = escuela donde se practica la enseñanza en vasco

ANTICIPA. Lee el título del audio y estas palabras en lengua vasca : *el euskera / Euskal Herria / Euskadi / Euskaldun.* Intenta relacionarlas con su significado:

- persona que domina el euskera
- el idioma vasco
- el conjunto de regiones donde se habla euskera
- el País Vasco español

ESCUCHA. (1) ¿De qué hablan estas dos personas?

(2) Explica la intervención de los padres de Sara y Asier en su aprendizaje del vasco.

(3) Cuentan una experiencia:

fácil | difícil | positiva | negativa

Justifica tu respuesta.

REACCIONA. Hablar dos idiomas en una misma región: ¿Te entusiasma la idea? ¿Te parece complicado? Justifica tus respuestas.

Campaña para el curso escolar 2018-2019 en el País Vasco.

Para expresarte

- el mundo laboral: *le monde du travail*
- el oficio: *le métier*
- una ventaja ≠ un inconveniente
- DOMINAR un idioma: *maîtriser une langue*
- ESFORZAR(SE) [ue] por: *s'efforcer de*
- PERTENECER a: *apartenir à*
- RELACIONAR(SE)

Gramática

L'expression de la durée [p. 40]

*Es una lengua que **llevo estudiando** desde los **seis años**.*

***Ser* et *estar* + adjectif** [p. 40]

***Soy** bilingüe.*
*Sara y Asier **están** satisfechos de haber aprendido el vasco.*

L'obligation personnelle et impersonnelle [p. 41]

*A mis padres sí que les **tengo que** agradecer esto.*
*Para aprender el vasco, **hay que** ir a una ikastola.*

REFLEXIONA. ***¿Crees que los padres deben intervenir en el aprendizaje de los idiomas? Explica tu punto de vista.***

3 • LAS LENGUAS INDÍGENAS: *¿Por qué y cómo mantenerlas vivas?*

EN GRUPOS

DATOS claves
Las lenguas indígenas (p. 206)

Todos juntos **Analizad estos documentos y apuntad informaciones sobre:**

a) La situación de las lenguas indígenas.

b) Las consecuencias de la desaparición de una lengua.

Cada una de ellas [las lenguas], representa una conjunción de saberes, historias, costumbres, así como una particular forma de interpretar la vida e interactuar con el entorno[1]. A través del uso de sus lenguas, los pueblos conservan y transmiten sus afectos, tradiciones, cosmovisiones[2], valores y conocimientos a las siguientes generaciones y al mundo. Por eso, las lenguas son parte esencial de la identidad cultural y social de los pueblos indígenas del Perú, y, por consiguiente, de nuestra identidad nacional. En ese sentido, la pérdida de cualquier lengua[3] representa una pérdida irreparable para toda la humanidad.

Decreto Supremo sobre Política Nacional de Lenguas Originarias, Perú, 2017

1. el entorno: *l'environnement* - 2. la cosmovisión: *la vision et la conception du monde* - 3. cualquier lengua: *toute/une langue*

* un atisbo: *(ici) une nuance*

Cuando su abuelo, maya originario de Maxcanú (Yucatán), falleció[1] hace unos años, Gabriela Badillo se dio cuenta que con él se desvanecía[2] también una forma de entender y ver el mundo, unos saberes ancestrales, tradiciones, costumbres...

M. Á. Navarro, "Cuentos al rescate de las lenguas que mueren", *El País*, 2017

1. fallecer = morir
2. desvanecerse: *s'évanouir, disparaître*

Grupo 1 **Grupo 2** **Grupo 3** **Estudiad por grupos diferentes iniciativas.**

1. **Presentad la iniciativa descrita en vuestro documento.**
2. **Decid si os parece útil o si os parece superficial.**
3. **Proponed otra(s) idea(s) para promover y preservar las lenguas indígenas.**

Grupo 1 Aplicaciones para aprender lenguas nativas

El Laboratorio de Ciudadanía Digital y la startup mexicana Manuvo han creado Kernaia, una plataforma digital para contribuir a la difusión y la enseñanza de las lenguas indígenas que se hablan en el país. [...] Ahí han concentrado, hasta el momento, tres aplicaciones móviles para aprender mixteco, náhuatl y purépecha, y para hacerlo han colaborado con comunidades que no sólo aportan el conocimiento de cada lengua, sino también elementos de identidad representativos.

"Lenguas indígenas al alcance de una app", magis.iteso.mx

Metzican

Grupo 2 Rapean en maya

01'44 Reportaje: *Jóvenes rapean en maya*, Voces Nuestras, 2016

EVA2017

"Tihorappers" es el nombre del grupo de jóvenes de Quintana Roo (México) que han formado un grupo de rap cultural.

- el rescate: *le sauvetage, la sauvegarde*
- dar pena: *(Am.) avoir honte*

Grupo 3 Muñecos que hablan

En las jugueterías[1] mexicanas, una gran variedad de juegos enseñan español, inglés o incluso alemán, pero parece imposible encontrar alguno con el que aprender náhuatl, tzotzil o tarahumara[2]. [...] La drástica caída[3] en el número de hablantes ha dejado a varias lenguas al borde de la extinción. Una crisis que tratarán de combatir Paquito y Paquita, dos muñecos, creados por un grupo de investigadores mexicanos, que nacen para enaltecer el orgullo[4] indígena. [...]
Los primeros seis prototipos de Paquito y Paquita ya han visto la luz[5] y suponen una revolución en el mundo de los juegos infantiles. Visten los trajes que se utilizan en las comunidades a las que representan [...] y hablan náhuatl, purépecha, huixarica o totonaco. [...]
"Paquito y Paquita, pensados para niños de entre 2 y 6 años, van nombrando, en la lengua indígena para la que están programados, la parte del cuerpo que el pequeño selecciona a través de un botón."

V. Usón, *El País*, 2017

1. una juguetería = una tienda donde se venden juguetes - 2. lenguas indígenas de México - 3. una caída: *une chute, une diminution* - 4. enaltecer el orgullo: *revaloriser la fierté* - 5. ver la luz: *voir le jour, apparaître*

Puesta en común

1 Cada grupo presenta:

a) Las lenguas indígenas en América Latina y los motivos para mantenerlas vivas.
b) La solución estudiada: quién la propone, qué propone y cómo.
c) Su opinión y ¡sus ideas!

2 Tomad nota de las presentaciones de cada grupo.

EVA2018

3 ¿Qué soluciones os parecen más eficaces? ¡Votad y argumentad vuestro voto!

Expresión guiada

Réaliser une interview

Mener une interview comme un journaliste ne s'improvise pas. Il faut respecter quelques étapes.

Prépare ton interview.

- **Définis le sujet et la finalité de l'interview :** pour un cours, pour ta chaîne Youtube...
- **Renseigne-toi en amont sur :**
  - le thème,
  - la personne interviewée en rapport avec le sujet de l'interview (son métier, ses goûts...)

Ces informations te seront utiles :
- pour présenter la personne interviewée,
- pour formuler tes questions.

Formule bien tes questions !

- **Prépare les questions sur chaque information à obtenir.**

¿Qué...? *¿Cuándo...?* *¿Quién...?* *¿Por qué...?*

¿Cómo...? *¿Cuál...?* *¿Dónde...?* ...

- **Tu peux commencer ton interview par des phrases introductives ou explicatives**, à partir d'une information personnelle ou d'une anecdote que tu connais :

Tu educación fue bilingüe, ¿verdad?

- **Prévois des questions principales, mais anticipe aussi des questions secondaires** qui te permettront de rebondir en fonction des réponses obtenues.
- **Définis un ordre à suivre** pour poser les questions.

Pour un échange dynamique, alterne questions ouvertes et fermées.

- Une question fermée apporte une réponse précise (âge, date...) : *¿Dónde vives?*
- Une question ouverte permet à la personne interviewée de parler de ses ressentis, sa vie, ses opinions... : *¿Por qué viajas a menudo al extranjero?*

C'est le moment de l'interview.

- **Présente-toi, présente la personne interviewée, puis le thème de l'interview.**

Buenos días, me llamo... *Soy...* *Me gustaría...*

- **Suis ton déroulé de questions.** N'hésite pas à reformuler ou répéter ce que la personne a répondu pour bien être sûr de ta prise de notes. (Tu peux aussi l'enregistrer avec son autorisation !)
- **N'oublie pas, à la fin, de remercier** la personne interviewée pour sa participation.

Muchas gracias por...

Le/Te agradezco su/tu participación en ...

Si tu t'adresses à une personne que tu ne connais pas ou qui est plus âgée que toi, tu dois la vouvoyer
Pour vouvoyer, toute la phrase doit être à la 3e personne (verbes, possessifs et pronoms personnels).
*¿Cuál es **su** edad?*

Si l'interview t'a intéressé, elle sera intéressante pour les autres !

PROYECTO INDIVIDUAL

Expresión guiada
Réaliser une interview

Realizo una entrevista sobre "Las lenguas de tu vida".

PREPARACIÓN

1. Elige a la persona a la que vas a entrevistar:
   un compañero | un familiar | un vecino | ...
2. Prepara la información que deseas obtener, como por ejemplo:
   - su lengua materna;
   - las lenguas que conoce;
   - dónde, cuándo, cómo las practica;
   - la lengua que le cuesta aprender o practicar y por qué;
   - las lenguas que quiere aprender y por qué;
   - ...

   No te olvides de profundizar sobre algunas de las respuestas con nuevas preguntas.
3. Prepara tu entrevista: sigue los consejos de la p. 24 ("Expresión guiada").

REALIZACIÓN

4. Toma apuntes durante la entrevista.
5. Redáctala en español y cuida el estilo y la presentación.
   No olvides el título y la introducción.

HAZ TU PROYECTO CON LAS TIC. EVA2019

Evaluación

EXPRESIÓN ORAL EN INTERACCIÓN (1 a 2 minutos)

Preparas un viaje con un amigo a una ciudad costera española para el próximo verano con el objetivo de mejorar vuestro nivel de español.

a. Elegid cada uno cuatro actividades para progresar en español.
Quiero... Me gustaría... Vamos a... Tengo ganas de...
Me apetece... Podríamos... ¿Qué tal si...

b. Cada uno da su opinión sobre las propuestas del otro dando una justificación.
Me parece una buena idea porque...
No me parece bien porque....

COMPRENSIÓN ORAL

Los niños rusos también estudian español

01'13 Reportaje: *Estudiar en español*, EFE, 2017

1. Indica en qué ciudad se sitúa este Colegio Cervantes.
2. Precisa la particularidad de este colegio.
3. ¿Es una iniciativa reciente? Justifica con una cifra.
4. Precisa cuáles son las motivaciones del chico y de Sabrina.
5. Completa:
   Los alumnos estudian ... horas semanales y pueden obtener un ... diploma.

Y ahora que has estudiado el capítulo, contesta la problemática:

¿Las lenguas sirven para comunicarse o definen mi identidad?

1 • INFLUENCIAS DE OTROS PAÍSES: *¿Cómo nos influyen otras culturas?*

Día del Orgullo[1] Friki

Hoy se conmemora y promueve el día de la cultura *geek* (en español, friki) en el mundo y, en él, los amantes de la ciencia ficción, la fantasía, los cómics, los videojuegos y el manga reivindican orgullosos su afición[2] por estos temas. Así, los fans de *Star Wars, El Señor de los Anillos, The Big Bang Theory, Juego de tronos, X-Men, Los Vengadores, Bola de Dragón*... saldrán este miércoles a la calle vestidos con sus mejores galas[3] para gritar con orgullo: ¡Soy un friki! [...]

El invento se atribuye al bloguero español Germán Martínez, conocido en Internet como señor Buebo. Como la web oficial explica, la primera declaración de este día se hizo el 22 de febrero de 2006 en el Blog de El Lado Oscuro del Señor Buebo. [...]

La concentración más grande tuvo lugar en Madrid, donde 300 frikis demostraron juntos su orgullo con un Pac-Man humano. La celebración incluía un manifiesto con derechos básicos y responsabilidades de los *geeks*. Entre los primeros se incluyen el derecho a ser friki, a no tener pareja[4], a tener pocos amigos y a dominar el mundo. [...]

Cada año desde 2006 en varias ciudades españolas, los frikis organizan diversas actividades (pases[5] de películas, muestras[6], coloquios, exhibiciones, desfiles, etc.) para festejar una celebración que en 2016 cumplió una década y que hace años ya rebasó[7] las fronteras nacionales y se convirtió en el Día del Orgullo Geek. Así, desde 2008, el Geek Pride Day se celebra de manera oficial en los Estados Unidos.

El País, 25/05/2018

1. orgullo: *fierté*
2. una afición = una pasión
3. las galas: *les atours, les vêtements* (ropa)
4. tener pareja: *être en couple*
5. un pase = una proyección
6. una muestra = una exposición
7. rebasar: *dépasser*

ANTICIPA. Observa la cubierta del libro. ¿Puedes adivinar lo que apasiona a los frikis?
A los frikis les apasiona(n) / encanta(n)...

LEE. (1) ¿Qué celebran los frikis el 25 de mayo?

(2) Explica el origen del Día del Orgullo Friki.

(3) Cita dos derechos del manifiesto de los frikis.

(4) Di en qué consiste esta celebración y muestra que ha tenido un éxito *(un succès)* inesperado.

REACCIONA. ¿Qué piensas de la cultura friki?

Para expresarte

- un disfraz (*pl.* disfraces): *un déguisement*
- (SER) fan(s) de
- interesante
- una tontería / una estupidez
- DISFRAZAR(SE): *se déguiser en*
- VESTIR(SE) [i] de: *s'habiller en*

Superhéroes en la Gran Vía de Madrid

A veces lo mejor es hacerse el sueco[1]

Raquel Córcoles, 2018

1. Hacerse el sueco: *(exp.) Faire la sourde oreille.*
2. pasar de: *n'en avoir rien à faire*
3. un trozo: *un morceau*

(1) **OBSERVA.** Describe a los dos personajes:
- descripción física,
- ropa,
- estilo,
- marcas...

LEE. (2) Fíjate en la conversación entre los personajes.

a. ¿Qué piensa el chico de Halloween?

b. ¿Por qué se burla la chica?

(3) ¿Te parece posible vivir sin marcas?

ACTÚA. Haz un cartel para promover la libertad de vestirse como uno quiera. El texto tiene que contener la expresión "Lo mejor es hacerse el/la sueco/a".

Para expresarte

- el bolsillo: *la poche (du pantalon)*
- el bolso: *le sac*
- los botines
- los calcetines: *les chaussettes*
- el champú
- el desodorante
- la maquinilla: *le rasoir*
- el ordenador portátil
- AFEITAR(SE): *(se) raser*
- ESTAR / IR a la moda
- INFLUIR EN = INFLUENCIAR
- LLEVAR: *porter*
- PARECER(SE): *(se) ressembler*

REFLEXIONA. ***¿Qué tipo de influencias presentan estos documentos?***
¿Conoces otros fenómenos de origen extranjero que influyen en nuestra sociedad?

Gramática

Un équivalent de « on » : *se* + verbe [p. 41]

*Hoy **se** conmemora y promueve el día de la cultura geek.*

***Lo* + adjectif** [Précis, p. 224]

*A veces **lo mejor** es hacerse la sueca.*

Hacernos famosos[1]

Aarón quiere recuperar a su novia Dalila, que se ha convertido en una estrella mundial[2]. Leo decide publicar en internet las canciones de su hermano Aarón sin decírselo.

—¿Por qué lo has hecho? -preguntó [Aarón].

—Quería ayudarte. Pensé que... pensé... -De repente la excusa me pareció infantil y estúpida. Había robado[3] lo más personal de mi hermano y lo había expuesto[4] al mundo sin ninguna consideración-. No pensé nada -admití finalmente-. Soy un maldito inconsciente y así es como actuamos los inconscientes. Mi idea era hacerte famoso... hacernos famosos, en realidad -me corregí-, con tu música y mi cara. Creí que así tendrías una oportunidad de volver a reencontrarte con Dalila.

—¿Con tres vídeos en Youtube?

—Quería colgar[5] más -dije en un patético susurro-. Estas cosas funcionan -le aseguré con ánimos renovados[6]-. Mira a toda esa gente que por colgar algo en internet se vuelve famosa.

—¿Y crees que eso es lo que te va a ocurrir[7] a ti?

—A nosotros. Lo que nos va a ocurrir a nosotros. Aarón, en cuatro días hemos recibido más de cuatro mil visitas.

Javier Ruescas (español), *Play*, 2012

La cantante Xandra Garsem tenía 16 años cuando subió a su canal de Youtube su primer vídeo con una canción. Tiene actualmente 750.000 suscriptores.

1. hacerse famoso: *devenir célèbre*
2. se ha convertido en una estrella mundial: *elle est devenue une star mondiale*
3. robar: *voler*
4. expuesto = participio pasado de exponer *(exposer)*
5. colgar: *ici, poster sur internet*
6. con ánimos renovados: *avec plus d'entrain*
7. ocurrir: *arriver*

ANTICIPA. Mira la foto y lee el título. ¿De qué va a tratar el texto?

LEE (1) Haz preguntas a tus compañeros para presentar a los protagonistas y la situación.

(2) En la primera parte del diálogo, ¿cómo se siente Leo? ¿Por qué?

(3) Asocia una actitud con cada hermano en la segunda parte del diálogo y justifica tu elección.

tener dudas | tener confianza

(4) No todo el mundo quiere ser famoso. ¿Te identificas más con Leo o con Aarón? Justifica.

PRONUNCIA. EVA2020

Interpreta el diálogo con un compañero y escucha el audio.

ACTÚA. Los dos hermanos se han hecho famosos con las canciones de Aarón.
Escribe el diálogo entre Aarón y su ex novia Dalila cuando ella descubre sus canciones. (3 réplicas cada uno)
Interprétalo después con un compañero.

Para expresarte

- un canal Youtube: *une chaîne Youtube*
- culpable: *coupable*
- (SER) discreto ≠ (SER) atrevido
- la estrategia
- un éxito: *un succès*
- la fama: *la célébrité*
- a toda costa: *à tout prix*
- DARSE CUENTA de: *se rendre compte de*
- DEDICARSE a hacer algo: *faire quelque chose (dans la vie)*
- REUNIR(SE) con: *se retrouver*
- TOCAR la guitarra: *jouer de la guitare*
- TRAICIONAR: *trahir*

¡Bienvenidos a mi canal!

EVA2021

Javier Ruescas, *Bienvenidos a mi canal*

- domador de delfines: *dompteur de dauphins*
- una reseña: *un compte rendu (de lecture)*
- grabarse: *s'enregistrer*
- un consejo: *un conseil*
- suscribirse: *s'abonner*
- si te mola: *(fam.) si ça te branche*

DATOS claves
Influencers hispano-hablantes
(p. 206)

ANTICIPA. A partir de la foto imagina a qué se dedica el chico.

MIRA EL VÍDEO. (1) Completa las frases siguientes para presentar al chico.

El chico se llama...
De pequeño quería...
Ahora es...
Le gusta también...

(2) ¿Cuál es el objetivo del chico con este vídeo?

(3) ¿Cuáles son las cualidades de un buen youtuber?

REACCIONA. ¿Eres youtuber o te gustaría serlo? ¿De qué tipo? (booktuber, músico, cómico...) Justifica tu respuesta.

REFLEXIONA. *¿Por qué algunos jóvenes utilizan Youtube?*

Para expresarte

- la arroba = @
- la creatividad
- (SER) dinámico
- el seguidor: *le follower*
- hay que ≈ hace falta: *Il faut*
- ATRAER: *attirer*
- COMPARTIR: *partager*
- DEDICARSE a: *se consacrer à*
- EDITAR vídeos
- EXPRESAR(SE): *s'exprimer*
- SER gracioso / TENER gracia: *être drôle*

Gramática

La traduction de « devenir » et de « rendre » [p. 41]

*Mi idea era **hacerte** famoso.*
*Mira a toda esa gente que **se vuelve** famosa.*
*Su novia **se ha convertido en** una estrella mundial.*

L'expression de la quantité [Précis, p. 227]

*Lo había expuesto al mundo sin **ninguna** consideración.*

Les pronoms COD et COI [Précis, p. 228]

*¿Por qué **lo** has hecho?*
*Mi idea era hacer**te** famoso... hacer**nos** famosos.*

¿Vamos a hacerlo?

DATOS claves Diversión y botellón (p. 207)

Claudio y sus amigos caminan de noche por el borde de la carretera.

—Tengo frío -dijo-. Vámonos a casa.

—¡Pero qué dices! -pareció molestarse[1] Adrián. ¿Crees que nos hemos dado esta caminata a las cuatro de la madrugada[2] para nada?

—Entonces... -titubeó Claudio, antes de hacer la pregunta-, ¿vamos a hacerlo?

Borja se volvió de inmediato a Adrián, buscando una respuesta.

—¿Tú qué dices? -preguntó.

—¡Claro que vamos a hacerlo!

Claudio comprendió en ese momento que de nada le valdría oponerse[3]. Adrián había dicho que seguirían adelante y nada los haría retroceder[4], sobre todo porque Borja siempre se ponía de su lado. Dos contra uno. Por consiguiente, solo le quedaba aguantar. Aguantarse[5]. Eso, o marcharse. Pero no se encontraba bien, le dolía el estómago[6] y su cabeza parecía no pertenecerle. Ni siquiera estaba seguro de poder llegar solo hasta su casa. Tendría que aguantar con sus amigos, que probablemente no estaban mejor que él. Debían de estar incluso peor[7], mucho peor, pues los dos habían bebido el triple, por lo menos.

—No me encuentro bien -insistió por última vez, pero sus amigos ni siquiera le escucharon.

Adrián y Borja ya habían comenzado a caminar, siempre en paralelo a la carretera. Claudio los siguió de mala gana[8].

Alfredo Gómez Cerdá (español), *El rostro de la sombra*, 2011

ANTICIPA. Lee el título y describe la foto. ¿De qué puede tratar el texto?

LEE. 1 Presenta la escena: momento del día, lugar, personajes.

2 ¿Claudio y sus amigos están en su estado normal? Justifica tu respuesta.

3 Algunos de los chicos quieren hacer una mala jugada (*un mauvais coup*). ¿Quiénes?

4 Localiza las dos opciones que tiene Claudio. ¿Cuál escoge al final?
Al final, Claudio puede ... pero tiene que ... porque ...

ACTÚA. a. Imagina lo que van a hacer Claudio y sus amigos.
b. Ahora mira el booktráiler y descubre lo que hacen. Explícalo.

EVA2022

01'06 Booktráiler: *El rostro de la sombra*

Para expresarte

- (ESTAR) borracho (*fam.*) / ebrio / bebido: *être saoul*
- no estar en sus cabales: *ne pas avoir toute sa tête*
- BEBER alcohol en cantidad
- DOLER [ue]
- ENCONTRARSE [ue] bien/mal
- TENER [ie] miedo: *avoir peur*

1. molestarse: *se vexer*
2. de la madrugada: *du matin*
3. de nada le valdría oponerse: *s'opposer ne lui servirait à rien*
4. retroceder: *reculer*
5. aguantarse: *faire avec*
6. doler: *avoir mal*
7. incluso peor: *même pire*
8. de mala gana: *à contrecœur*

Tú mismo

EVA2023

02'13 Rap: Rayden, *Tú mismo*, 2014

Es viernes con 54 horas por delante
Donde tú y solo tú eliges tu propio camino
Tú eliges tu reino y este es tu dominio
Donde solo hay que ser fiel a un rey
Tú mismo, bienvenido...

Desde que tengo uso de razón no quise ser del montón[1]
Tampoco parecer mejor ni peor; menos el profesor
Sólo diferente de todo lo establecido
De la moda en boga de vivir siempre bebido
Sabía pasármelo bien sin nada en el bolsillo[2]
Sin salir el finde y resumirlo en pedos[3]
¿presumir del ciego[4] y ser así de simple?
Soy de la escuela de los niños que supieron divertirse con menos
Sin miedo... a lo que pudieran decirme
Yo me sentía enorme, no pudieron herirme
Nunca fui como ellos, siempre seguí firme
Y no quise rebajarme para entrar en su gremio[5] a cualquier precio
Ohhh si, puedo decir alto y claro
Que nunca me forcé a hacer nada para ser aceptado...
Que nadie exija requisitos[6] para estar a su lado
Si eres tú mismo no habrá quien te haga pasar por ese trago[7].

Rayden (español), *Tú mismo*, 2014

1. ser del montón: *être comme tout le monde*
2. sin nada en el bolsillo: *sans rien dans les poches*
3. sin salir el finde y resumirlo en pedos: *(fam.) sans sortir le week-end et finir bourré*
4. presumir del ciego: *se vanter d'être bourré*
5. entrar en su gremio: *rentrer dans leur bande*
6. el requisito: *la condition requise*
7. no habrá quien te haga pasar por ese trago: *personne ne te fera passer ce mauvais quart d'heure*

REFLEXIONA. ***En tu opinión, ¿es fácil ser uno mismo en un grupo?***

PÉDAGOGIE DIFFÉRENCIÉE

EVA2024

ANTICIPA. Escucha la canción sin leer la letra y apunta las palabras que entiendes. ¿Cuál puede ser el tema?

LEE. (1) Para el cantante, una persona tiene que:
a) parecerse a los demás.
b) ser diferente de los demás.
Justifica tu respuesta.

(2) ¿Cómo se divertía el cantante cuando era joven?

(3) ¿El cantante hacía cualquier cosa para ser aceptado por los demás? Justifica.

(4) ¿A quién da consejos y por qué?

REACCIONA. ¿Crees que un rap con este tipo de letra puede influenciar a los jóvenes?

Para expresarte

- los demás = los otros
- la letra: *les paroles (d'une chanson)*
- la pandilla (de amigos): *la bande (d'amis)*
- moralizador
- le cuesta: *il a du mal à*
- AUTOAFIRMARSE: *s'affirmer*
- CONSEGUIR [i] hacer algo: *arriver à faire quelque chose*
- PREVENIR los riesgos

Gramática

L'obligation personnelle et impersonnelle [p. 41]

***Tiene que** aguantar con sus amigos.*
***Hay que** ser fiel a sí mismo.*

Reconnaître l'imparfait [Précis, p. 230]

*Pero no se **encontraba** bien, le **dolía** el estómago y su cabeza **parecía** no pertenecerle.*

Expresión guiada

Présenter un livre

Présenter un livre qu'on a aimé répond à quelques codes. Suis-les pour structurer ton propos et donner aux autres envie de s'y plonger.

À NOTER : Que l'objectif soit une présentation écrite ou orale, nous te conseillons de **passer d'abord par une phase écrite** et de **rédiger directement en espagnol**.

Présente l'œuvre.

- Fais la **présentation générale** de l'œuvre : titre, auteur, date de publication.
(Si le titre existe en espagnol, essaie d'en trouver la traduction, sinon donne le titre dans la langue dans laquelle tu connais l'œuvre.)

Voy a presentar la reseña de ...

Este libro se titula ... fue publicado en ... (fecha)

Résume l'histoire.

- Situe le **genre**, présente les **personnages principaux** ainsi que la **trame du récit.**

Se trata de ... (género)

Los personajes principales son ...

La trama de esta historia es ...

- Ne donne pas la fin de l'histoire, si tu mets en appétit de futurs lecteurs c'est encore mieux !
(Environ dix lignes pour le résumé de l'histoire est suffisant.)

Los GÉNEROS LITERARIOS:

- El género **narrativo:** el cuento, la novela, la (auto)biografía...
- El género **dramático (el teatro):** la comedia, la tragedia...
- El género **lírico:** la poesía...

Los principales SUBGÉNEROS DE LA NOVELA:

de ciencia ficción, de aventuras, fantástica, policíaca, romántica, de terror...

Évalue l'œuvre.

- Dessine un tableau à deux colonnes et indique ce qui représente pour toi les **points positifs et négatifs** de l'œuvre.
Maintenant rédige ton avis en justifiant et en donnant des exemples!

Me ha encantado ... Lo que más/menos me ha gustado es/son ...

sorprendente · confusa · excelente · original · divertida · conmovedora · monótona · que hace pensar · entretenida · profunda · dramática · interesante · apasionante · violenta · compleja · aburrida · divertida · sentimental · deprimente

Conclus ta critique.

- Résume en une ou deux phrases **l'idée principale de ta critique**, en expliquant pourquoi elle pourrait intéresser, ou pas, tes amis.

Os recomiendo que leáis este libro si os gusta(n)...

No leáis este libro si no os gusta(n) ...

Une bonne critique ne doit pas laisser l'auditoire indifférent : à la suite de ta présentation, il doit avoir envie se plonger dans ton livre ou, au contraire, de passer son chemin !

PROYECTO

INDIVIDUAL

Presento la reseña de un libro como un youtuber.

Expresión guiada
Présenter un livre

PREPARACIÓN

1 **Elige un libro que te ha gustado.** (No hace falta que sea en lengua española.)

2 **Prepara por escrito tu reseña** y sigue los consejos de la p. 32 ("Expresión guiada").

3 **Ensaya tu presentación** (no podrás mirar tus apuntes cuando presentes tu reseña a tus compañeros) y... ¡vocaliza!

REALIZACIÓN

4 **Unos consejos que tener en cuenta:**

a. Tu reseña debe durar **unos 3 minutos**.

b. **Saluda** a tus (futuros) seguidores:
¡Hola a todos! ¡Bienvenidos a mi canal!

c. **Preséntate** muy rápido antes de empezar la reseña.

d. **Enseña** a tus compañeros la tapa del **libro** y el **título**. (Si es un libro en español, puedes también leerles un fragmento.)

e. Explica brevemente lo **esencial del contenido** del libro y añade tus **comentarios personales**.

f. Al final de la presentación, **despídete** de tus seguidores. Puedes incitarles a suscribirse a tu canal:
¡Si os ha gustado mi reseña podéis compartir el vídeo!
Si no estáis suscritos, ¡suscribíos a mi canal!

g. Habla como si hablaras con tus amigos y encuentra tu **estilo propio**. Dale ritmo a tu presentación, sé entusiasta y... ¡divertido!

HAZ TU PROYECTO CON LAS TIC. EVA2025

Evaluación

COMPRENSIÓN ESCRITA

Adolescentes y moda

Lee el texto que te dará tu profesor.

1 **Apunta las dos visiones que pueden tener los adolescentes de la moda.**

2 **¿Qué problemas puede crear la moda entre padres e hijos?**

3 **Apunta dos ejemplos de frases típicas que dicen los padres a sus hijos.**

COMPRENSIÓN ORAL

Redes sociales

01'30 — *Quiero ser youtuber*, RNE, 2018

• un músico: *un musicien* • estar rodeado de: *être entouré de*
• animar: *encourager* • una herramienta: *un outil*

1 **¿Cuál es el tema general de este documento?**

2 **Cita el tipo de público del que habla el periodista.**
a. ¿Cuántos años tienen?
b. ¿Cómo se llama esta generación?

3 **Elige las redes sociales que oyes:**
a) Instagram - Tweeter - blogs - Facebook
b) Instagram - Youtube - blogs - Facebook
c) Instagram - Snapchat - blogs - Facebook

4 **¿Con qué se compara la audiencia de Rubén y Félix?**

Y ahora que has estudiado el capítulo, contesta la problemática:

Las influencias, ¿hay que seguirlas o rechazarlas?

1 • EL MATE: *¿Más que una bebida?*

El mate, todo un rito

DATOS claves
El mate (p. 207)

Montaña diminuta[1] verde y seca,
recibe el agua tibia hasta taparla.
Emerge luego intacta y se la traga[2],
dejándola prontita y algo hinchada[3].

La mano firme y bien disciplinada,
le hunde[4] el metal hueco[5] y adornado,
del lado superior está bien plano,
y abajo su final está agujereado[6].

Una caldera[7] negra y barrigona,
colgando sobre el fuego está esperando,
y apenas hierve el agua allí en su vientre,
expulsa su vapor y va silbando.

Comienza entonces el añejo[8] rito,
de la gente del sur con entusiasmo,
amanecer sin él es un delito,
desayunar con él es un encanto.

Jorge Luis Caraballo (argentino), *Kafuringa*, 2009

---

1. diminuto = pequeño, minúsculo
2. tragar: *avaler*
3. hinchado: *gonflé*
4. hundir: *enfoncer*
5. hueco: *creux*
6. agujereado: *troué, percé*
7. caldera = (*arg.*) recipiente para calentar el agua
8. añejo = antiguo, viejo

PÉDAGOGIE DIFFÉRENCIÉE

EVA2026

ANTICIPA. a. Lee la definición de la palabra "mate" y completa las frases:
El mate es una ... y a la vez el ... donde se toma.
Su nombre viene de la lengua ... y significa pequeña...

mate (del quechua *mati*, calabacita)
1. m. Infusión de yerba mate que por lo común se toma sola y ocasionalmente acompañada con yerbas medicinales o aromáticas. *Mate de poleo.*
2. m. Arg., Bol., Chile y Ur. Recipiente donde se toma la infusión de yerba mate, hecho de una calabaza pequeña o de otra materia.

Diccionario de la RAE

b. Observa las imágenes. ¿En qué orden se organizan?

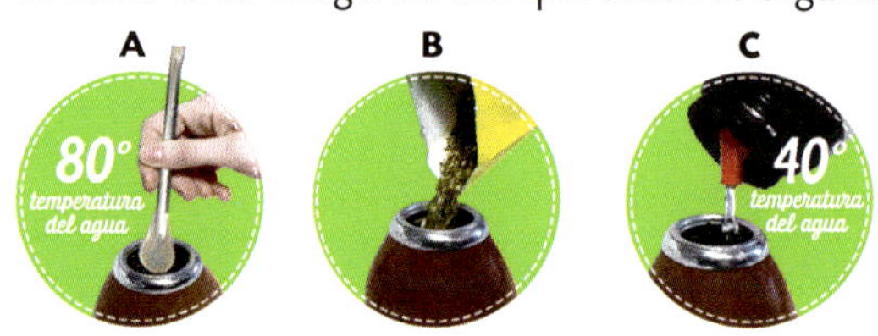

A: empujar la bombilla de "metal hueco y adornado"
B: poner "yerba verde y seca"
C: echar "agua tibia"

LEE. (1) ¿Qué palabras describen lo necesario para la preparación del mate? Explica cómo se prepara.
Primero..., luego..., después..., finalmente...

(2) ¿Quién es "la gente del sur"? (verso 14) ¿Qué representa para ella el mate?

(3) ¿Qué designan las metáforas "montaña" (verso 1) y "vientre" (verso 11)?

(4) ¿Por qué crees que el poeta dedica un poema al mate?

REACCIONA. ¿Conoces una comida o bebida que sea también un ritual?

Para expresarte

- una bebida: *une boisson*
- una personificación
- un ritual
- la tranquilidad
- COMPARTIR: *partager*
- CEBAR el mate = PREPARAR el mate
- TRANSMITIR

El mate que une un país EVA2027

02'13 Lalo Mir, *Homenaje al mate*, Radio Mitre, 2015

DATOS claves
El mate
(p. 207)

- una costumbre: *une habitude*
- compartir: *partager*
- buenos y malos: *gentils et méchants*
- un esquenuncito de tu sangre (expresión para decir "hijo"): *la chair de ta chair*
- el orgullo: *la fierté*
- tibiecito = diminutivo de tibio: *tiède*
- amargo: *amer*

ANTICIPA. Observa y lee el cartel. Di con qué se quiere relacionar el mate en Argentina.

ESCUCHA. (1) Apunta qué has entendido sobre lo que representa el mate y prepara 5 preguntas para tus compañeros.

(2) El mate es una bebida que une a la gente. Explícalo.

(3) Hay varias maneras de tomar mate. ¿Cómo lo toman los niños? ¿y los adultos?

(4) Di qué es lo único que no falta en casa de los argentinos.

ACTÚA. A partir de lo que sabéis del mate, imaginad una entrevista a un argentino que quiere dar a conocer la importancia del mate.

Para expresarte

- las emociones
- la igualdad ≠ las diferencias
- sea cual sea: *quel que soit*
- PERMITIR Ø: *permettre de*
- SOLER [ue]: *avoir l'habitude de*

Gramática

Le gérondif [Précis, p. 231]

*Colgando sobre el fuego **está esperando**.*
*Expulsa su vapor y **va silbando**.*

Les verbes à diphtongue [Tableaux de conjugaison, p. 241]

*El mate prov**ie**ne de América latina.* provenir [ie/i]
*Los argentinos **sue**len tomar mate cada día.* soler [ue]
*Qu**ie**ro hablar de la bebida de mi país.* querer [ie]

REFLEXIONA. ***Basándote en los documentos muestra que el mate es parte de la identidad del pueblo argentino.***

2 • EL VALOR DE LA COMIDA: *¿Más que alimentos?*

EN GRUPOS

▶ Cada grupo estudia 2 documentos acerca de los valores de la cocina.
Contestad estas preguntas que os ayudarán a presentar los documentos al resto de la clase.

1. ¿De qué tipo de documentos se trata?
2. ¿Qué valor se da a la comida y cómo se manifiesta en cada documento?

   nutricional · social · peyorativo · sentimental · artístico · ...

3. ¿Cómo nos muestra cada documento que la comida es algo más que comer?
4. Buscad qué relación hay entre los 2 documentos: oposición / complementariedad / similitud.

   El primer documento ... mientras que / de igual modo / además el segundo documento...

Grupo 1

Recuerdos

Los primeros años de mi vida los pasé junto al fuego de la cocina de mi madre y de mi abuela, viendo cómo estas sabias mujeres[1], al entrar en el recinto sagrado[2] de la cocina, se convertían en sacerdotisas[3], en grandes alquimistas que jugaban con el agua, el aire, el fuego, la tierra, los cuatro elementos que conforman la razón de ser del universo. Lo más sorprendente es que lo hacían de la manera más humilde [...] como si no supieran que los alimentos que ellas preparaban y que nosotros comíamos permanecían dentro de nuestros cuerpos por muchas horas, alterando químicamente nuestro organismo, nutriéndonos el alma, el espíritu, dándonos identidad, lengua, patria.

Laura Esquivel "En torno al fuego", *Íntimas suculencias*, 1988

1. las sabias mujeres: *les femmes sages*
2. el recinto sagrado: *le lieu sacré*
3. las sacerdotisas: *les prêtresses*

Donde se cocina la vida

EVA2028

Publicidad: Teka, 2018

Grupo 2

Comida rápida

Festival de contrapublicidad en las calles de Colegiales (Buenos Aires).
Proyecto Squatters, 2018.

1. somo' (forma oral y coloquial) = somos
2. "al infierno lo hacemos nosotrxs" = **el** infierno lo hacemos nosotros/nosotras

La dieta mediterránea

00'51 Futuro abierto, RNE, 2018

EVA2029

DATOS claves
La dieta mediterránea (p. 207)

Puesta en común

1. Cada grupo presenta sus 2 documentos siguiendo las preguntas sobre las que han trabajado.
2. ¿Qué documento te parece mejor representar los valores de la cocina actual?
3. **Reflexiona:**
   "Uno es lo que come, con quién lo come y cómo lo come."
   Nuestra forma de comer y cocinar, ¿es una cuestión de generación?

PROYECTO

INDIVIDUAL

Creo un emoji sobre un alimento o bebida que tiene un valor particular para mí y lo presento a la clase.

PREPARACIÓN

1. **Elige un alimento, plato o bebida que te gusta mucho y que piensas que merece un emoji.**
2. **Dibújalo en grande al estilo emoji.**
3. **Para prepararte a la presentación de tu emoji delante de la clase, sigue estas etapas:**
   - **a.** Presenta tu alimento, plato o comida: origen, ingredientes, formas...
   - **b.** Indica cómo se toma y en qué momento.
   - **c.** Explica tu elección.
   - **d.** ¡Tienes que defender tu emoji! Busca argumentos a favor: sabor, tradición, universalidad, recuerdos o emociones que puedas asociarle.
   - **e.** Piensa en qué situación se puede usar tu emoji.

REALIZACIÓN

4. **Enseña tu emoji a la clase, preséntalo y ¡defiéndelo!**
5. **Votad por el alimento que pensáis que merece un emoji.**

HAZ TU PROYECTO CON LAS TIC. EVA2030

Evaluación

COMPRENSIÓN ESCRITA

La cocina española

Lee el texto que te dará tu profesor.

1. **Según el texto, elige la frase correcta.**
   a) La cocina española es considerada como una obra de arte.
   b) Todo el mundo hace fotos de los platos antes de comerlos.
   c) Las estrellas Michelín se encuentran en España.
2. **La "cocinamanía" es...**
   a) La manía de cocinar mirando la tele.
   b) La explosión de programas culinarios.
3. **Aparte del sabor, ¿qué aporta la cocina española al país?** Apunta dos palabras del texto.
4. **Indica qué se opone a la dieta mediterránea.**
5. **Responde citando el texto.**
   a. ¿Qué consecuencia mayor tiene este fenómeno?
   b. ¿Qué solución propone?

EXPRESIÓN ORAL (2 minutos)

Presenta la fotografía y di si es legítimo introducir el mate como emoji para la representación de Latinoamérica.

El mate, ¿primer emoji latinoamericano? Los emojis se han convertido en un añadido indispensable para expresar nuestros sentimientos [...]
Si la guardia real inglesa o la paella valenciana tienen uno, ¿por qué no iba a tenerlo el mate?

20minutos.es, 2018

Y ahora que has estudiado el capítulo, contesta la problemática:

¿Puede la comida definir a un pueblo?

De cine

Sueño en otro idioma, una lengua indígena que agoniza

1 Escucha la leyenda contada por Jacinta al principio del vídeo.

EVA2031 ¿De qué lengua habla y cuál es el origen de esta lengua?

2 Mira el tráiler completo y describe la película como si fueras a proponer a un amigo verla.

- ¿Dónde transcurre la película?
- ¿Quiénes son sus protagonistas?
- ¿De qué trata?
- Señala un aspecto que le puede gustar a tu amigo.

EVA2032

02'00 Tráiler: *Sueño en otra idioma*, una película de E. Contreras, 2017

1 Jacinta cuenta una leyenda.

2 El lingüista entrevista a Evaristo.

6 Evaristo, Isauro y María, 50 años atrás.

3 Elabora un dossier de prensa.

a. Busca una fotografía (no necesariamente el cartel) para ilustrar la película.

b. Redacta una sinopsis a partir del tráiler.

c. Realiza una ficha técnica indicando:
- el director,
- el país,
- el año de realización,
- la duración de la película,
- los principales actores con sus personajes correspondientes.

d. Busca en internet una frase representativa del director para definir su obra.

e. Cita los premios que obtuvo y los festivales en los que participó.

Gramática

+ d'exercices interactifs et autocorrectifs

Capítulo 01

Les verbes de type *gustar* [Précis, p. 228]

***Me encanta** este idioma. Me gust**an** los idiomas.*

Les verbes de type *gustar* se construisent comme le verbe « **plaire** » en français. Ils **s'accordent avec le sujet généralement placé après le verbe** (souvent à la 3e personne du singulier ou du pluriel).

Pour faire apparaître la **personne** qui ressent ce sentiment, le verbe est précédé des **pronoms personnels COI** correspondants (*me*, *te*, *le*, *nos*, *os*, *les*).

***A mí** me cuesta pronunciar el inglés.*

Lorsque l'on veut préciser **la personne**, le pronom personnel doit être précédé de la préposition « *a* » + *mí*, *tí*...

Suivis d'un **infinitif**, les verbe de type *gustar* se conjuguent à la **3e personne du singulier**.

1 Construis des phrases avec les éléments suivants :

a) Federico - gustar - el ruso
b) mí - gustar - pronunciar el español
c) María del Mar - gustar - los viajes lingüísticos
d) ¿Nosotros - gustar - los exámenes de comprensión oral?
e) Vicente y Laura - gustar - la literatura latinoamericana

2 Choisis entre *gustar* et *costar* et conjugue-les.

a) A mí ... expresarme en ruso porque la gramática es muy difícil.
b) A nosotros ... pronunciar la jota porque es difícil.
c) A mis compañeros ... ver películas en versión original por su autenticidad.
d) A ti ... aprender los verbos, pero tienes que progresar.

EVA2033

Capítulo 01

Ser et *estar* + adjectif [Précis, p. 233]

Le verbe « **être** » se traduit en espagnol par *ser* ou *estar*.

***Soy** bilingüe.*

Ser s'emploie pour **caractériser**, exprimer une **qualité essentielle**, **profonde**.

*Sara y Asier **están** satisfechos de haber aprendido el vasco.*

Estar s'emploie pour indiquer un **état lié aux circonstances**, même durable.

3 Choisis entre *ser* et *estar* en conjuguant au présent de l'indicatif.

a) Luke ... contento de aprender español.
b) Para un francés, el español ... difícil de pronunciar.
c) Jorge ... sorprendido por la dificultad del francés.
d) Nosotros ... satisfechos de las clases de inglés.
e) Pedro y Nuria ... hispanohablantes.

4 Choisis l'adjectif qui correspond selon le sens.

a) Tú eres *(intimidado/hábil/cansado)* para pronunciar el ruso.
b) Mi primo está *(astuto/perezoso/decepcionado)* porque yo no sé hablar catalán.
c) Somos *(intimidados/impacientes/capaces)* de hablar español pero con un acento francés.
d) Vosotros sois *(distraídos/tolerantes/atentos)* cuando a un extranjero le cuesta hablar correctamente.

EVA2034

Capítulo 01

L'expression de la durée

*Es una lengua que **llevo estudiando** desde los **seis años**.*

Pour exprimer une **période de temps**, on peut employer :

- *desde hace* + **complément de temps**
- *llevar* + **complément de temps** + **gérondif**
- *hace* + **complément de temps** + *que*

5 Complète les phrases avec *desde hace* ou *hace*.

a) Practico inglés ... tres años y me encanta.
b) ... cuatro meses que estudio latín y estoy progresando.
c) Carlos y Ester viven en Francia ... dos años y ya dominan el francés.
d) Solo ... una semana que estoy en Dinamarca y comprendo algunas palabras.

6 Traduis les phrases suivantes :

a) Cela fait deux ans que j'apprends l'anglais.
b) Depuis qu'il est petit il parle trois langues.
c) J'aime l'espagnol depuis toujours.
d) Voici deux mois que tu habites à Madrid sans parler espagnol.

EVA2035

Capítulo 02

Un équivalent de « on » : *se* + verbe [Précis, p. 229]

*Hoy **se** conmemor**a** el día de la cultura geek.*

Le « **on** » français peut se traduire de différentes manières en espagnol, par exemple avec le pronom *se* + verbe conjugué à la 3e personne du singulier ou du pluriel (fait général, habitude).

*Hoy **se** celebr**an** las culturas indígenas.*

Attention ! Le verbe s'accorde avec le **sujet** réel **placé après lui**.

7 Transforme les infinitifs en équivalent de « on » en employant *se*.

a) En España *(celebrar)* una fiesta original.
b) En esta calle *(gritar)*: ¡soy un friki!
c) Durante la celebración *(hacer)* muchos desfiles.
d) El 25 de mayo *(ser)* orgulloso de ser un friki.
e) En este congreso *(ver)* varias películas de ciencia ficción.

8 Traduis les phrases suivantes :

a) Maintenant on fête Halloween en Espagne.
b) On porte des vêtements de marque dans tous les pays.
c) Ici, on achète des produits américains.
d) Avec la publicité on influence les gens.
e) Dans cette boutique on vend des t-shirts originaux.

EVA2036

Capítulo 02

La traduction de « devenir » et de « rendre » [Précis, p. 240]

*Mira a toda esa gente que por colgar algo en internet **se vuelve** famosa.*

Si la transformation est **totale et inattendue**, on emploie *volver* + adjectif ou nom (« rendre ») ou *volverse* + adjectif ou nom (« devenir »)

*Mi idea era **hacerte** famoso... **hacernos** famosos.*

Si la transformation est **volontaire**, on emploie *hacer* + adjectif ou nom (« rendre ») ou *hacerse* + adjectif ou nom (« devenir »)

*Su novia se **ha convertido** en una estrella mundial.*

Si la transformation est **progressive**, on emploie *convertirse en* + adjectif ou nom.

9 Complète les phrases à l'aide d'un équivalent de « devenir ».

a) Hay personas que ... famosas en dos días.
b) Este chico ... un experto en informática poco a poco.
c) Mi deseo es ... youtuber para ganarme la vida.
d) Hay personas que no soportan la fama y que ... locas.

10 Complète les phrases à l'aide de *volver* ou *hacer* pour traduire « rendre ». Attention à l'enclise !

a) Si confías en mí yo puedo ... rico.
b) Si esta chica ... loco, tienes que reunirte con ella.
c) La ausencia de su novia ... melancólico.
d) Eres mi hermano, solo quiero ... feliz.

EVA2037

Capítulo 02

L'obligation personnelle et impersonnelle [Précis, p. 240]

***Hay que** ser fiel a sí mismo.*

Pour exprimer une obligation **impersonnelle** (= **d'ordre général**, qui ne concerne pas une personne en particulier), on emploie le plus souvent *hay que*.

***Tiene que** aguantar con sus amigos.*

Pour exprimer une obligation **personnelle** (= qui concerne une **personne précise**), on emploie *tener que* ou *deber* + infinitif.

11 Transforme les phrases suivantes en choisissant entre une obligation personnelle ou impersonnelle.

a) En la vida *(tener)* su propia identidad.
b) Creo que tú *(cambiar)* de amigos.
c) La juventud es un momento en que *(autoafirmarse)* ante los demás.
d) Tú y yo *(volver)* a casa temprano.

12 Traduis les phrases suivantes :

a) Je dois revenir tôt à la maison.
b) Tu dois trouver ton propre chemin.
c) Il faut faire ce qu'il convient (lo correcto).
d) Nous devons nous divertir sans faire de bêtises.
e) Il faut sortir sans boire d'alcool.

EVA2038

+ *d'exercices interactifs pour mémoriser* EVA2039

YO Y LOS OTROS

EVA2040

Aprender una lengua

Capítulo 01

- el acento
- una apertura
- el bilingüismo
- la conjugación
- con fluidez
- la gramática
- los negocios
- una oportunidad
- la ortografía
- las palabras
- con soltura
- el sustantivo
- la tolerancia
- las ventajas ≠ los inconvenientes
- el verbo
- complicado
- AVERGONZAR(SE) [ue]
- BALBUCEAR
- COMPARTIR
- COMUNICAR(SE)
- COSTAR(LE) [ue] (a uno)
- ENTRENAR(SE)
- ESCUCHAR
- FAVORECER
- INTERCAMBIAR
- MEMORIZAR
- PRONUNCIAR
- REDACTAR
- REPETIR [i]
- SENTIRSE [ie] acomplejado/incómodo
- VIAJAR

Lenguas diversas

Capítulo 01

- los antepasados
- la cosmovisión
- la herencia
- la lengua:
  - indígena
  - materna
  - oficial
  - regional
- la memoria
- una riqueza
- en vías de desaparición
- ADAPTAR(SE)
- COMPAGINAR/CONCILIAR
- CONSERVAR(SE)/MANTENER(SE)

Moda y estilos

Capítulo 02

- las marcas
- la ropa (→ ver también p. 8)
- un uniforme
- clásico ≠ moderno
- cursi
- elegante
- excéntrico
- (SER) idéntico/diferente
- original ≠ banal
- personal
- APARENTAR
- IR/ESTAR a la moda
- LLEVAR puesto
- PARECER(SE) a
- VESTIR(SE) [i]

Las redes sociales

Capítulo 02

- los amigos virtuales
- los centros de interés (deporte, música, videojuegos...)
- la comunidad
- los influenciadores
- las pasiones
- la popularidad
- los seguidores
- extravertido ≠ introvertido
- influyente
- COMPARTIR fotos
- DAR(SE) a conocer
- DAR al me gusta
- DEJAR un comentario
- EDITAR vídeos
- HACER(SE)/VOLVER(SE) [ue] famoso
- LLAMAR la atención
- MOSTRAR(SE) [ue]
- PROMOCIONAR
- PUBLICAR
- SUBIR/COLGAR [ue] contenido / una foto
- SUSCRIBIR(SE)

Capítulo 01

1 Busca las palabras contrarias de:
a) fácil - b) el olvido - c) desaparecer

2 Busca qué palabra corresponde a su definición:
a) Causar dificultad.
b) Una riqueza que viene de nuestros padres/antepasados.
c) Adjetivo que sugiere un malestar.

Capítulo 02

3 Busca qué palabra corresponde a su definición.
a) Ejercer una fuerza moral sobre una persona. - b) El grupo de amigos. - c) Abonarse a un canal Youtube por ejemplo.

4 Busca los sinónimos de:
a) distinguido - b) célebre - c) los fans

5 Busca los antónimos de:
a) ser sí mismo - b) discreto - c) tener un estilo anticuado

Las influencias

Capítulo 02

- las adicciones
- los famosos
- artísticas
- (ESTAR) bajo influencia
- culturales
- extranjeras
- familiares
- (SER) fan de
- (SER) influenciable
- ACABAR mal
- ACEPTAR
- COPIAR
- DEJARSE INFLUENCIAR
- ELEGIR [i]
- INFLUIR en una persona = INFLUENCIAR a una persona
- INSPIRAR(SE) en
- RECHAZAR
- SEGUIR [i]

Valores e identidad

Capítulo 03

- la alegría
- la amistad
- la convivencia
- una costumbre / un hábito
- la emoción
- la familia
- las generaciones
- la paciencia
- el placer
- un reflejo
- el respeto
- un ritual
- la sencillez
- los sentimientos
- la solidaridad
- la tolerancia
- (SER) cómplices
- lo único
- COMPARTIR
- TRANSMITIR

Yo y el grupo

Capítulo 02

- los comportamientos
- los gustos
- el ídolo
- el líder
- la mayoría ≠ la minoría
- la pandilla de amigos
- la personalidad
- la presión del grupo
- el riesgo
- (SER) uno mismo
- (SER) popular
- COMPARTIR
- FORMAR parte de
- IDENTIFICAR(SE) con
- QUEDAR con

Alimentarse

Capítulo 03

- un bocadillo
- la calabaza
- comida sana ≠ basura
- la dieta mediterránea
- las frutas y verduras
- los ingredientes
- las recetas
- la salud
- CEBAR el mate
- NUTRIR el cuerpo
- PREPARAR
- PROBAR [ue]
- TOMAR

Capítulo 03

6 Da la definición de la palabra "amistad" usando palabras de la rúbrica Valores e identidad.

7 Di a qué palabras corresponden estas definiciones:

a) Sentimiento muy intenso de alegría o tristeza producido por un hecho, una idea o un recuerdo.
b) Característica de la simplicidad.
c) Que manifiesta o siente solidaridad o camaradería.

Pronuncia
en voz alta

ACENTUACIÓN EVA2041

1 Escucha estas palabras y di qué sílaba está acentuada (sílaba tónica).

PO-PU-LA-RI-DAD
AN-TE-PA-SA-DO
PA-LA-BRAS
VER-BO
LEN-GUA
RO-PA
EX-TRA-VER-TI-DO
FA-MO-SO

2 Escucha estas otras palabras y clasifícalas según su acentuación.

a) ●•• b) •●•
c) ••● d) •••●

ENTONACIÓN EVA2042

3 Lee estas frases con diferentes entonaciones para expresar:

a) desesperación / alegría / orgullo:
En mi casa se habla catalán, menos cuando mi madre me obliga a hablar inglés.

b) pasión / afirmación convincente:
El mate no es una bebida. Bueno, sí. Es lo único que comparten los padres y los hijos sin discutir ni echarse en cara.

SONIDOS EVA2043

4 Presta atención a la pronunciación de la letra "c".

c + a/o/u = [k] como en **c**ompartir
c + e/i = [θ] como en a**c**ento

Lee, escucha y repite:

compartir - a**c**ento - **c**ena - **c**o**c**ina - influen**c**ias - **c**onjuga**c**ión - **c**ompli**c**ado

TRABALENGUAS EVA2044

5 Escucha y repite respetando el ritmo.

En la **c**o**c**ina hay un **c**o**c**inero
que **c**o**c**ina, y si **c**o**c**ina en la **c**o**c**ina,
¿**c**uántas **c**osas **c**o**c**ina en la **c**o**c**ina?

TEMA 02

DEPORTE Y SOCIEDAD

¿Qué elementos te llaman la atención en esta foto?

10'

¡QUIZ! Vocabulario Gramática Cultura

EVA2045

Capítulo 04 EL DEPORTE

¿Desafiarse a sí mismo?

1. MÁS QUE EJERCICIO

2. DISCAPACIDAD

PROYECTO. Selecciono y presento una foto para la portada de un periódico deportivo.

Expresión guiada — *Choisir et présenter une image.*

Capítulo 05 LA PASIÓN POR EL FÚTBOL

¿Une o divide?

1. ¡SOMOS FÚTBOL!

2. NO SOLO DEPORTE

PROYECTO. Imagino y presento una campaña contra la violencia en el fútbol.

Techo del Club Sportivo Pereyra de Barracas, Argentina.

UTILIZAR

Vocabulario

- el desafío
- los valores
- el deporte
- la pasión
- los excesos

Gramática

- *l'équivalent de « c'est / il est ... de ... »*
- *les verbes de volonté + subjonctif*
- *les verbes d'opinion + indicatif ou subjonctif*

DESCUBRIR

- deportistas españoles destacados: Kilian Jornet y Teresa Perales
- Lorena Ramírez, indígena rarámuri y ultramaratonista
- las cholitas escaladoras de Bolivia
- la película *Campeones*
- la pasión por el fútbol
- grandes escritores: E. Galeano, J.L. Borges

De cine

Guerrero,
un sueño hecho realidad

DEPORTE Y SOCIEDAD

Calentando MOTORES

Veo veo... ¿Qué veis?

1 Observad las imágenes y asociad palabras. Buscad otras que no estén en la nube de palabras.

Imagen 1 → divertirse, jugar, zapatillas de deporte

Imagen 2 → ...

2 Elige una imagen y construye una frase para que tus compañeros puedan adivinar cuál has elegido.

En esta foto, veo/hay...

... está/están...

3 En parejas. Elegid una imagen y haced cada uno por separado una nube de palabras relacionada con ella.
Tenéis 1 minuto 30 para reunir el máximo de palabras. Gana el que más palabras tiene.

entusiasmo
contento equipo
grupo individual cohesión
boxeo COMPETIR
terreno amistad deportista
estadio GANAR lúdico atleta
sensación DIVERTIR(SE)
integración
objetivo JUGAR motivación
apasionado autodisciplina
esfuerzo PERDER
saludable
GRITAR victoria
perseverancia
SALTAR

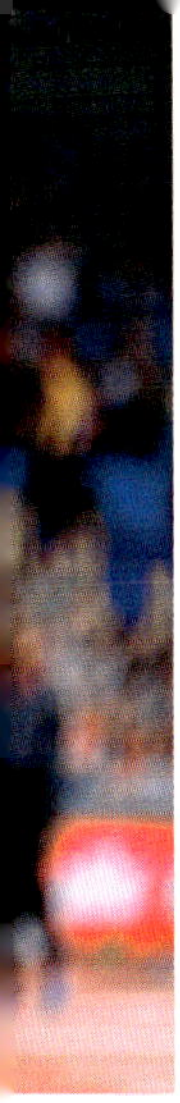

El pasapalabra EVA2046

Escuchad las definiciones e indicad de qué palabra se trata.

1) ¿Quién es?

un espectador | un árbitro | un jugador

2) ¿Qué país?

Argentina | Uruguay | Chile

3) ¿Qué deporte?

béisbol | balonmano | baloncesto

4) ¿Qué parte del cuerpo?

la pierna | la rodilla | el pie

5) ¿Quién es?

Pau Gasol | Rafael Nadal | Andrés Iniesta

Oigo cantar EVA2047

Escucha la canción *Gol de mi corazón* del grupo colombiano Doctor Krápula.
Apunta las palabras que entiendes. ¿Con qué deporte las relacionas? ¿Con qué sentimientos se puede relacionar el deporte evocado?

Tomo la palabra

Habla de ti contestando estas preguntas.

1) ¿Cuál es tu deporte favorito?

2) ¿Qué te gusta más en este deporte?

Escucha las respuestas de tus compañeros y compáralas con las tuyas. ¿Qué tenéis en común?

1 • MÁS QUE EJERCICIO: *¿Qué se busca con el deporte?*

EN GRUPOS

Todos juntos

- ¿En qué palabras pensáis cuando oís la palabra "deporte"?
- Un alumno reúne todas las palabras de la clase. Clasificadlas por categorías. Podéis hacer un mapa mental.

Grupo 1 **Grupo 2**

Cada grupo:
- presenta a los deportistas y el deporte que aparecen en sus documentos.

nombre | deporte practicado | particularidad | ...

- estudia los dos ejemplos para encontrar varias respuestas a la pregunta: ¿qué se busca haciendo deporte?

Grupo 1 Más alto, más lejos

Kilian Jornet, español, es un apasionado del ultratrail y un campeón en carrera y esquí de montaña.

> El deporte es algo muy egoísta, pones tu vida en peligro a veces para conseguir una emoción, una sensación, es muy egoísta. Lo bueno que eso sea valorado por la sociedad es que a veces puedes motivar a chavales[1] para que hagan deportes o se acerquen a la naturaleza o vean que cosas difíciles, con trabajo se pueden hacer.

Palabras de Kilian Jornet, en el programa *Late Motiv*, 2017

1. un chaval = un chico

Nacho Dean en el estrecho de Gibraltar antes de llegar a Marruecos.

EVA2048

Reportaje: *Expedición Nemo*, RTVE, 2018

- un estrecho: *un détroit* • un reto: *un défi*
- una corriente: *un courant* • una ruta: *une voie de passage*

Para expresarte

- la alegría: *la joie*
- un desafío: *un défi*
- el esfuerzo
- el placer
- (SER) único, increíble, el primero
- CORRER
- NADAR: *nager*
- SUPERAR(SE) a sí mismo
- CONSEGUIR [ie] = OBTENER

Grupo 2 Mujeres en la cima

DATOS claves: Los rarámuris (p. 207)

Lorena Ramírez participó en la carrera Tenerife Bluetrail en 2018.

La mujer de 22 años, que corre con sandalias de plástico y con la ropa tradicional del mítico pueblo Tarahumara o Rarámuri (que significa, en su lengua, "los de los pies ligeros"), fue la ganadora del Ultramaratón de 100 km de los Cañones de Guachochi, el pasado mes de julio. [...]

Los Tarahumara viven aislados de forma voluntaria en México. Son conocidos por su resistencia corriendo largas distancias. No entrenan ni utilizan ropa deportiva. Correr forma parte de su cultura. Muchos de ellos apenas saben hablar español. Es el caso de Lorena. [...]

Sobrevivieron moviéndose sierra adentro y cuestionan de forma clara nuestra visión contemporánea del deporte. Para ellos, correr es un acto de moverse, algo natural que practican desde los más pequeños a los ancianos. Es parte indivisible de su identidad.

Edu Dalas Pacreu, asics.com, 2017

Para expresarte

- las alturas = la altitud
- las culturas ancestrales
- las polleras = las faldas de las cholitas
- un reto: *un défi*
- la tradición
- la velocidad: *la vitesse*

- ALCANZAR: *atteindre*
- ESCALAR: *escalader*
- FORMAR parte de: *faire partie de*
- REIVINDICAR

Cholitas[1], acostumbradas a las alturas por su trabajo de cargadoras[2] o por ser esposas de guías de montaña, en el pico Illimani (6.400 m). Han logrado escalar varios picos andinos entre los más altos. Lo han conseguido con su vestimenta tradicional y solo con la ayuda técnica indispensable para su seguridad.

1. cholitas: mujeres indígenas que visten traje tradicional en Bolivia.
2. cargadoras: mujeres indígenas que transportan cargas en los Andes.

Puesta en común

1. **Cada grupo presenta a la clase los deportes y deportistas que aparecen en sus documentos y explica qué representa y aporta el deporte en cada situación.**

2. **El resto de la clase escucha y luego completa con sus puntos de vista.**
Estoy de acuerdo, pero es también...
¿Por qué decís que...?

3. **Ahora, podéis decir lo que busca una persona cuando practica deporte.**

Una campeona que vuela

Peridis, *Teresa Perales cómics*, 2016

OBSERVA. (1) Describe el dibujo completo. ¿Qué representa el dibujo de palabras?

(2) Comenta el juego de palabras en el título del dibujo.

(3) Habla de la vida de Teresa Perales relacionando la leyenda de la foto con las palabras del dibujo.

ACTÚA. Elige una palabra de la viñeta y redacta una anécdota tuya que la ilustre.

Para expresarte

- la autoestima
- una calidad
- un escalón: *une marche, un échelon*
- la rehabilitación: *la rééducation*
- una silla de ruedas: *un fauteuil roulant*
- la superación personal: *le dépassement de soi*
- una trayectoria: *un parcours*
- valiente: *courageux,-euse*
- TENER [ie] una discapacidad: *être handicapé*
- VOLAR [ue]

1. Aúpa: *Allez!*
2. la desgracia: *le malheur, la malchance*
3. el ánimo= el entusiasmo
4. la valentía= el coraje
5. el empuje: *l'entrain*

Teresa Perales, nadadora con discapacidad, perdió la movilidad de sus piernas a los 19 años. Hoy es una gran campeona paralímpica (26 medallas) y mundial (20 medallas), en particular en nado de mariposa *(brasse papillon)*. Es también especialista en superación personal y rehabilitación.

Campeones, una película premiada EVA2049

01'58 Discurso: J. Vidal en los premios Goya, RTVE, 2019

Jesús Vidal, actor principal de la película *Campeones*

frescura: *fraîcheur*

PÉDAGOGIE DIFFÉRENCIÉE EVA2050

ANTICIPA. Observa las fotos y el cartel: ¿de qué tratará la película *Campeones*?

ESCUCHA. (1) Indica qué premio ha recibido Jesús Vidal.

(2) Di con qué palabras relaciona este premio y explica con tus propias palabras lo que ha querido decir.

(3) ¿A qué personas Jesús Vidal rinde homenaje en su discurso? Di qué cualidades les atribuye.

REACCIONA. ¿Piensas que el deporte como el cine pueden cambiar la mirada de la sociedad sobre las personas con discapacidad?

Cartel del documental sobre la película *Campeones*, ganadora de varios premios Goya en 2019.

Para expresarte

- el baloncesto: *le basket*
- (SER) capaz de
- la crueldad
- un tema tabú
- la tolerancia
- los valores
- BURLAR(SE) de
- INCLUIR ≠ EXCLUIR
- INTERPRETAR un papel: *jouer un rôle*
- RENDIR [i] homenaje = HOMENAJEAR

REFLEXIONA. ***¿En qué la práctica de un deporte puede ayudar a superar una situación de discapacidad y generalmente a superarse a sí mismo?***

Gramática

L'équivalent de « c'est / il est ... de ... » [p. 60]

Ha sido *un verdadero reto* ***interpretar*** *a un personaje como Marín.*

Les verbes de volonté + subjonctif [p. 60]

Espero que este idilio ***siga*** *muchos años más.*

Expresión guiada

Choisir et présenter une image

Savoir analyser une image qui doit illustrer un propos, un article ou une démonstration te sera utile tout au long de ton parcours.

Choisis une image.

• **Il existe différents types de visuels :** *fotografías, retratos* (portraits), *paisajes, pinturas, carteles* (affiches), *dibujos humorísticos, artísticos...*

• **Selon l'intention que tu veux donner et surtout le sujet que tu veux illustrer,** certains choix conviennent mieux que d'autres. Veille dans tous les cas à ce que l'image soit cohérente avec le thème.

• **Pour aider à la compréhension d'un texte**, on peut choisir une image qui double son sens, ou qui met en lumière un des aspects traités. Mais selon l'effet recherché, tu peux au contraire choisir une photo décalée ou en opposition, et donc **produire une association plus originale.**

Esta imagen resalta (fait ressortir) *un aspecto...*

• **Pense aux aspects esthétiques** (une bonne composition, des couleurs attirantes...), et aux émotions que suscite l'image.

una fotografía con una buena composición,
con colores llamativos...
Es fuerte/impactante, porque...

¡Más palabras!
- *el tema principal*
- *la idea desarrollada*
- *el concepto*
- *el reportaje*
- *un símbolo, simbolizar*
- *triste / alegre / significativa / pesimista / impactante*
- *resaltar, sorprender*

Dégage le sens de l'image.

• **Décris les différents éléments de l'image,** puis **dégages-en le sens,** les éventuels symboles...

• **Explicite les intentions de l'auteur,** ce qu'il a voulu montrer et comment il y parvient.

Esta foto denuncia/pone en evidencia...

• **Conclus en expliquant ton choix et en le justifiant.**

Esta foto:
ilustra perfectamente este/esta... porque...
nos hace pensar, soñar, reflexionar en...
demuestra que...

¡Más palabras!
- *en blanco y negro / color sepia*
- *colores cálidos ≠ fríos*
- *imagen realista / antigua ≠ contemporánea*
- *una campaña de sensibilización / publicitaria*

Tu as toutes les cartes en main : il ne te reste plus qu'à trouver LA bonne image !

PROYECTO INDIVIDUAL

Expresión guiada
Choisir et présenter une image

Selecciono y presento una foto para la portada de un periódico deportivo.

PREPARACIÓN

1. **Trabajas para un periódico deportivo y tienes que ilustrar la portada.** Elige qué aspecto del deporte o acontecimiento deportivo (Copa del mundo, Juegos olímpicos...) quieres ilustrar.
2. **En Internet busca una foto impactante.**
3. **Analízala según el método presentado en la página "Expresión guiada" (p. 52):**
   - describe la imagen y lo que ilustra,
   - explica lo que se desprende de ella.

REALIZACIÓN

4. **Presenta a tus compañeros la foto que has escogido.** Juegan el papel de redactor jefe:
   - proyéctala, coméntala y defiéndela,
   - emplea locuciones para dar tu opinión: *Yo creo que... / A mí me parece que...*
   - termina explicando por qué tu imagen es la mejor para la portada.

Entrénate a hablar sin leer tus apuntes.

HAZ TU PROYECTO CON LAS TIC. e EVA2051

Evaluación

COMPRENSIÓN ESCRITA

¿Qué aporta el deporte a los niños?

Lee el texto que te dará tu profesor.

1. **¿Por qué es importante el deporte en la educación de los niños?**
2. **Según el autor, ¿cuáles son los valores del deporte?**
3. **¿Verdadero o falso? Justifica con palabras del texto.**
   a) El deporte enseña a superar a los demás.
   b) Si no sigues las reglas en el deporte, no hay consecuencias.
   c) La responsabilidad y la paciencia son también valores enseñados por el deporte.
4. **Entre los valores presentados, ¿cuáles son los que influyen particularmente sobre las relaciones sociales?**
5. **¿En qué estos valores se oponen a ciertos defectos de nuestra sociedad?**

EXPRESIÓN ORAL (de 1 a 2 minutos)

¿Cuál es tu valor deportivo preferido? Justifica tu elección dando ejemplos.

compañerismo | trabajo en equipo | respeto | superación personal | ...

Y ahora que has estudiado el capítulo, contesta la problemática:

¿Es el deporte un desafío a sí mismo?

1 • ¡SOMOS FÚTBOL!: *¿Es el fútbol parte de nuestra identidad?*

Nuestro fútbol es así

DATOS claves

Eduardo Galeano (p. 208)

Eduardo Galeano fue un escritor e intelectual apasionado por el fútbol de Uruguay y Argentina.

Como el tango, el fútbol creció desde los suburbios[1]... Lindo viaje había hecho el fútbol: había sido organizado en los colegios y universidades inglesas, y en América del Sur alegraba la vida de gente que nunca había pisado[2] una escuela. En las canchas[3] de Buenos Aires y de Montevideo, nacía un estilo. [...] En los pies de los primeros virtuosos criollos[4], nació el toque: la pelota tocada como si fuera guitarra, fuente de música.

Rara vez el hincha[5] dice: 'Hoy juega mi club'. Más bien dice: 'Hoy jugamos nosotros'. Bien sabe este jugador número doce que es él quien sopla los vientos de fervor que empujan la pelota cuando ella se duerme, como bien saben los otros once jugadores que jugar sin hinchada es como bailar sin música.

Eduardo Galeano (uruguayo), *El fútbol a sol y sombra*, 1995

1. los suburbios: la periferia popular de la ciudad
2. pisar: *(ici) mettre les pieds*
3. la cancha *(Am.)*: el campo de fútbol
4. los criollos: los habitantes de origen español
5. el hincha: *le supporter, le fan*

PÉDAGOGIE DIFFÉRENCIÉE

EVA2052

ANTICIPA. ¿Qué sabes de la importancia del fútbol en Argentina y Uruguay?

1. **LEE.** Relaciona los adjetivos siguientes que califican el fútbol con elementos del texto.
   popular | artístico
2. ¿Es el fútbol solo un juego para el autor?
3. ¿Es el hincha parte del equipo? Justifica tu respuesta y di cuál es su papel.
4. Di qué relación existe entre el fútbol y el país.

REACCIONA. Lee las dos citas. ¿Con quién estás de acuerdo?

> *El fútbol es un deporte que a veces es arte. Las personas tienen derecho a la pasión colectiva y a la identidad.*
>
> Eduardo Galeano

> *Yo no entiendo cómo se hizo tan popular el fútbol. Un deporte innoble, agresivo, desagradable y comercial.*
> *Algo absurdo, pueril, y esa calamidad, esta estupidez, apasiona a la gente.*
>
> Jorge Luis Borges

Para expresarte

- la afición a: *l'engouement pour*
- arraigado: *enraciné*
- (SER) fiel: *(être) fidèle*
- ANIMAR: *encourager*
- GENERAR: *engendrer*
- HACER(SE) socio
- IDENTIFICAR(SE) con
- SOSTENER = APOYAR

Mi país, ¡mi fútbol!

Día de partido en Madrid.

99 60

EXHIBICIÓN DE LOS CAMPEONES TANTO EN DEFENSA COMO EN ATAQUE FRENTE A MONTENEGRO

La selección arrasa en su estreno

MARCA

FIFA WORLD CUP RUSSIA 2018

20.45 LA 1

SOMOS ESPAÑA

[UNA GRAN FAMILIA]

Nos jugamos el Mundial y no podemos perder • Equipo y afición deben ir de la mano en un Bernabéu que no falla en las grandes citas • Lopetegui saldrá con un falso nueve

Gana un bronce con el menisco roto

BARÇA INFORME Fin a un verano caótico sin fichaje final

OPEN USA Garbiñe, virtual número 1 del mundo

Con Vodafone One TV tienes todo el fútbol, tienes el poder.

UEFA ABRE UNA INVESTIGACIÓN POR LOS MOVIMIENTOS ECONÓMICOS DEL PSG

Marca, junio 2017

OBSERVA. (1) ¿Dónde está sacada esta foto?

(2) Describe a las personas. ¿Qué hacen?

(3) ¿Qué es el otro documento? Comenta lo que lees.

(4) ¿Qué puedes decir sobre la relación entre los españoles y sus equipos?

ACTÚA. En parejas. Un español invita a su amigo francés a ver un partido de fútbol en un bar. El francés prefiere quedarse en casa. Imaginad la conversación.

Para expresarte

- la bufanda: *l'écharpe*
- la camiseta: *le tee-shirt*
- con motivo de: *à l'occasion de*
- la convivencia: *la cohabitation*
- el fervor
- la portada de una revista
- CELEBRAR
- JUNTAR(SE) = REUNIR(SE)

REFLEXIONA. *¿Es el fútbol parte de la identidad de un país?*

Gramática

Les verbes d'opinion + indicatif ou subjonctif [p. 60]

***Creo que** el hincha form**a** parte del equipo.*
***No creo que** el hincha form**e** parte del equipo.*

La traduction de « devenir » [Précis, p. 240]

*Yo no entiendo cómo **se hizo** tan popular el fútbol.*

2 • NO SOLO DEPORTE: *¿Es el fútbol un reflejo de la sociedad?*

EN GRUPOS

Todos juntos

- **Si oís la palabra "fútbol", ¿qué aspectos positivos y/o negativos os vienen a la mente? Clasificadlos.**

aspectos positivos	aspectos negativos
...	...

Grupo 1 **Grupo 2** **Grupo 3** **Grupo 4**

Estudiad por grupos cada uno de los problemas sociales generados por el fútbol.

1) Identificad el problema evocado en el documento.

2) Explicad cómo se manifiesta.

3) Proponed soluciones para luchar contra estos problemas.

Grupo 1 Una pelota de oro

Messi valía en 2004 3 millones de euros, 100 millones de euros en 2010, y en enero de 2018, incrementó a 180 millones de euros, con lo que discute el primer lugar con Neymar.

Dinero en imagen, 2018

RONALDO NAZÁRIO ULTIMA LA COMPRA DEL CLUB DE VALLADOLID POR 30 MILLONES DE EUROS.

El País, 2018

La FIFA quiere que un algoritmo fije el precio de los futbolistas. Los clubes podrían pagar más para adquirir un jugador, pero una parte del dinero iría para el fútbol formativo *(amateur)*.

El País, 2018

A. Martirena (cubano), *Cubahora*, 2018

Grupo 2 ¿Cuestión de vida o muerte?

Sería bueno encontrar una manera de disfrutar del fútbol sin convertirlo en esa falsa cuestión de vida o muerte; hay muchas cosas por las que vale la pena pelear en serio, y el fútbol no es una de ellas. Pero no las encontramos porque no queremos buscarlas. Seguir así, "dando la vida por los colores", nos permite creer que somos originales, diferentes, más intensos, más vivos. No que, en lugar de dedicar[1] los esfuerzos importantes a las cosas importantes, los desperdiciamos[2] en estas tonterías. El fútbol es un juego; si alguien se cree que no lo es, se vuelve un gran engaño[3].

Martín Caparrós (argentino), *New York Times*, 2018

1. dedicar: *dédier, consacrer* - 2. desperdiciar: *gâcher*
3. un engaño: *une tromperie*

Grupo 3 Ellas lo dan todo por nada

Paco Schuster, el entrenador de un equipo femenino de fútbol, conversa con su amigo Miguel.

—¿Son buenas? —preguntó [Miguel]. [...]

—Sí, son buenas. Y no porque sean mejores o peores que el resto. Es porque se ganan mi respeto cada día que vengo aquí para ponerlas a prueba[1], machacarlas[2] para que intenten salir de este deporte que las discrimina... —Miquel giró la cabeza y miró a Paco Schuster—. Pero ¿sabes qué? Que el mundo que las discrimina también está ahí afuera... Y aquí por lo menos tienen la oportunidad de luchar, de demostrar que no son iguales a los hombres, sino que son mejores... [...] Ellas saben que nunca van a ser profesionales [...]. Cada victoria tiene algo de derrota[3].

[...] Hay más de treinta mil niñas y mujeres federadas[4] en este país, pero la gran mayoría lo

deja antes de los catorce años, cuando comprenden que es una batalla perdida. Míralas —Paco apuntó con el dedo hacia el centro del campo, [...] las que se quedan lo dan todo por nada. Todo por nada...

Ángel Gil Cheza (español), *Pez en la hierba*, 2015

1. poner a prueba: *mettre à l'épreuve* - 2. machacar: *(ici, fam.) en faire baver* - 3. la derrota: *la défaite* - 4. federadas: *licenciées*

Grupo 4 El fútbol de todos

00'58 Entrevista: levante-emv.com, 2018

EVA2053

- la grada: *les gradins, les tribunes*
- romper a: *se mettre à*
- la hinchada: *l'ensemble des supporters*
- un mono: *un singe*
- largarse: *(fam.) se tirer, partir*

Entrevista a John Edward, jugador colombiano de 16 años.

Puesta en común

1. Cada grupo explica el problema evocado en el documento estudiado y cómo se manifiesta.
2. Con esos elementos, debatid sobre posibles soluciones.
3. Para concluir, decid si el fútbol es un reflejo de la sociedad.

PROYECTO

INDIVIDUAL

Imagino y presento una campaña para luchar contra la violencia en el fútbol.

PREPARACIÓN

1. Piensa qué tipo de violencias se ven asociadas a veces al fútbol.

   violencia física | violencia verbal | machismo | racismo | nacionalismo | ...

   Elige una de ellas y reflexiona sobre los problemas que conlleva.

2. Afina tu reflexión:
   - ¿En qué circunstancias asistimos a este fenómeno?
   - ¿De dónde viene?
   - ¿Qué tipo de solución hay que adoptar?

3. Elige un eslogan entre los propuestos arriba o inventa uno.

REALIZACIÓN

4. Prepara tu campaña de comunicación.
   a) Busca un visual y asócialo con tu eslogan para realizar el soporte de tu campaña.
   b) En una hoja aparte, redacta:
      - la presentación de tu campaña (objetivo, tema, público...),
      - el motivo y las razones para justificarla.
   c) Cuida también la presentación visual de tu documento escrito.

5. Preséntala oralmente a la clase sin leer el texto.
   Se suele ser más convincente cuando no se lee el texto y se mira al público.

HAZ TU PROYECTO CON LAS TIC. EVA2054

Evaluación

EXPRESIÓN ORAL (1 a 2 minutos)

1. Presenta este documento (tipo de documento, origen, aspecto general, texto).
2. ¿Cuál es el objetivo de esta viñeta? ¿Está logrado?

COMPRENSIÓN ORAL

La importancia de hacer deporte para los niños

01'17 *Hacer familia*, 2018

Escucha y resume los argumentos de la persona que habla. Apunta:

a) un beneficio del deporte para la salud de los niños,
b) dos actividades no deportivas que se oponen al deporte,
c) las palabras que demuestran que el deporte es muy útil en la vida cotidiana.

Y ahora que has estudiado el capítulo, contesta la problemática:

La pasión por el fútbol, ¿une o divide?

De cine

Guerrero, un sueño hecho realidad

1 Observa el cartel. Mira la foto y lee su leyenda.

a. Pon en relación estos dos documentos: ¿quién es quién?

Paolo Guerrero, el célebre futbolista peruano, con Rony Shapiama, el actor de 9 años que interpreta el papel del pequeño Paolo en la película *Guerrero*, de Fernando Villarán (2016).

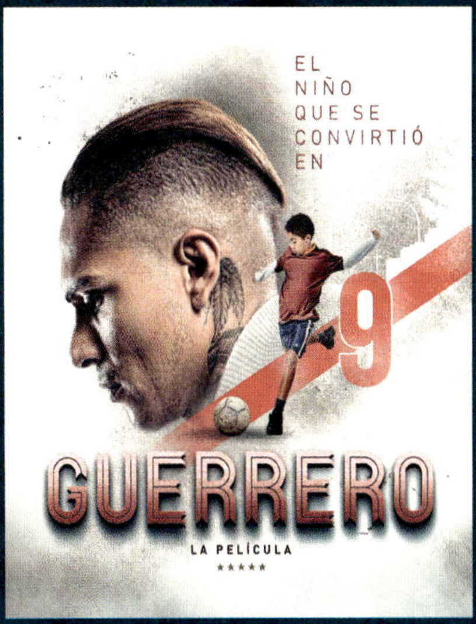

b. Deduce qué tipo de película parece ser:

comedia | drama | película biográfica | película histórica

c. Define este género y precisa sus características.

2 Mira el tráiler de la película y lee la entrevista a Paolo Guerrero.

¿Qué elementos de la película son reales?

EVA2055

PERIODISTA: **¿Imaginaste que serías tan popular como para algún día tener una película?**

PAOLO GUERRERO: Cuando yo soñaba con ser futbolista, no existían este tipo de cosas como que un jugador tenga una película. Para mí esto es un sueño realizado. [...]

PERIODISTA: **¿Te ves de alguna manera reflejado cuando ves a Rony, el niño que te interpreta en la película?**

PAOLO GUERRERO: Sí, prácticamente en todo. Tiene ese brillo en los ojos, es muy alegre, travieso, creo que hasta más travieso que yo. A veces tiene sus ratos serio, yo también soy así, me veo muy reflejado en él. [...]

PERIODISTA: **La película se enfoca en tu niñez. ¿Cómo fue esta?**

PAOLO GUERRERO: Yo me sacrifiqué mucho para ser un jugador profesional, para cumplir mi sueño que era ser un jugador profesional de fútbol. Comencé en un equipo de barrio, en las águilas de Barranco, luego, a los 7 u 8 años, me fui a hacer mi prueba a Alianza. Desde chico llevé una vida bien disciplinada, pero esta no es una película 100 % basada en hechos reales.

elcomercio.pe, 2016

3 Imagina una película basada en hechos reales y prepara la sinopsis.

- Elige a una persona famosa o de tu entorno.
- Redacta notas preparatorias para llevar su vida al cine: ¿qué elementos de su vida vas a conservar y cuáles son los que puedes transformar o inventar?

Piensa:

- en el físico y en el carácter del personaje, en sus familiares o amigos, en los acontecimientos importantes de su vida...
- en el mensaje que quieres transmitir o que te inspira esta persona.

Capítulo 04

L'équivalent de « c'est / il est ... de ... »

***Ha sido** un verdadero reto **interpretar** a un personaje como Marín.*

Pour traduire en espagnol « **c'est** / **il est** important/difficile/nécessaire... **de** + **infinitif** », on emploie le verbe *ser* + infinitif <u>**sans préposition**</u>.

1 Traduis les phrases suivantes :
a) C'est difficile d'atteindre le sommet *(llegar a la cima)*.
b) Pour obtenir ce résultat, il est nécessaire d'avoir une très forte motivation.
c) Il est essentiel de donner une autre image du handicap.

2 Traduis les phrases suivantes :
a) Il est indispensable de créer de la diversité dans le cinéma.
b) Il est important de récompenser un acteur handicapé.
c) C'est émouvant *(emocionante)* d'écouter ce discours.
d) C'est un honneur de recevoir ce prix.

EVA2056

Capítulo 05

Les verbes de volonté + subjonctif [Précis, p. 232]

*Espero que este idilio **siga** muchos años más.*

Quand **le verbe de la principale** exprime **la volonté**, **l'ordre**, **le désir**, **le conseil**, **l'interdiction**, on emploie *que* + subjonctif.

RAPPEL. Formation du subjonctif : **radical de la 1re personne** du présent de l'indicatif + **terminaisons** :
-e, *-es*, *-e*, *-emos*, *-éis*, *-en* pour les verbes en *-ar*,
-a, *-as*, *-a*, *-amos*, *-áis*, *-an* pour les verbes en *-er* et en *-ir*.

Attention ! Quelques verbes sont complètement **irréguliers**.

ser → *sea*, *seas*, ... *ir* → *vaya*, *vayas*, ... *da* → *dé*, *des*, ...

3 Conjugue les verbes au subjonctif.
a) Os pido que vosotros *(comprender)* las reglas.
b) El actor espera que nosotros *(prestar)* más atención a la gente con discapacidad.
c) Deseo que tú *(ganar)* los próximos juegos paralímpicos.
d) Queremos que el cine *(permitir)* concienciar a la gente.
e) El árbitro prohíbe que vosotros *(portarse)* mal con vuestros compañeros.

4 Conjugue les verbes au subjonctif.
a) Os ordeno que vosotros *(hacer)* un esfuerzo más.
b) Deseo que tú *(ir)* al estadio.
c) El entrenador ruega que los jugadores *(ser)* buenos con sus adversarios.
d) Me aconsejas que yo *(ver)* esta película.
e) Esta película incita a que la gente *(tener)* otra visión de la discapacidad.

EVA2057

Capítulo 05

Les verbes d'opinion + indicatif ou subjonctif [Précis, p. 232]

***Creo que** el hincha **forma** parte del equipo.*

Pour exprimer une **opinion à la forme affirmative** : verbe d'opinion *(crear, pensar...)* + *que* + indicatif.

***No creo que** el hincha **forme** parte del equipo.*

Pour exprimer une **opinion à la forme négative** : verbe d'opinion *(crear, pensar...)* + *que* + subjonctif.

5 Conjugue le verbe entre parenthèses.
a) Mi padre cree que los futbolistas *(ganar)* demasiado dinero.
b) Nosotros opinamos que los hinchas *(ser)* indispensables.
c) Yo no pienso que los hinchas *(comportarse)* como bárbaros.
d) Miguel no cree que los chicos *(jugar)* mejor que las chicas.
e) Mis amigos consideran que el fútbol *(ser)* un deporte respetable.

6 Utilise un verbe d'opinion à la forme qui convient.
pensar - creer - opinar - considerar
a) Yo ... que el fútbol es un deporte saludable.
b) Mi abuelo ... que este deporte pueda jugarse pacíficamente.
c) Nosotras ... que jugar al fútbol es una manera de divertirse.
d) Javier ... que los deportistas coman de manera equilibrada.
e) Ellos ... que yo me implico mucho durante el partido.

EVA2058

Vocabulario

+ d'exercices interactifs pour mémoriser EVA2059

DEPORTE Y SOCIEDAD

EVA2060

El desafío

Capítulo 04

- una enfermedad
- la motivación
- la realización personal
- el reconocimiento
- la rehabilitación
- una silla de ruedas
- la superación personal
- la tenacidad
- la voluntad
- determinado
- discapacitado
- COSTAR(LE) [ue] a uno
- TENER [ie] una discapacidad
- a pesar de

Los valores

Capítulo 04

- el ánimo
- la autodisciplina
- la autoestima
- el compañerismo
- el compromiso
- el desarrollo personal, social
- la lealtad
- la paciencia
- la valentía
- combativo
- CONSEGUIR [i]
- RESPETAR
- SUPERAR(SE)

El deporte

Capítulos 04 y 05

- el árbitro
- el balonmano
- el béisbol
- el boxeo
- atletismo
- una carrera
- una competición
- la derrota ≠ la victoria
- el estadio
- un jugador
- CORRER
- ESCALAR
- GANAR ≠ PERDER [ie]
- LUCHAR
- NADAR
- PARTICIPAR
- SALTAR

La pasión

Capítulo 05

- la afición
- la alegría
- el entusiasmo
- el fervor
- un hincha
- el placer
- aficionado a

- APASIONAR(SE) por
- APOYAR/ANIMAR
- COMPARTIR
- IDENTIFICAR(SE) con
- RESPALDAR
- VIBRAR

Los excesos

Capítulo 05

- la agresividad
- la discriminación
- los insultos
- la intolerancia
- las peleas
- el racismo
- los salarios / los sueldos
- la violencia
- extremo
- CONCIENCIAR
- ENFRENTAR(SE)
- GENERAR
- PREVENIR
- PROVOCAR

Capítulo 04

1 Busca los sinónimos de:

a) el coraje
b) la perseverancia
c) LOGRAR hacer algo

2 Da la definición de la expresión "superación personal", a partir de la lista titulada "El desafío".

Capítulo 05

3 Busca los antónimos de:

a) tristeza - b) indiferente a
c) DESINTERESAR(SE) (por)

4 Di a qué palabras corresponden estas definiciones:

a) Partidario entusiasta de un equipo deportivo. - b) Falta de tolerancia.

Pronuncia
en voz alta

SONIDOS EVA2061

1 Presta atención a la pronunciación de las letras "r" y "rr".

- **rr** o **r** al principio de una palabra = [r̄] como ba**rr**as - **r**ehabilitación
- **r** al interior de una palabra = [r] como sala**r**io

Escucha, repite y escribe las palabras.

TRABALENGUAS EVA2062

2 Escucha y repite.

Tanto **r**eía la **r**ata **r**abiosa
mient**r**as **R**afa co**rr**ía,
que se en**rr**edó en la cue**r**da
y se fue en**rr**oscada y co**rr**iendo.

TEMA 03

CONVIVIR ENTRE GENERACIONES

¿Qué palabras puedes asociar a esta foto?

10'

¡QUIZ! Vocabulario Gramática Cultura

EVA2063

Capítulo 06 LA FAMILIA HISPANA

Vivir en familia, ¿sinónimo de convivencia?

1. LA FAMILIA TRADICIONAL
2. CONVIVENCIA ENTRE GENERACIONES
3. FAMILIAS DEL SIGLO XXI

PROYECTO. Invento la historia de una familia a partir de una fotografía.

Expresión guiada *Écrire une histoire à partir d'images.*

Capítulo 07 VARIAS GENERACIONES

¿Continuidad o ruptura?

1. EL FLAMENCO
2. HIJOS DE INMIGRANTES

PROYECTO. Creamos una cápsula del tiempo y la presentamos.

Retrato de familia, Gregori Cireva, 2018

UTILIZAR

Vocabulario
- las relaciones familiares
- vivir en familia
- emanciparse
- familias de hoy
- tradición y modernidad
- el flamenco

Gramática
- *l'accord de l'adjectif qualificatif*
- *le subjonctif dans la subordonnée complétive*
- *exprimer une éventualité avec* tal vez, quizás...
- *le gérondif (manière)*
- *le passé composé*

DESCUBRIR
- la familia hispana
- el Día de los Muertos
- el flamenco
- la inmigración de segunda generación

De cine

El olivo,
las raíces de una familia

CONVIVIR ENTRE GENERACIONES

Calentando MOTORES

Veo veo... ¿Qué veis?

1 Asociad palabras e imágenes.

Elegid cada uno tres palabras de la nube. Asociadlas con una o varias imágenes. Comparad vuestros resultados.

cómplice → imágenes 3, 8...
transmitir → imagen 3...

2 Describid las imágenes.

a. Elegid la foto que más palabras asociadas tiene y describidla.

b. Haced lo mismo con la que menos palabras asociadas tiene.

3 Elegid una imagen e imaginad la historia de uno de sus personajes en 3 o 4 frases.

abuelo
LLEVARSE BIEN/MAL jóvenes
familia CONVIVIR nieto
descendientes cómplice
hermano generación rey
padres cariño PARECER(SE) hijos
TRANSMITIR relaciones
edad adulto monoparental
DISCUTIR COMPARTIR niño
tradición CONSERVAR
numerosa respeto
amor HEREDAR
solidaridad
conflicto

El pasapalabra EVA2064

Escuchad las definiciones y adivinad de qué palabra se trata.

1) el A _ _ _
2) C _ _ _ _ _ _ _
3) mi _ _ _
4) los _ _ _ _ _ _
5) A _ _ _ _ _ _
6) N _ _ _ _ _
7) los D _ _ _ _ _ _ _ _ _ _ _ _
8) mi _ _ _

Oigo cantar EVA2065

Escucha la canción *Mi querido viejo*, del cantante argentino Piero.
Padre e hijo, ¿son iguales o diferentes? Confirma con palabras de la letra de la canción.
Padre e hijo son ... porque no son de la misma...

Tomo la palabra

¿Existen diferencias entre las generaciones?
¿Qué tipos de diferencias crees que existen entre los abuelos y los padres y entre los padres y sus hijos?

Justifica citando ejemplos concretos de tu propia experiencia.

1 • LA FAMILIA TRADICIONAL: *¿Existe un modelo hispano?*

Elogio a la familia

La familia, sí. Palabra contradictoria, enorme en sus significados, aterradora[1] y hermosa al mismo tiempo. Durante muchos años me quejé y despotriqué[2] de la familia latina, de ese núcleo[3] de convivencia tan pegajoso[4], del cariño y el odio que nos tenemos, de cómo los españoles no sabemos vivir, por lo general, sin estar entrañados[5] con nuestra reata[6] de sangre. Y, en mi juventud, envidié el desprendimiento[7] de los anglosajones, su ligereza a la hora de volar del nido, su facilidad para desengancharse[8]. Tuve que cumplir los treinta, residir un tiempo en Estados Unidos e impartir clase allí en la universidad, para darme cuenta de los estragos[9] psíquicos que ese distanciamiento familiar había provocado en mis alumnos. Al cabo aprendí que, puestos a pagar un precio (siempre se paga), prefería el exceso emocional de la familia latina a la frialdad y la enloquecedora ausencia de la anglosajona. Cuando te peleas[10] contra el otro (los padres, los hermanos) te construyes. Pero cuando no existe el otro, cuando nadie te refleja ni te limita, es el abismo. Por no hablar de lo que esto supone en cuanto a cohesión social: España, con su enorme porcentaje de parados[11], sigue siendo uno de los países con menos vagabundos callejeros, porque las familias se aprietan y acogen en sus casas a aquellos que lo han perdido todo.

Rosa Montero, *El País Semanal*, 2011

PÉDAGOGIE DIFFÉRENCIÉE

EVA2066

ANTICIPA. Fíjate en el título: "La familia tradicional". Di si la foto te parece ilustrarlo o no.

LEE. (1) ¿Qué adjetivos emplea Rosa Montero para calificar a la familia? Explica y justifica.

(2) La autora nos habla de dos tipos de familia. Defínelas con estas palabras.

solidaridad | libertad | construcción | ausencia | distancia | indiferencia | unión | exceso

(3) ¿Qué modelo prefiere la autora? Justifica.

REACCIONA. Y tú, ¿compartes la opinión de Rosa Montero acerca de la familia?

Para expresarte

- un abuelo
- complicado: *complexe*
- las generaciones
- la identidad
- un lazo: *un lien*
- lejos: *loin*
- la soledad: *la solitude*, solitario
- unido: *uni*
- AYUDAR: *aider*, la ayuda
- CONVIVIR con: *vivre avec, cohabiter avec*, la convivencia
- NECESITAR: *avoir besoin de*
- PREOCUPAR(SE) por

1. aterradora: *terrifiante*
2. me quejé y despotriqué de: *je me suis plainte et ai pesté contre*
3. un núcleo: *un noyau*
4. pegajoso: *collant*
5. entrañados: *liés*
6. la reata: *la lignée*
7. el desprendimiento: *le détachement*
8. desengancharse: *se détacher*
9. los estragos: *les ravages*
10. pelearse: *se bagarrer, se disputer*
11. parados: *chômeurs*

Convivencia en la familia latinoamericana

Fotograma de la película de animación *Coco*, 2017

ANTICIPA. ¿De dónde viene esta imagen? A primera vista, ¿qué te sorprende en esta familia?

OBSERVA. (1) Describe a esta familia imaginando todos los lazos familiares posibles.

(2) Esta imagen se refiere a una fiesta. ¿Sabes cuál es? Busca informaciones y explícala brevemente.

(3) Muestra cómo se manifiesta la convivencia en esta familia.

ACTÚA. Uno de los personajes presenta a su familia y explica su modo de vida, las relaciones entre los miembros de la familia.

REFLEXIONA. ***¿Puede la familia hispana tradicional representar un modelo universal?***

Para expresarte

- un anciano: *une personne âgée*
- los antepasados: *les ancêtres*
- una calavera: *une tête de mort*
- un dibujo animado
- (ESTAR) embarazada: *(être) enceinte*
- (ESTAR) vivo ≠ muerto
- un esqueleto
- feliz: *heureux*
- FORMAR parte de: *faire partie de*
- SONREÍR [i]: *sourire*, una sonrisa
- VOLVER [ue]: *revenir*

Gramática

L'accord de l'adjectif qualificatif [p. 80]

*Palabra contradictori**a**, aterrador**a** y hermos**a**.*
*Estragos psíquic**os**.*

Le subjonctif dans la subordonnée complétive [p. 80]

*Es imposible que **nos juntemos** en Navidades.*
*Tú consigues que **sea** fácil.*

Con los abuelos, somos más familia EVA2067

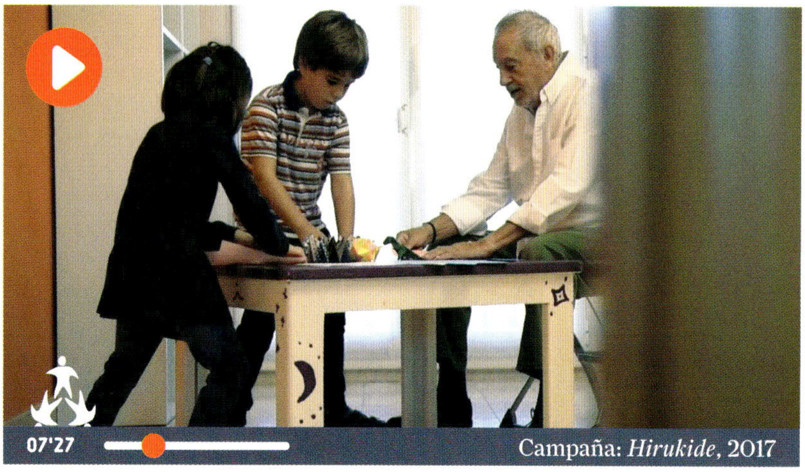

- el trastorno: *le dérangement, le bouleversement*
- ser torpe: *être maladroit*
- una carga: *une charge*
- dar la murga: *casser les pieds*
- juntarse: *se rassembler*
- imprescindible = indispensable

Campaña Hirukide (Federación de familias numerosas), Euskadi, España

ANTICIPA. Describe estos tres fotogramas. ¿Cómo calificarías la relación entre los personajes?

MIRA EL VÍDEO (1) ¿Quiénes son los protagonistas? ¿Dónde se sitúa la acción?

(2) **a.** Comenta la evolución de la relación entre el abuelo y sus nietos y di cómo se siente este.
b. ¿Qué quiere hacer el abuelo al final de la primera secuencia? (02'56)

(3) Mira el vídeo hasta el final. Resume lo que le dice la hija a su padre al final. Entonces, ¿qué ocurrió?

(4) ¿Cuál es el objetivo de esta campaña?

ACTÚA. A partir de los tres fotogramas, imagina una historia sobre esta familia.
¡OJO! Debes imaginar la historia poniendo las fotos en un orden diferente del orden del libro.

Para expresarte

- el cariño: *la tendresse, l'affection*
- la complicidad, cómplice
- sus cosas: *ses affaires*
- las maletas: *les valises*
- el parentesco: *le lien de parenté*
- una residencia de ancianos / de tercera edad: *une maison de retraite*
- CUIDAR de: *s'occuper de, prendre soin de*
- DEDICAR tiempo: *consacrer du temps*
- GUARDAR: *ranger*
- JUGAR [ue]
- MOLESTAR: *dérange, gêner*
- SENSIBILIZAR

Jóvenes españoles en busca de emancipación EVA2068

Reportaje: *España vuelta y vuelta*, RNE, 2018

- soñar con: *rêver de*
- la alta tasa de paro: *le fort taux de chômage*
- la compra: *l'achat*
- el alquiler: *la location*
- una vivienda: *un logement*
- independizarse: *devenir indépendant*
- un sueldo = un salario
- compartir piso: *être en colocation*
- ni en broma: *même pas en rêve*

ANTICIPA. a. Observa el documento. ¿Por qué crees que la mayoría de los jóvenes no se ha emancipado?
b. Propón una definición de la palabra "emancipación" a partir de las palabras siguientes:

libertad | independencia | autonomía

ESCUCHA. 1 Indica los tres factores que limitan la posibilidad de emancipación de los jóvenes españoles.

los contratos temporales | los bajos salarios | la crisis | la alta tasa de paro | la ausencia de viviendas

2 Anota el porcentaje de jóvenes de entre 25 y 29 años que ha podido emanciparse. ¿Te parece mucho o poco?

3 ¿Qué sabes de Carlos? ¿Cuántos años tiene? ¿Pudo emanciparse?

4 Resume la situación de los jóvenes españoles en busca de emancipación.

REACCIONA. ¿Piensas que compartir piso es realmente independizarse?

REFLEXIONA. ***La convivencia entre generaciones en España es el resultado ¿del deseo o de la obligación?***

Para expresarte

- la crisis
- el dinero
- el paro: *le chômage*
- % = por ciento, el porcentaje
- DEJAR: *laisser, quitter*
- DESEAR = QUERER [ie]
- IR(SE): *s'en aller*

Gramática

Exprimer une éventualité avec *tal vez, quizás...* [p. 80]

Quizás *los ancianos* ***se sientan*** *una carga para su familia.*

Madres contra la violencia

Doris Barrento en el barrio de Catuche (Caracas, Venezuela)

Cómo las madres pusieron paz en una de las ciudades más violentas del mundo.

Desde los años ochenta, la rivalidad entre dos pequeñas comunidades vecinas, [...] se expresaba de la manera más violenta posible procurando empañar con sangre y fuego[1] la comunidad como advertencia para sus enemigos. [...]

En Catuche[2] dijeron basta[3] un día de agosto de 2007, cuando se produjo una de las confrontaciones armadas más fuertes que los vecinos recordaban. En ese enfrentamiento hubo varios heridos por disparos[4] y resultó muerto un joven de 18 años.

Doris Barreto trabajaba ya por aquel entonces como profesora y trabajadora social en el centro comunal Fe y Alegría de Catuche, cuando la madre de aquel muchacho [...] le pidió entre sollozos[5] que intercediese de una vez para conseguir la paz, sin revanchas. [...]

Doris entendía perfectamente la situación de aquella madre. Su rostro aún guarda rasgos de dolor por el asesinato de su hijo de apenas 20 años en una noche de noviembre de 1999 a manos de una banda. Y no hubo vacilación[6]. [...]

"En mi papel de mediadora tenía miedo. [...] Al final se disipó. Y todas juntas conseguimos sacar adelante un acuerdo de convivencia y, posteriormente, se formaron las Comisiones de Paz". [...]

En las Comisiones de Paz se nota la garra[7] del matriarcado comunal.

Álvaro Fuente, *El País Semanal*, 2018

ANTICIPA. Observa la foto. ¿Qué indicaciones nos da sobre la mujer y su entorno?

LEE. (1) **a.** Indica de qué lugar se habla.
b. ¿Cómo puedes calificar el ambiente en este lugar? Justifica citando el texto.

(2) Di cuál fue el papel que Doris Barreto desempeñó en este lugar. ¿Por qué lo aceptó?

(3) Explica la última frase del texto.

REACCIONA. ¿Por qué son dignas de admiración estas madres?

Para expresarte

- apacible: *paisible*
- un conflicto
- determinado
- un pilar: *un pilier*
- valiente: *courageux*
- APACIGUAR: *apaiser*
- DESEMPEÑAR un papel: *jouer un rôle*
- DETENER = PARAR: *arrêter, stopper*
- OBTENER = CONSEGUIR [i]

---

1. empañar con sangre y fuego: *(ici) souiller par le sang et le feu*
2. Catuche = barrio cerca del centro de Caracas, capital de Venezuela
3. basta: *ça suffit*
4. heridos por disparos: *blessés par des tirs*
5. entre sollozos: *en sanglots*
6. vacilación: *hésitation*
7. la garra: *la griffe*

Así se da la vuelta a[1] los roles convencionales

Niñato es la historia de una familia de barrio que nos hace reflexionar sobre el papel de cada uno en la vida cotidiana.

Adrián Orr, cineasta madrileño de 36 años, explica así su interés por rodar[2] la vida de su amigo David Ransanz, artista de hip hop madrileño, 39 años, separado, y al cuidado de su hija y sus dos sobrinos, junto a su hermana y sus padres. [...]
He visto cómo David ha ejercido su paternidad desde muy joven, rompiendo todos los clichés de rapero. [...]
Abuelos, padres, madres, hermanas, sobrinos e hijos se convierten en[3] una tribu donde se da la vuelta a los roles convencionales de familia y la maternidad y paternidad se ejerce de manera colectiva. La película, que toma su título del nombre artístico del rapero, se rodó durante más de cinco años.
El objetivo era filmar esos momentos cotidianos, como el despertar, el camino y recogida del colegio. [...] Una cotidianidad donde los roles convencionales de padre y madre se difuminan para transformarse en otra forma de familia. "Mi hermana y yo nos separamos casi al mismo tiempo, ella alquiló el piso enfrente de mis padres y decidimos que [...] yo sería el que me haría cargo de los tres niños", explica David. [...]
"Era simplemente aceptar lo que ocurre en el día a día[4] de una familia que se ha unido para salir adelante[5]", concluye.

Patricia Rafael, *eldiario.es*, 11/05/2018

1. dar la vuelta a: *renverser*
2. rodar: *tourner (un film)*
3. convertise en: *devenir*
4. el día a día = el cotidiano
5. salir adelante: *s'en sortir, aller de l'avant*

ANTICIPA. Observa el cartel, el título y la introducción del texto. ¿De qué puede tratar la película *Niñato*?

LEE. (1) Presenta a David Ransanz.

(2) Imagina cuáles son los clichés de los que habla Adrián: "David ha ejercido su paternidad desde muy joven, rompiendo todos los clichés de rapero".

(3) Según su amigo, David es un buen padre. Justifica con el texto.

(4) La familia de David Ransanz no es tradicional. Explica por qué.

ACTÚA. Imagina otra historia que este cartel podría ilustrar.

REFLEXIONA. ***¿Han evolucionado los roles en las familias hispanas?***

Para expresarte

- implicado
- COMPARTIR: *partager*
- DESMONTAR los tópicos: *démonter les clichés*
- EVOLUCIONAR: *évoluer*

Gramática

La traduction de « depuis » [Précis, p. 236]

*Nos conocemos **desde hace** más de 20 años.*
***Desde** los años ochenta, la rivalidad entre dos pequeñas comunidades se expresaba de la manera más violenta posible.*

Expresión guiada

Écrire une histoire à partir d'images

Raconter une histoire avec une ou plusieurs images en appui est un exercice de créativité. Le support visuel ne doit pas brider, mais inspirer !

Observe la ou les image(s).

- **Plusieurs types d'images** peuvent t'être proposés : tableau, photographie, dessin...
- **Observe bien la ou les image(s) et pose-toi les questions suivantes :**
  - Où et quand se passe la scène ?
  - Qui ou que vois-tu ?
  - Que se passe-t-il ?
  - S'il s'agit d'une scène « sur le vif » : qu'a-t-il pu se produire avant et après ce qui est représenté ?
  - Quelle atmosphère se dégage de l'image ?
  - L'image provoque-t-elle une sensation ? Laquelle ?
- Au brouillon, **décris l'image et liste ainsi le vocabulaire** que tu utiliseras.

Imagine ton histoire.

- **À partir de l'image, invente le contenu de ton récit.**
  - L'action : ce qui va se dérouler dans ton histoire.
  - Le lieu et l'époque où situer ton histoire.
  - Les personnages : choisis-en un ou plusieurs pour développer son histoire (imagine son âge, son métier, ses goûts, son caractère, son vécu...).

Prête attention aux détails ou aux éléments qui ne sont pas au premier plan de l'image : ils peuvent être le point de départ d'idées originales !

Écris ton histoire.

- **Rédige un récit** construit avec une situation initiale, des péripéties et une fin (même ouverte).
- **Utilise des connecteurs** pour relier tes paragraphes.
- N'hésite pas à **donner des détails** pour rendre vivante et vraisemblable ton histoire, comme si tu connaissais les personnages et le contexte de l'image.

Utilises des connecteurs

- *En primer lugar... / Para empezar...*
- *Después / Luego...*
- *Porque / De hecho / Puesto que...*
- *Por eso / Entonces / Por lo tanto...*
- *... pero / sin embargo...*
- *Es decir que / En realidad...*
- *Por último / Para terminar...*

Une même image peut donner lieu à des récits très différents. Laisse libre cours à ton imagination !

PROYECTO INDIVIDUAL

Expresión guiada
Écrire une histoire à partir d'images

Invento la historia de una familia a partir de una fotografía.

(Observa esta misma foto en tamaño grande, pp. 62-63.)

PREPARACIÓN

1 **Mira la fotografía.**
- ¿Qué te evoca esta familia?
- ¿Dónde y cómo es el lugar? (decoración, ambiente...)

2 **Imagina.**
- ¿Quién es quién? ¿Qué tipo de relación puede existir entre estas personas?
- ¿Por qué están reunidos?

3 • **Piensa en una historia** a partir de algo que te ha llamado la atención: una mirada, una postura, una vestimenta, el ambiente...
• **Elige un personaje (o varios).**
Dale(s) un nombre y establece su relación con otros miembros de la familia.
• **Imagina qué hace(n), qué piensa(n)...**

4 **No te olvides de algunos detalles técnicos.**
- ¿Dónde y cuándo transcurre tu historia? (antes, mientras o después de la foto)
- Imagina quién la cuenta: ¿un personaje en 1ª persona o un narrador en 3ª persona?
- Dale vida a tu personaje: inventa detalles y anécdotas.

REALIZACIÓN

5 **Redacta tu historia utilizando los datos reunidos durante la preparación.**
(Alrededor de 120 palabras.)

HAZ TU PROYECTO CON LAS TIC. EVA2069

Evaluación

EXPRESIÓN ORAL (1 a 2 minutos)

Describe y comenta este dibujo.
¿En qué ilustra o no el tema de la familia?

COMPRENSIÓN ORAL

Adopta un abuelo

1 **¿Cuál era el deseo de Bernardo?** Explica por qué.

2 **¿Qué decidió crear Alberto Cabanes?**

3 **¿Tuvo éxito la iniciativa de Alberto?**
Justifica.

4 **Cita los dos objetivos de la iniciativa.**

Y ahora que has estudiado el capítulo, contesta la problemática:
Vivir en familia, ¿sinónimo de convivencia?

1 • EL FLAMENCO: *¿Es el flamenco solo de los gitanos?*

Somos gitanos, somos flamenco

© Colita, Barcelona, 1963

Desde los primeros cantaores[1] conocidos como Tío Luis el de la Juliana o El Planeta, hasta algunos mitos históricos como Enrique El Mellizo, Manuel Torre, Antonio Mairena, Carmen Amaya, Manolo Caracol, La Niña de los Peines o Camarón –por citar solo algunos de los que ya no están con nosotros– han sido los gitanos quienes han sustentado[2] las raíces[3] flamencas, y han sido las familias gitanas las principales depositarias de este arte y quienes lo han transmitido oralmente de generación en generación.

Por otro lado, gran parte de la lírica flamenca revela una cosmovisión[4] gitana y narra las fatigas por la supervivencia[5] que ha soportado el Pueblo Gitano a lo largo de los siglos. Han sido tan grandes las duquelas[6] que hasta quienes se arrimaban a los gitanos, aunque no fuesen tales, acababan sufriendo las mismas discriminaciones por juntarse con nosotros.

Desde un análisis social y antropológico el flamenco es, fundamentalmente, la música del Pueblo Gitano español, especialmente en Andalucía, y la de quienes han compartido nuestro sufrimiento.

Instituto de Cultura Gitana, 2011

---

1. cantaores = cantantes de flamenco
2. sustentado = alimentado
3. las raíces: *les racines*
4. una cosmovisión: *une vision du monde*
5. la supervivencia: *la survie*
6. duquelas: palabra que significa preocupaciones, dolores, fatigas, en caló (idioma de los gitanos de España)

DATOS claves
El flamenco (p. 208)

ANTICIPA. EVA2070
Escucha la canción. ¿Qué sientes? ¿En qué te hace pensar?

LEE. (1) Cita un elemento que revela que el flamenco existe desde hace mucho tiempo.

(2) ¿Qué sentimientos señalados en el texto se relacionan con la música escuchada?

(3) Según el texto, ¿el flamenco solo es de los gitanos?

ACTÚA. Realiza un mapa mental para presentar el flamenco. Piensa en los objetos, las personas, las ideas, etc.

Para expresarte

- un baile
- el braceo: *mouvement des bras du danseur de flamenco*
- el dolor
- las emociones
- las palmas: *les claquements de mains*
- melancólico
- los sentimientos
- el taconeo: *les claquettes, travail du danseur avec ses pieds*
- SENTIR(SE) [ie]
- TRANSMITIR

Rosalía, una artista 2.0 EVA2071

01'25 Reportaje: Noticias Andalucía, RTVE, 2017

- la pertenencia: *l'appartenance*
- la saga: *la lignée*
- que la ate a: *qui l'attache à*
- vínculos: *des liens*
- sin ataduras: *sans attache*
- la heterodoxia = disconformidad con hábitos o prácticas generalmente admitidas
- los caminos trillados: *les sentiers battus*

PÉDAGOGIE DIFFÉRENCIÉE EVA2072

ANTICIPA. Fíjate en el título. ¿Qué significa para ti? ¿Qué crees que canta esta chica? Justifica.

ESCUCHA. (1) Presenta a Rosalía:
- de dónde viene,
- cuántos años tiene,
- qué tipo de música canta.

(2) ¿Qué aporta a esta música tradicional?

(3) ¿Es gitana Rosalía? Justifica tu respuesta.

REACCIONA. ¿Qué opinas de esta versión 2.0?

Para expresarte

- el chándal
- el estilo
- (SER) original ≠ común
- el salero *(fam.)* / la gracia: *l'allure*
- la vestimenta, la ropa
- la voz
- RESALTAR, DESTACAR(SE): *sortir du lot*
- CONSERVAR
- CREAR
- INNOVAR
- PERTENECER a

Gramática

Le gérondif (manière) [p. 81]

*Cantar **nutriéndose** de la raíz, pero **volando** libre.*

Le passé composé [p. 81]

***Han sido** los gitanos quienes **han sustentado** las raíces flamencas, y **han sido** las familias gitanas las principales depositarias de este arte y quienes lo **han transmitido** oralmente de generación en generación.*

REFLEXIONA. *Di en qué medida el flamenco es solo de los gitanos.*

EN GRUPOS

Estudiad un retrato de hijos de inmigrantes.

En grupos, trabajad sobre un documento y, para presentarlo, comentad las pistas siguientes:

- identificación del (de los) protagonista(s),
- país de origen,
- país de acogida,
- nacionalidad,
- lengua(s) que hablan,
- elementos que conservan de sus orígenes y que forman parte de su adaptación al país de acogida (lenguas, tradiciones...).

Grupo 1 Una colombiana en la asamblea de Nueva York

Reportaje: *Despierta América*, 2018

EVA2073

DATOS claves
Latinos en EE.UU. (p. 208)

- una volantera: *personne qui distribue des dépliants*
- llenas de: *pleines de*
- un carro = un coche
- a capa y espada: *bec et ongles*
- aprovechar: *tirer profit*

Grupo 2 Jaula de oro

EVA2074

Aquí estoy establecido
en los Estados Unidos
muchos años tengo ya
que me vine de mojado[1]
papeles no he arreglado
sigo siendo un ilegal.

Tengo a mi esposa y mis hijos
que me los traje muy chicos
y se han olvidado ya[2]
de mi México querido
del que yo nunca me olvido
y no puedo regresar. [...]

Mis hijos no hablan conmigo
otro idioma han aprendido
y olvidaron el español
piensan como americanos
niegan que son mexicanos
aunque tengan mi color.

Extracto de la canción
Jaula de oro
de Los Tigres del Norte, 1984

DATOS claves
Latinos en EE.UU. (p. 208)

1. vine de mojado: *fait allusion aux immigrés qui arrivent "mouillés"* (mojados) *aux États-Unis, parce qu'ils ont traversé à pied et illégalement le Río Grande, fleuve frontière.*
2. se han olvidado ya: *ils ont déjà oublié*

Grupo 3 Quinceañera latina en España

Alejandra Zapata, hija de colombianos, nació en España y vive en la periferia madrileña.

Es una de muchas inmigrantes de segunda generación que celebran sus quince por todo lo alto[1], como se hace en América.

El País Semanal, 2017

Eventos Principesa, en el madrileño barrio de Vallecas, es una de las tiendas[2] especializadas en organizar fiestas de quince años para inmigrantes que han surgido en los últimos años. Monta[3] dos o tres a la semana.

La fiesta de quince años tiene varios hitos[5], [...] como el vals con el padre, o "el maquillaje", cuando la madre pinta los labios de la niña [...]. La madre de la quinceañera aún recuerda[6] su fiesta de quince años en [...] Colombia. "Entonces todo era más sencillo[7], más normalito", dice.

Bernardo protege de la fría noche madrileña a su hija. Tradicionalmente las fiestas de quinceañera en Colombia se celebraban cerrando la calle y montando allí la bulla[4]. "Pero también allá han cambiado y ahora se hacen más en salones".

---

1. por todo lo alto: *en grande pompe* - 2. las tiendas: *les boutiques* - 3. montar: *(ici) organiser* - 4. la bulla = (aquí) la fiesta
5. hitos: *(ici) moments importants* - 6. recuerda: *se souvient de* - 7. sencillo: *simple*

Puesta en común

1. Cada grupo presenta a la clase su documento siguiendo las pistas estudiadas.

2. Sintetizad apuntando lo que todavía une los protagonistas a su país de origen y lo que los relaciona con su nuevo país. Explicad por qué.

3. Para concluir, expresad vuestra opinión: ¿Tienen esos hijos de inmigrantes una doble identidad? Justificad.

PROYECTO

EN EQUIPO

Creamos y presentamos una cápsula del tiempo.

PREPARACIÓN

1. **Por parejas, elegid 2 objetos (o fotografías de los objetos) para poner en una cápsula del tiempo:**
   - un objeto de la vida cotidiana,
   - un objeto a la moda,
   - un objeto con un valor afectivo,
   - un recuerdo,
   - un artículo de prensa sobre informaciones importantes de hoy...

   Uno de los objetos tiene que ser moderno y actual, el otro, tradicional.

2. **Pensad por qué los objetos que vais a poner en la cápsula del tiempo pueden interesar a las futuras generaciones.**
   - lo que habrá cambiado o desaparecido,
   - lo que habrá resistido al paso del tiempo y se habrá transmitido.

3. **Reunid las búsquedas de toda la clase en una caja.**

REALIZACIÓN

4. **Presentad vuestra cápsula del tiempo: dentro de 100 años vuestros descendientes la abrirán.**
   Justificad la elección de cada objeto o escribid una carta a vuestros descendientes para explicar qué es vuestro objeto, para qué sirve o qué representa para vosotros.

HAZ TU PROYECTO CON LAS TIC. EVA2075

Evaluación

EXPRESIÓN ORAL EN INTERACCIÓN (1 a 2 minutos)

Participas con un campañero en un debate cuyo tema es: "De generación en generación, entre tradición y modernidad en los países hispánicos."

Tenéis que compartir lo que sabéis y dar vuestra opinión.

a. Anota ejemplos que indican que se transmiten las tradiciones.

b. Anota ejemplos que indican, al contrario, que las nuevas generaciones quieren modernizar las herencias.

c. Cada uno expone sus argumentos y da ejemplos que los justifican.

COMPRENSIÓN ESCRITA

Lo que piensan los gitanos de Rosalía

Lee el texto que te dará tu profesor.

1. **¿Es cierta la frase siguiente? Justifica tu respuesta con un elemento del texto.**
   La comunidad gitana acepta el flamenco 2.0 de Rosalía.
2. **¿Qué crítica se hace a los cantantes que no son gitanos?**
3. **¿Qué piensa Rosalía de esta idea? Justifica con el texto.**
4. **Explica cómo el flamenco se transmite de generación en generación.**
5. **Según el texto, ¿cuál sería el origen del flamenco?**

Y ahora que has estudiado el capítulo, contesta la problemática:

¿La transmisión entre generaciones implica continuidad o ruptura?

De cine

El olivo, las raíces de una familia

1 Intenta poner los fotogramas en un orden coherente.
Redacta una frase para cada uno.

2 Imagina lo que le dice el abueloa su nieta.
Fíjate en uno de los fotogramas en los que están juntos.

3 A partir de los elementos de la página, imagina la historia que cuenta esta película.
Cuéntala y, después, compara tu historia con la original.

EVA2076

02'04

Tráiler: *El olivo*, una película de Icíar Bollaín, 2016

L'accord de l'adjectif qualificatif [Précis, p. 222]

Les adjectifs **s'accordent** en **genre** et en **nombre** avec le nom qu'ils qualifient.

- **Le genre**

  -o → -a *Una palabra contradictori**a**, aterrador**a** y hermos**a**.*

  + -a pour les adjectifs **de nationalité**. *La familia español**a**.*

  Dans les autres cas, la terminaison reste inchangée.

- **Le nombre**

  Au pluriel, les adjectifs se terminent en -s ou -es (masculin) et en -as ou -es (féminin).

  *Estragos psíquico**s**. Familias recompuest**as**. Mujeres valient**es**.*

1 Choisis la bonne réponse.

a) Las familias hispanas son *(cariñoso/cariñosa/cariñosas)*.
b) Sus miembros pueden ser *(excesiva/excesivo/excesivos)*.
c) Durante el Día de los muertos en México, todos los miembros de la familia son *(feliz/felices)*.

2 Accorde les adjectifs avec leur sujet.

Rosa Montero dice que la familia es una institución *(complicado)*. Cuando era joven, prefería la familia *(anglosajón)* porque indica que los anglosajones son *(libre y autónomo)*. Pero, a los treinta años, se da cuenta de que finalmente prefiere la familia *(hispano)*, porque es *(solidario)*.

Le subjonctif dans la subordonnée complétive [Précis, p. 232]

***Es imposible que nos juntemos** en Navidades.*

Les locutions et verbes **impersonnels** exprimant la **crainte**, le **doute**, la **nécessité** *(es necesario, es posible, es imposible, es lamentable)* sont suivis du subjonctif.

*Tú **consigues** que **sea** fácil.*

Les verbes de **volonté**, d'**ordre**, de **prière**, de **défense**, de **conseil**, d'**interdiction** *(pedir, querer, desear, conseguir que, recomendar)* également.

3 Choisis la bonne réponse.

a) La hija se alegra de que *(viene/venga)* su padre.
b) Es lamentable que su padre *(piensa/piense)* ser una carga.
c) Casi es imposible que los jóvenes *(consiguen/consigan)* salir de casa de sus padres.

4 Conjugue les verbes au présent du subjonctif.

a) Los padres quieren que sus hijos *(emanciparse)*.
b) Desean que *(sentirse)* libres.
c) Sin embargo, las familias hispanas son solidarias y consiguen que *(haber)* menos vagabundos en las calles.

Exprimer une éventualité avec *tal vez, quizás, quizá, acaso...* [Précis, p. 232]

Pour exprimer une **éventualité**, on peut employer *tal vez, quizás, quizá* ou *acaso* + subjonctif.

***Quizás** los ancianos **se sientan** una carga para su familia.*

5 Conjugue les verbes.

a) Tal vez *(salir)* los jóvenes de casa de sus padres, pero la mayoría necesitará compartir piso.
b) Quizá *(ser)* el abuelo el núcleo de la familia.
c) Acaso *(querer)* más libertad los jóvenes españoles.

6 Formule des éventualités à partir des situations suivantes.

a) Para emanciparse los jóvenes tienen que renunciar a los ocios.
b) Algunos jóvenes prefieren quedarse en casa de sus padres.
c) La familia española es un modelo para los anglosajones.

Le gérondif (manière) [Précis, p. 231]

*Cantar **nutriéndose** de la raíz, pero **volando** libre.*

Le **gérondif** s'emploie pour exprimer la **manière** (on répond alors à la question *¿cómo?*).

- FORMATION
  - pour les verbes en *-ar* : radical + *-ando*
    *bail**ar** → bail**ando**.*
  - pour les verbes en *-er* et *-ir* : radical + *-iendo*
    *entend**er** → entend**iendo** salir → sal**iendo**.*

Attention ! Avec le gérondif, **l'enclise** du pronom est obligatoire.
*imitando el flamenco → imitándo**lo**.*

7 Transforme les verbes au gérondif.
a) Los gitanos expresan sus penas *(cantar y bailar)* flamenco.
b) Los gitanos han conseguido que perviva el flamenco *(transmitirlo)* a sus hijos.
c) Rosalía retoma el flamenco *(modernizarlo)*.
d) Rosalía triunfa *(apropiarse)* el flamenco gitano.

8 Construis des phrases en conjuguant et en exprimant la manière.
a) Rosalía - cantar - recordar las raíces del flamenco.
b) Ella - modernizarlo - mezclarlo con electrónica.
c) Ella - cantar - tener claro lo que quiere.
d) Ella - nutrirse del flamenco - ir a tablaos - y escucharlo a todas horas.

EVA2080

Le passé composé [Précis, p. 230]

***Han sido** los gitanos quienes **han sustentado** las raíces flamencas, y **han sido** las familias gitanas las principales depositarias de este arte y quienes lo **han transmitido** oralmente de generación en generación.*

Le passé composé se conjugue avec l'auxiliaire *haber* au présent de l'indicatif (*he*, *has*, *ha*, *hemos*, *habéis*, *han*) + le participe passé du verbe.

Il permet d'exprimer une **action débutée dans le passé** et qui est **encore en relation avec le présent**.

Contrairement au français, le passé composé est **moins utilisé en espagnol que le passé simple** [Précis, p. 230] pour rapporter des événements passés.

9 Forme des phrases correctes en associant les chiffres et les lettres.
a) Los gitanos - b) Nosotros - c) Rosalía
1) hemos querido transmitir nuestra cultura.
2) ha decidido cantar un flamenco moderno.
3) han sufrido mucho a lo largo de los años.

10 Conjugue les verbes au passé composé.
a) Los gitanos siempre *(demostrar)* su afición por la música.
b) Sus costumbres y tradiciones no siempre *(ser)* aceptadas por la sociedad.
c) Muchos prejuicios *(mantenerse)* durante siglos creando persecuciones y racismo.
d) Los gitanos dicen: "*(sustentar, nosotros)* las raíces flamencas."
e) Por lo tanto, desde el principio, *(rechazar)* a Rosalía.
f) Para ellos, el flamenco *(convertirse)* en un producto de consumo y de entretenimiento.

11 Conjugue les verbes au passé composé ou au passé simple, et justifie ton choix.
a) El pueblo gitano *(emigrar)* desde la India a Europa.
b) El flamenco *(nacer)* en Andalucía.
c) Desde entonces, *(transmitirse)* oralmente de generación en generación.
d) Tío Luis el de la Juliana y El Planeta *(ser)* los primeros cantaores.
e) Esta expresión artística *(convertirse)* en uno de los elementos más característicos de la cultura española.
f) El flamenco *(ser)* declarado Patrimonio Inmaterial de la Humanidad en 2010.

EVA2081

+ d'exercices interactifs pour mémoriser EVA2082

CONVIVIR ENTRE GENERACIONES

EVA2083

Las relaciones familiares

Capítulo 06

- el abuelo
- un anciano, un viejo
- el bisabuelo
- una familia:
  - extendida
  - monoparental
  - nuclear
  - numerosa
  - recompuesta
- un hermano
- un hermanastro
- el hijo
- un joven
- la madre, el padre = los padres
- un miembro
- el nieto
- un niño
- un padrastro, una madrastra
- un padrino, una madrina
- el primo
- el sobrino
- el tatarabuelo
- la tercera edad
- el tío
- una tribu
- (ESTAR):
  - casado
  - divorciado
  - separado
  - soltero

Vivir en familia

Capítulo 06

- la ausencia
- el calor humano ≠ la frialdad
- una carga
- el cariño
- la complicidad
- un conflicto
- la convivencia
- el hogar
- la indiferencia
- un lazo
- un núcleo
- una pelea
- una residencia de ancianos / de tercera edad
- el respeto
- la soledad
- la solidaridad / el apoyo
- un vínculo
- complicado
- cómplice
- implicado
- unido

- COMPARTIR
- CONVIVIR
- CUIDAR de
- DEDICAR tiempo a
- DISCUTIR
- FORMAR parte de
- JUNTAR(SE)
- LLEVAR(SE) bien/mal
- MOLESTAR
- PREOCUPAR(SE) por

Emanciparse

Capítulo 06

- el alquiler
- la autonomía
- la crisis
- el distanciamiento
- la emancipación
- la independencia
- un sueldo
- una vivienda
- COMPARTIR piso
- DEJAR
- DESEAR = QUERER [ie]
- INDEPENDIZAR(SE)
- IR(SE) de casa
- SOÑAR [ue] con
- volar del nido

Familias de hoy

Capítulos 06 y 07

- un cliché = un estereotipo
- el día a día = el cotidiano
- el jefe
- el matriarcado
- un rol
- DESMONTAR los tópicos
- DESEMPEÑAR un papel
- SALIR adelante
- dar la vuelta a los roles convencionales

Capítulo 06

1 Busca los nombres que corresponden a los verbos siguientes:

a) CONVIVIR
b) EMANCIPARSE
c) INDEPENDIZARSE

2 Busca palabras o expresiones relacionadas con:

a) una pelea - b) la unión - c) la emancipación

3 Completa las frases con el vocabulario adecuado:

a) El abuelo de mi padre es mi...
b) La hija de mis padres es mi...
c) Soy la ... de mis tíos.
d) Vivo en una familia recompuesta. Mi padre vive con otra mujer. Esta mujer es mi...

Tradición y modernidad

- los antepasados
- los descendientes
- una fiesta familiar
- una herencia
- la libertad
- el origen (pl. orígenes)
- la pertenencia
- las raíces
- una saga
- moderno ≠ antiguo
- (ESTAR) orgulloso

- CAMBIAR
- CELEBRAR
- CONSEGUIR [i] la nacionalidad
- CONSERVAR
- CREAR
- EVOLUCIONAR
- HEREDAR
- INNOVAR
- MODERNIZAR
- NEGAR [ie]
- OLVIDAR
- RECORDAR [ue]
- TENER [ie] una vida mejor
- TRANSMITIR(SE)

Capítulo 07

El flamenco

- un baile
- un bailaor, una bailaora
- un cantaor
- el dolor
- las emociones
- los gitanos
- una guitarra
- la intensidad
- la música
- las palmas
- la pasión
- los sentimientos
- el sufrimiento
- el taconeo
- la voz
- conmovedor
- romántico
- triste
- BAILAR
- CANTAR
- SENTIR [ie]

Capítulo **07**

4 Busca el antónimo de:
a) RECORDAR - b) CONSERVAR - c) la indiferencia

5 Busca qué palabra corresponde a cada definición.
a) Miembros de la familia que vivieron en otra época.
b) Pasar de un estado a otro. - c) Persona que baila el flamenco.

6 Encuentra el intruso:
conservar - heredar - recordar - negar - transmitir

Pronuncia
en voz alta

ACENTUACIÓN EVA2084

1 Escucha las palabras y clasifícalas según su acentuación.

a) ●•   b) •●
c) ●••   d) •●•   e) ••●
f) ●••••   g) •••●•   h) ••••●

ENTONACIÓN EVA2085

2 Escucha y repite estas frases. Fíjate en la pronunciación de las palabras.

a) *Rosalía ni entiende ni sabe usar el caló. Su imitación de los símbolos gitanos resulta una burla ofensiva.*

b) *El flamenco le debe mucho a la etnia gitana, pero la música no tiene dueño.*

3 Transforma las frases del ejercicio 2 en frases interrogativas. Léelas en voz alta empleando la buena entonación.

Ej.: *¿Entiende y sabe usar el caló Rosalía?*
o *¿Rosalía entiende y sabe usar el caló?*

SONIDOS EVA2086

4 Presta atención a la pronunciación del sonido [x]. Este sonido lo tenemos con las letras:

j = [x] como en **j**oven

g + e/i = [x] como en **g**itano

Escucha las palabras y di cuáles tienen el sonido [x].

5 Lee, escucha y repite estas palabras pronunciando bien el sonido [x].
joven - hi**j**o - **g**itano - ori**g**en - **j**untarse - vie**j**o

TRABALENGUAS EVA2087

6 Escucha y repite.

De **g**eneración en **g**eneración,
las **g**eneraciones se de**g**eneran
con mayor de**g**eneración.

TEMA 04

PROFESIONES Y MUNDO LABORAL

¿Qué palabras reflejan mejor el título del tema?

¡QUIZ! 10' Vocabulario Gramática Cultura

EVA2088

Capítulo 08 EN EL TRABAJO

¿Se puede ser feliz trabajando?

1. EL MUNDO LABORAL
2. MUJERES CONTRA LAS DISCRIMINACIONES

PROYECTO. Creo mi vídeo-currículum.

Expresión guiada *Parler de soi en entretien.*

Capítulo 09 HACIA MI EMPLEO

¿Puedo elegir yo solo mi futuro?

1. HERENCIA FAMILIAR
2. DECIDIR MI FUTURO

PROYECTO. Organizamos un salón para la orientación.

Campaña "Cuéntanos lo + de tu Erasmus+", Roberto Breeveld, 2017

UTILIZAR

Vocabulario

- estudios y vocación
- la vida profesional
- el mundo laboral

Gramática

- *l'impératif (ordre)*
- *l'impératif négatif (défense)*
- *la subordonnée avec* cuando + *subjonctif*

DESCUBRIR

- campañas por el empleo
- las gitanas en el mundo laboral
- Yalitza Aparicio, actriz mexicana
- mujeres luchando contra discriminaciones
- grandes autores: R. Mariani, A. Grandes, G. García Márquez

De cine

Partir de cero,
un corto por la igualdad

Calentando MOTORES

Veo veo... ¿Qué veis?

1 Asociad palabras con las imágenes.
Recordad otras que no estén en la nube de palabras.

2 a. ¿Qué palabras podéis asociar a cada uno de estos temas?

la vocación | ganarse la vida

b. Construid frases con estos 2 temas y las palabras que habéis asociado.

3 Asocia, de dos en dos, imágenes que tienen algún tipo de relación o que se oponen.
Explica tu elección.

ESTUDIAR
sueño capacidad
interesante fábrica
empresa futuro dibujante
orientación bienestar manual
jefe TENER GANAS talento
laboral pasión adulto
obrero
vocación GANAR(SE) duro
elección intelectual vacaciones
DESARROLLAR(SE) obligación
salario oficina antiguo
aburrido profesión
TRABAJAR
competencia

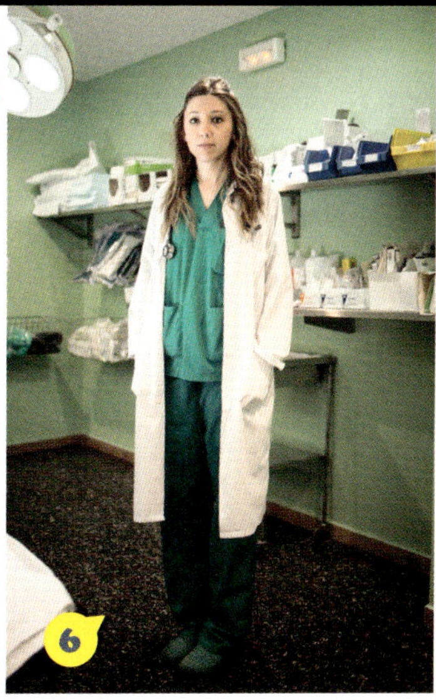

El pasapalabra EVA2089 > EVA2090

1 Escuchad las palabras y anotad el intruso en cada lista.

2 Escuchad la definición y elegid la palabra que corresponde.

a) fábrica | empresa | oficina | taller

b) intelectual | manual | laboral | duro

c) pasión | vocación | profesión | talento

d) oficina | taller | fábrica | empresa

e) precio | cuenta | salario | economía

Oigo cantar EVA2091

Escucha la canción *Entrevista* de la cantante chilena Francisca Valenzuela.
Apunta todas las palabras relacionadas con el tema del trabajo.

Tomo la palabra

¿Tienes una idea precisa de tu futuro trabajo? ¿Qué te atrae más?: las ciencias, la economía, la literatura, los idiomas, las artes...

Intercambia con tus compañeros para encontrar profesiones que se relacionan con tus gustos.

1 • EL MUNDO LABORAL: *¿Infierno o paraíso?*

9125 días

La Vida es un Deber. El hombre ha nacido para trabajar. [...] Entra; siempre hay trabajo aquí. No te aburrirás[1]; al contrario, encontrarás con qué matizar tu vida. (Además de que es un Deber). Entra. Siéntate. Trabaja. Son cuatro horas apenas. [...] ¡A trabajar! Si tu labor es limpia, exacta y voluntariosa, -voluntariosa sobre todo-, los jefes te felicitarán. Tú estás sano; puedes resistir estas cuatro horas. ¿Has visto cómo la has resistido? Ahora vete a almorzar. Y vuelve a hora cabal, exacta, precisa, matemática. ¡Cuidado! Porque si todos se atrasaran, se derrumbaría la disciplina, y sin disciplina no puede existir nada serio. Otras cuatro horas al día. Nadie se muere trabajando ocho horas diarias. Yo sólo te exijo ocho horas. Y te pago; te visto; te doy de comer. ¡No me lo agradezcas! Yo soy así. Ahora vete contento. Has cumplido con tu Deber. Vé a tu casa. No te detengas en el camino. Hay que ser serio, honesto, sin vicios. Y vuelve mañana, y todos los días, durante 25 años; durante los 9.125 días que llegas a mí, yo te abriré mi seno de madre; después, si no te has muerto tísico[2], te daré la jubilación[3]. Entonces, gozarás del sol, y al día siguiente te morirás. ¡Pero has cumplido con tu Deber!

Roberto Mariani (argentino), *Balada de la oficina*, Cuentos de la oficina, 1925

1. aburrirse: *s'ennuyer*
2. tísico: *tuberculeux*
3. la jubilación: *la retraite*

PÉDAGOGIE DIFFÉRENCIÉE

EVA2092

ANTICIPA. Lee los títulos de la página. ¿De qué puede tratar el texto?

LEE. ① ¿Qué te parece el ritmo de trabajo de este empleado?

② ¿Quién habla en el texto? Justifica apoyándote en el texto.

③ ¿Cómo puedes calificar la visión que da este texto del trabajo? Justifica con elementos precisos del texto.

REACCIONA. Compara el ambiente de la foto con el del texto. ¿Qué visión tienes tú del trabajo?

Para expresarte

- agobiado: *accablé*
- alegre ≠ triste
- una caricatura
- un castigo: *une punition, un châtiment*
- deshumanizante
- estimulante ≠ aburrido
- una exageración
- (SER) feliz
- un jefe
- la personificación
- rutinario
- verosímil: *vraisemblable*
- No es para tanto.: *Il ne faut pas exagérer.*
- CUMPLIR con: *accomplir*

Momento de descanso en una oficina en 2019.

Feliz día de los enamorados EVA2093

- encantar: *enchanter*
- jugársela: *(ici) se lancer*
- estar agradecido: *être reconnaissant*
- elegir: *choisir*

ANTICIPA. ¿De qué serías capaz para vivir una pasión?

ESCUCHA. (1) Presenta a la persona que habla. ¿Qué hizo el 24 de septiembre? ¿Cuántos años tenía? ¿Está satisfecha con su decisión?

(2) ¿Qué sentimientos expresa la música?

(3) ¿Qué decidió a esta mujer a arriesgarse?

(4) El eslogan completo del anuncio es: "Feliz día de los enamorados de lo que hacen." Deduce entonces de quién o de qué nos habla esta mujer.

(5) Explica por qué la viñeta cómica puede servir de conclusión a esta pequeña historia.

REFLEXIONA. ***¿Infierno o paraíso? ¿Cómo el trabajo puede ser un paraíso?***

Para expresarte

- un flechazo: *un coup de foudre*
- DEJAR para atrás: *laisser derrière soi*
- ENAMORAR(SE) a primera vista
- ESTAR apasionado por / SER apasionado de
- ILUSIONAR(SE) = ENTUSIASMAR(SE)
- JUGAR(SE) [ue] la vida= ARRIESGAR(SE)
- MUDAR(SE): *déménager*

ACTÚA. ¿Qué te parece más importante en tu futuro trabajo?
Crea una pirámide con tus criterios personales o elige palabras entre las siguientes:

ganar dinero · tiempo libre · seguridad · realizarse · pasión · responsabilidades

Gramática

L'impératif (ordre) [p. 100]
Entra. Trabaja. Siéntate.

L'impératif négatif (défense) [p. 100]
*¡**No** me lo **agradezcas**!*

2 • MUJERES CONTRA LAS DISCRIMINACIONES: ¿Cómo actuar?

EN GRUPOS

Todos juntos

Dad ejemplos concretos para contestar estas dos preguntas.

- ¿Qué tipos de discriminaciones pueden existir en el mundo laboral?
- ¿Cómo se puede luchar contra estas discriminaciones?

Grupo 1 **Grupo 2** **Grupo 3**

Cada grupo estudia un documento diferente contestando estas preguntas.

- Presentad a la mujer o a las mujeres de vuestro documento (identidad, profesión...).
- Indicad la doble discriminación que sufre(n).
- ¿Cómo ha(n) superado estas discriminaciones?

Grupo 1 Soy abogada

EVA2094

Testimonio de Teresa Heredia, abogada. Trabaja en el proyecto "Calí, por la igualdad de las mujeres gitanas".

- incidir = insistir en
- empoderamiento: *renforcement*
- desarrollar: *développer*

DATOS claves
Los gitanos (p. 208)

* ser encasillada: *être mise dans une case*

Grupo 2 Mujeres con talento

EVA2095

- una tarea: *une tâche*
- aguantar: *supporter*
- un reto: *un défi*
- un prejuicio: *un préjugé*

Grupo 3 La tiranía de las apariencias

Nombrada como una de las mejores actrices de 2018 por el diario The New York Times, *Yalitza Aparicio fue el blanco*[1] *de muchas críticas en las redes sociales. Su físico, para algunas personas de su propio país, no corresponde a las normas de la gran pantalla*[2].

Tras el éxito que ha tenido[3] la cinta "Roma", de Alfonso Cuarón, su protagonista, la joven Yalitza Aparicio confiesa que creció con la idea de que no podría ser actriz. Sin embargo, hoy, invita al público a no dejar de luchar por sus sueños, pues en algún momento se harán realidad.

"Yo simplemente estoy feliz de representar a muchas personas y que se sientan motivados a seguir adelante. Los estereotipos, aquí hay que hacerlos a un lado[4], no importa el físico, tu color de piel, ni tu nivel socioeconómico, simplemente importan las ganas de seguir adelante[5]. Al público le digo que sigan luchando por sus sueños, no hay límites, solo los que uno se pone", indicó.

Debido a los elogios que ha recibido a su trabajo histriónico[6], Yalitza agradece que la impulsen a seguir adelante.

"Me siento muy elogiada, siempre crecí con la idea de que no podía ser actriz, porque lo veía como algo de fantasía, pero hoy me doy cuenta que sí se puede", indicó.

Maestra de profesión, asegura que pese al éxito de su nuevo trabajo como actriz, no planea dejar la docencia[7]. "La actuación y el ser maestra van de la mano, mediante el cine, también se puede educar a las personas", puntualizó.

D. García, lavozarizona.com, 2019

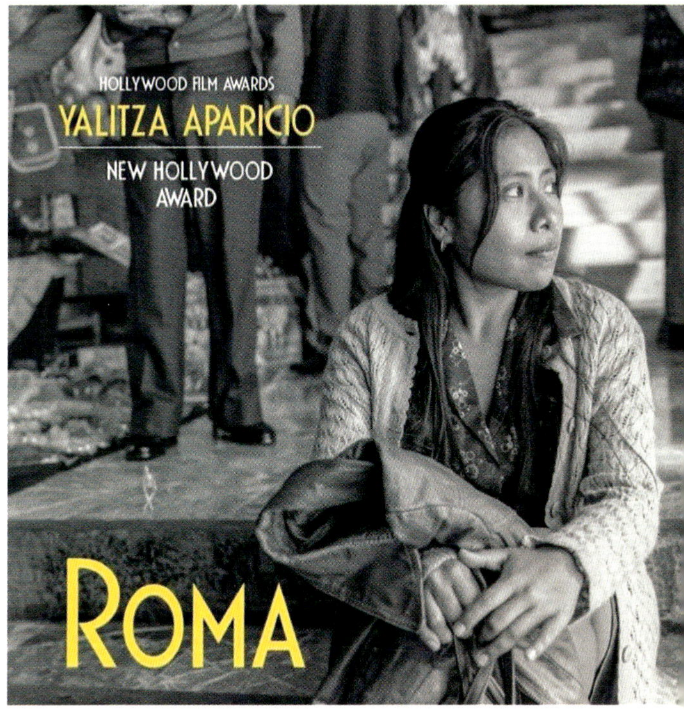

Yalitza Aparicio, protagonista de la película *Roma*.

1. ser el blanco: *être la cible*
2. la pantalla: *l'écran*
3. tener éxito: *avoir du succès*
4. hacer a un lado: *mettre de côté*
5. seguir adelante: *aller de l'avant*
6. trabajo histriónico: *travail d'actrice*
7. la docencia: *l'enseignement*

Puesta en común

1. **Intercambiad informaciones para contestar las preguntas de la página 90.**

2. **Buscad las cualidades que tienen en común las mujeres de los tres documentos.** ¿Cuál os parece más interesante?

3. **A partir de estos retratos comentad la igualdad o desigualdad entre hombres y mujeres en la vida profesional.**

4. **¿Cómo actuar contra las discriminaciones sufridas por las mujeres?**

Expresión guiada

Parler de soi en entretien

Bientôt tu vas être amené à passer des entretiens pour une formation, un stage ou un emploi, peut être en espagnol. Voici quelques clés pour bien réussir !

Prépare l'entretien.

- **Informe-toi en amont sur le domaine d'activité pour lequel tu postules** (entreprise, école…)
- **Prépare ce que tu vas dire sur les points clés te concernant :** tes études, mais aussi tes hobbys, tes activités extrascolaires, les langues que tu parles… tout ce qui te définit de façon unique !
- **Fais coïncider tes motivations avec les attentes de ceux qui vont te faire passer l'entretien.**

Me gusta, interesa, apasiona … por lo que …

… es mi pasión, por lo tanto…

Reúno cualidades tales como…

- **Anticipe sur les questions** qui pourront t'être posées et entraîne-toi avant avec un camarade.

C'est le moment de l'entretien

- **En espagnol, le tutoiement est plus courant qu'en français.** Mais, si tu t'adresses à une personne que tu ne connais pas ou qui est plus âgée que toi, tu dois la vouvoyer.

Pour vouvoyer, toute la phrase doit être à la 3e personne (verbes, possessifs et pronoms personnels).
*¿Pue**de** repetir **su** pregunta, por favor?*

- **Parle de toi avec efficacité, en restant humble mais confiant.**
  - Explique ce que tu sais faire en citant des réalisations concrètes, aborde aussi ce que tu veux approfondir, ainsi que tes projets.

    Quisiera profundizar en el tema de…

    Me gustaría ampliar mis conocimientos en…
  - Cite tes qualités et tes centres d'intérêts, mais seulement s'ils sont en lien avec ton objectif.
  - Montre ton enthousiasme et ta motivation.
- **Un entretien n'est pas un monologue ni un débat, mais un échange :** n'interromps pas la personne et privilégie les réponses courtes qui donnent des exemples précis.
  - Soigne ton expression orale (diction, élocution, débit, syntaxe et vocabulaire). N'emploie pas de langage familier.
  - N'oublie pas les formules de politesse et les salutations en début et en fin d'entretien !

Tu dois retenir l'attention de la personne qui te reçoit : évite les généralités et montre ta personnalité !

Lors d'un entretien, on montre le meilleur de soi-même !
Mais rester naturel et sincère est indispensable.

PROYECTO INDIVIDUAL

✏ 💬 Creo mi vídeo-currículum para expresar mis motivaciones.

Expresión guiada
Parler de soi en entretien

PREPARACIÓN

1. **Busca una oferta laboral en un sector que te interesa.**
   Puedes utilizar este sitio: www.trabajando.com
2. **Relaciona tus cualidades con lo que pide el anuncio.**
   - Apunta lo que pide el anuncio: competencias, conocimientos.
   - Destaca lo que puede llamar la atención del reclutador.

REALIZACIÓN

3. **Redacta tu vídeo-currículum.**
   - Preséntate brevemente (nombre, edad).
   - Resume tus estudios.
   - Presenta tus objetivos y tus motivaciones.
   - Explica por qué piensas que este puesto te corresponde.
   - Sé original y creativo para distinguirte.
4. **Ensaya varias veces antes de presentarte delante de la clase.**
   - Cuida tu fluidez y tu expresión.
   - Sé conciso pero claro (no hables más de 2 minutos), serio pero sonriente. La persona que te mira tiene que tener ganas de trabajar contigo.
5. **Ahora graba tu vídeo-currículum.**

HAZ TU PROYECTO CON LAS TIC. EVA2096

Evaluación

COMPRENSIÓN ORAL

Ser madre: ¿un plus?

1. ¿Cuál es el problema del currículum de Laura?
2. Apunta 4 cualidades que el último entrevistador aprecia en ella. Explica cómo las ha adquirido.
3. ¿Cuál es el objetivo de esta campaña?

EXPRESIÓN ORAL (de 1 a 2 minutos)

Describe y comenta este cartel (situación de la mujer en el mundo laboral: salario, puestos...).

Y ahora que has estudiado el capítulo, contesta la problemática:
¿Se puede ser feliz trabajando?

1 • HERENCIA FAMILIAR: *¿Obstáculo u oportunidad?*

De padre a hijo

En 1947 en Andalucía, Nino, nueve años, ha oído a su padre hablar de su futuro: si no puede ser guardia civil como él, por su estatura pequeña, tendrá que estudiar para ser secretario.

Paquito no se sabía las tablas de multiplicar, pero daba igual, porque era muy alto, y daría la talla[1], y sería guardia civil como su padre, como su abuelo. Miguel, el hijo del boticario[2], no era ni tan burro ni tan alto como él, tampoco tan estudioso como yo, pero heredaría la farmacia, y le llamarían don Miguel, y viviría tranquilo, despachando[3] aspirinas. Y yo... Yo no quería ser secretario del Ayuntamiento, ni oficinista en la Diputación, yo quería conducir coches de carreras, y si no, arrendar[4] un molino, como el Portugués, y tener un huerto, y un caballo, y vivir lejos del pueblo para subir al monte cuando me diera la gana[5], a coger setas y a pescar truchas, y sin embargo iba a tener que aprender a escribir a máquina, y a hablar francés, y las matemáticas se me daban bien[6], se me daban bien la gramática y las ciencias naturales, pero no sabía si iba a poder con la máquina, y sin embargo sabía que tenía que poder, porque lo que no podía era decepcionar a mi padre dos veces seguidas, y si diera la talla y dijera que no quería ser guardia, probablemente no pasaría nada, pero como no la iba a dar, tendría que trabajar en una oficina aunque no quisiera, y a lo mejor me llamarían don Antonino, y mi padre estaría orgulloso de que me ganara la vida mejor que él, pero me la ganaría peor, porque las cosas nunca son como parecen.

Cuando salí de la escuela, creí que la cabeza me iba a estallar, tantas horas llevaba pensando en lo mismo.

Almudena Grandes (española), *El lector de Julio Verne*, 2012

1. dar la talla: *être à la hauteur*
2. botica = farmacia
3. despachar = vender
4. arrendar: *louer*
5. dar gana: *donner envie*
6. se me daba bien: *j'étais bon en*

Los Maldonados, padre e hijo

PÉDAGOGIE DIFFÉRENCIÉE

e EVA2097

ANTICIPA. ¿En qué medida la foto puede ilustrar el título del texto?

LEE. (1) ¿Quién es el narrador?

Almudena Grandes | Paquito | Nino

(2) ¿Qué harán Paquito y Miguel cuando sean mayores?

(3) ¿Cuál es el sueño de Nino y su dilema?
Nino... Sin embargo, su padre...
Por lo tanto, el dilema de Nino...

(4) ¿Piensa Nino que va a ganarse la vida mejor o peor que su padre? Explica.

(5) ¿Crees que los hijos viven la herencia familiar de la misma manera en el texto y en la foto?

REACCIONA. ¿Entiendes el dilema de Nino? Y tú, ¿qué decidirás cuando seas mayor?

Para expresarte

- una barrera
- un dilema
- una oportunidad
- la presión
- una traba = un obstáculo
- DAR muchas vueltas al tema = OBSESIONAR(SE)
- OPONER(SE) a
- RENUNCIAR
- RESISTIR
- SENTIR [ie]

¿Trabajar o estudiar? EVA2098

El padre de Jorge es portero (gardien d'immeuble) *y se va a jubilar. Jorge es un joven de 18 años que tras suspender un examen volvió a pasarlo para presentarse a la selectividad.*

03'21 Cortometraje: *Física II*, D. Sánchez Arévalo, 2004

- la selectividad = examen de acceso a la universidad en España
- una albóndiga = una bola de carne picada • el ayuntamiento: *la mairie*
- quemar: *brûler* • el cubo de basura: *(ici) le container à ordures*

ANTICIPA. Observa el cartel. El joven está sentado delante de su instituto. Imagina de qué puede tratar el cortometraje.

MIRA EL VÍDEO. (1) ¿Verdadero o falso? Justifica.

a) Jorge anuncia a su padre que ha suspendido el examen de física.
b) El padre de Jorge quiere que su hijo estudie.
c) Jorge y su padre están de acuerdo sobre su futuro.

(2) Resume la escena de la comida entre padre e hijo.

(3) ¿Por qué el padre quiere que su hijo herede su empleo?

(4) Comenta el gesto de Jorge.

ACTÚA. Imagina el monólogo final de Jorge en el que le explica a su padre por qué no quiere reemplazarlo en la portería.

REFLEXIONA. ***¿Es la herencia familiar un obstáculo o una oportunidad? Da ejemplos.***

Para expresarte

- una ayuda: *une aide*
- la facilidad
- seguro = fijo, protegido ≠ arriesgado
- APROVECHAR: *profiter*
- DESAFIAR: *défier*
- ENFRENTAR(SE)
- no ESTAR de acuerdo = DISCREPAR
- IMPONER: *imposer*
- MEJORAR: *améliorer*
- PRESTAR atención

Gramática

Le futur de l'indicatif [p. 100]

*Paquito **será** Guardia Civil.*
***Tendrá** que estudiar.*

La subordonnée avec *cuando* + subjonctif [p. 100]

***Cuando** Nino **sea** mayor, será piloto.*

Ser el protagonista de su futuro

En su autobiografía, Gabriel García Márquez recuerda una conversación entre él, su madre y un doctor, pariente de ellos.

—Así que tú eres el gran Gabito -me dijo. ¿Qué estudias? [...]

Mi madre me escuchó y enseguida buscó el apoyo del doctor.

—Imagínese, compadre[1] -dijo-, quiere ser escritor. Al doctor le resplandecieron los ojos en el rostro.

—¡Qué maravilla, comadre! -dijo. Es un regalo del cielo -Y se volvió hacia mí-: ¿Poesía?

—Novela y cuento -le dije, con el alma en un hilo[2].

Él se entusiasmó. [...]

Mi madre se sintió perdida.

—Lo peor -dijo- es que dejó de estudiar derecho después de tantos sacrificios que hicimos por sostenerlo.

Al doctor, por el contrario, le pareció la prueba espléndida de una vocación arrasadora[3]: la única fuerza capaz de disputarle sus fueros[4] al amor. Y en especial la vocación artística, la más misteriosa de todas, a la cual se consagra la vida íntegra sin esperar nada de ella.

—Es algo que se trae dentro desde que se nace y contrariarla es lo peor para la salud -dijo él.

Gabriel García Márquez, *Vivir para contarla*, 2002

1. compadre/comadre: *(Am.) mot affectueux pour désigner un parent*
2. con el alma en un hilo: *apeuré, inquiet, (ici) en retenant ma respiration*
3. arrasadora: *dévastatrice*
4. disputarle sus fueros: *rivaliser*

DATOS claves
Gabriel García Márquez (p. 209)

ANTICIPA. Explica qué es una "autobiografía".

LEE. (1) Indica quién pronuncia cada réplica.

(2) ¿Qué quiere el narrador? ¿Cómo reaccionan su madre y el doctor?

(3) Para el doctor es muy importante que uno siga su vocación. Di por qué.

(4) Pon en relación el título del fragmento con la cita de Alicia Cristina y di si coinciden o discrepan esos dos lemas.

(5) Lee los Datos claves (p. 209) sobre G. García Márquez. ¿Cumplió su sueño el narrador?

REACCIONA. "Quien no arriesga no gana". Di si para ti este refrán es válido para cumplir tu sueño profesional.

Para expresarte

- independiente
- la satisfacción
- (ESTAR) seguro, firme, decidido
- la vocación
- la voluntad
- ALCANZAR: *atteindre*
- ARRIESGAR(SE) = TOMAR riesgos

¿Qué os hace ilusión? EVA2099

Publicidad: *El país con tu futuro*, 2016

- hacer ilusión: *attirer particulièrement*
- una charla: *une conférence*
- un ponente: *un conférencier*
- cara a cara: *face à face*
- atrever(se): *oser*

ANTICIPA. Observa la foto: adivina a dónde van las personas. Formula hipótesis con "quizás", "puede que...", "tal vez...".

MIRA Y ESCUCHA. (1) Apunta todas las informaciones escritas en el vídeo para contestar estas dos preguntas.
a) ¿En qué consiste el evento?
b) ¿Cuáles son los sectores presentados? ¿Qué deduces?

(2) Apunta dos preguntas que hace al público esta mujer. ¿Cuál es la primera etapa en el proceso de una buena elección?

(3) Resume lo que este locutor aconseja a su público. Comenta su conclusión.

ACTÚA. Participas en este evento como experto. Da cinco consejos a un público joven para que elija bien su carrera.

REFLEXIONA. ***Elegir es decidir. ¿Cuáles son los criterios para elegir tu futuro?***

Para expresarte

- un ámbito profesional
- un foro: *un forum*
- las salidas profesionales: *les debouchés professionnels*
- un sector
- un taller: *un atelier*
- APASIONAR(SE)
- CURSAR una carrera
- DEDICAR(SE) a
- DESARROLLAR competencias
- INVESTIGAR: *faire de la recherche*

Gramática

Exprimer une éventualité avec *tal vez, quizás*..

[Précis, p. 232]

Quizás *vaya a vivir una experiencia en el extranjero.*
Tal vez *vayan a asistir a una conferencia.*

PROYECTO

EN EQUIPO

Organizamos un salón para la orientación con varios *stands*.

PREPARACIÓN

1. **Elige una carrera o una formación que te interesa o que te hace soñar.**
   Visita los sitios de universidades españolas y *educaweb.com*. Entra palabras claves como:
   - elegir carrera,
   - elegir profesión.
2. **Prepárate para contestar preguntas como:**
   - ¿Cuánto tiempo dura la formación?
   - ¿Dónde se estudia?
   - ¿Existen "programas de movilidad"?
3. **Reúne datos sobre las salidas profesionales:**
   - ventajas o inconvenientes de la carrera o del sector profesional,
   - perspectivas futuras,
   - testimonios de profesionales.

   (Mira, por ejemplo, en elpaiscontufuturo.com)

REALIZACIÓN

4. **Reunid toda la información de la clase.**
   - Haced fichas o carteles de las formaciones ilustrándolos con fotos o dibujos.
   - Organizad vuestra información en un *stand*.
5. **Presentad la carrera o la formación elegida a los visitantes (la clase).**
   Contestad, luego, a todas las preguntas sobre el sector profesional.

HAZ TU PROYECTO CON LAS TIC. EVA2100

Evaluación

EXPRESIÓN ORAL (1 a 2 minutos)

Comenta esta tira.

a. Dale un título.

b. Explica por qué es humorística: observa a los personajes, analiza lo que dicen.

Juan Chaves

* a vos (*Arg.*) = a tí

COMPRENSIÓN ESCRITA

¿Decepcionar o decepcionarse?

Lee el texto que te dará tu profesor.

1. **¿Cuál es el contexto familiar de Daniel?**
2. **¿Cuáles son las profesiones que los padres imaginan para su hijo?**
3. **Di si es verdadero o falso justificando con del texto.**
   a) Daniel está interesado en la medicina.
   b) Daniel quiere ser abogado.
   c) A Daniel no le interesan los libros.
4. **Di cómo reaccionan los padres. Justifica con elementos del texto.**

Y ahora que has estudiado el capítulo, contesta la problemática:

¿Puedo elegir yo solo mi futuro?

De cine

Partir de cero, un corto por la igualdad

1 Mira el cortometraje y completa estos elementos de la historia.

- personajes,
- situación inicial,
- obstáculos y aventuras,
- elemento exterior que provoca una reacción,
- desenlace.

2 ¿Con qué género literario relacionas este corto?

3 Relaciona los fotogramas con los elementos de la historia definidos en la actividad 1.

EVA2101

***Partir de cero*, un corto de animación de C. Salgado, 2017.**

4 Inspirándote en *Partir de cero*, crea tu propio cuento.

a. Inventa un personaje que sufre otra situación de discriminación en el mundo laboral pero que logra alcanzar sus sueños.

b. Presenta sus aventuras ayudándote de la actividad 1. También, puedes pensar en una música para acompañar tu cuento.

+ d'exercices interactifs et autocorrectifs

Capítulo 08

L'impératif et l'impératif négatif [Précis, p. 233]

- FORMATION

L'impératif a **deux personnes spécifiques** : la 2e du singulier et la 2e du pluriel.
Les **autres personnes** sont issues du **subjonctif présent**. [Précis, p. 232]
Les **8 irréguliers** à *tú* : *haz (hacer)* - *pon (poner)* - *ten (tenir)* - *ven (venir)* - *sal (salir)* - *se (saber)* - *di (decir)* - *ve (ver)*

- EMPLOI

L'impératif **positif** sert à donner un **ordre**. **L'enclise** du pronom est obligatoire.
***Entra. Trabaja.** Míra**me**.*

L'impératif **négatif** (ou la **défense**) se construit avec *no* + **subjonctif**.
*¡**No** me lo **agradezcas**!*

1 Conjugue les verbes à l'impératif.
a) Si quieres conseguir este puesto, *(estudiar)* mucho, *(prepararse)* para la entrevista, *(insistir)* en tus cualidades y *(poner)* una foto en tu currículum.
b) Si quiere usted ver al jefe, *(pedir)* una cita o *(volver)* mañana a primera hora. *(Llegar)* un cuarto de hora antes.
c) Si queréis ir de Erasmus, *(escribir)* una carta de solicitud y *(solicitar)* una beca.

2 Transforme ces phrases à la forme négative.
Ex.: Habla. → No hables.
a) Cállate.
b) Ven conmigo a la oficina.
c) Trabajad mucho.
d) Haz esta tarea.
e) Elige esta carrera.
f) Escribe a tu director.

e EVA2102

Capítulo 09

Le futur de l'indicatif [Précis, p. 231]

- FORMATION

Pour les **verbes réguliers** : **infinitif du verbe** + **terminaisons** *-é, -ás, -á, -emos, -éis, -án*.
*Paquito ser**á** Guardia Civil.*
Les verbes **irréguliers** se forment sur le **radical modifié** du verbe.
*Tendr**á** que estudiar para ser secretario.*

- EMPLOI

Il permet d'exprimer une **action future**, la **probabilité** ou le **doute**.
*Si no habla **será** por tímido. ¿Se **habrá** ido temprano para no vernos?*

3 Conjugue les verbes au futur.
a) Los obreros *(terminar)* su jornada una hora antes.
b) Mi jefe te *(contratar)*.
c) Mis padres *(jubilarse)* dentro de 4 años.
d) Mi hijo *(sacarse)* el bachillerato.

4 Conjugue les verbes au futur.
a) Este verano *(hacer)* mi primer cursillo en España.
b) Con sus buenas notas *(poder)* hacer cualquier carrera.
c) No te preocupes, *(tener)* tu beca.
d) Mis padres *(venir)* durante mi Erasmus.

e EVA2103

Capítulo 09

La subordonnée avec *cuando* + subj. [Précis, p. 232]

***Cuando** Nino **sea** mayor, será piloto.*
Dans une **subordonnée de temps** introduite par *cuando*, l'**idée de futur** se traduit par le **subjonctif présent**.

5 Conjugue les verbes entre parenthèses, puis relie correctement les lettres et les chiffres.
a) Cuando *(tener)* una idea más clara,
b) Cuando *(ir)* de Eramus,
c) Cuando *(ser)* mayor
d) Cuando *(existir)* igualdad,

1) las mujeres y los hombres ganarán el mismo sueldo.
2) encontrarás tu camino.
3) seré abogada.
4) hablaré español con soltura.

e EVA2104

PROFESIONES Y MUNDO LABORAL

EVA2106

Capítulos 08 y 09

Estudios y vocación

- un aprendiz
- la autoestima
- una carrera
- un cursillo
- la determinación
- un diploma = un título
- la formación
- un obstáculo
- la perseverancia, la tenacidad
- un programa de intercambio
- un proyecto profesional
- un sacrificio
- una salida profesional
- CONSEGUIR [i] una beca
- CREER en sí mismo
- CUMPLIR un sueño
- ELEGIR [i], una elección
- ENFRENTAR(SE)
- GRADUAR(SE)
- HACER prácticas
- HEREDAR, una herencia
- IMPONER
- MATRICULAR(SE)
- REALIZAR(SE)
- SEGUIR [i] / CURSAR una carrera
- SUSPENDER ≠ APROBAR [ue] un examen

Capítulos 08 y 09

La vida profesional

- un ámbito profesional
- el ascenso
- la capacidad
- un compañero
- una competencia
- un cargo
- un empleado
- un empresario
- una fábrica
- un obrero
- una oficina
- un oficio
- el patrón, el jefe
- una profesión
- un taller
- una tarea = una labor
- un trabajo, un trabajador
- DEDICAR(SE) a
- GANAR(SE) la vida
- JUBILAR(SE), la jubilación
- TENER [ie] éxito ≠ FRACASAR

Capítulo 08

El mundo laboral

- la carta de motivación
- el contrato
- el currículum
- el empleo ≠ el desempleo, el paro
- la empresa
- la entrevista
- la mano de obra
- la movilidad
- una oferta de empleo
- un sueldo = un salario
- intelectual ≠ manual
- BUSCAR, SOLICITAR un empleo
- CONTRATAR ≠ DESPEDIR [I] a alguien
- DIMITIR
- SUFRIR una discriminación

Capítulo 08

1 **Da las definiciones de las palabras siguientes utilizando el vocabulario de las listas.**
a) obrero - b) empresario - c) carrera

2 **Pon en orden las letras para descubrir las palabras escondidas.**
DAPIZNER - DUESOL - LLUROCSI

Capítulo 09

3 **Completa esta oferta de trabajo con las palabras adecuadas.**
TECNOCO es una ... líder en el ... logístico y de servicio.
Para el taller de reparaciones, buscamos a un ... cualificado y serio. Será valorada cualquier ... en el extranjero. Proponemos el ... mínimo.

Pronuncia en voz alta

SONIDOS EVA2107

1 **En español, la "b" y la "v" se pronuncian igual: [b].**

a. **Lee, escucha y repite.**
vacaciones - selecti**v**idad - tra**b**ajo
ám**b**ito - **v**ocación - ju**b**ilación

b. **Escucha y escribe las palabras que oyes.**

TRABALENGUAS EVA2108

2 **Escucha y repite.**

Bernardo obtu**v**o tra**b**ajo cla**v**ando
cla**v**os en los tu**b**os de la fá**b**rica.
Tantos cla**v**os cla**v**ó **B**ernardo
que la fá**b**rica se detu**v**o y se quedó
sin tu**b**os.

TEMA 05

EL PASADO EN EL PRESENTE

Capítulo 10 REVIVIR EL PASADO

¿Aprender historia divirtiéndose?

1. JUEGOS EDUCATIVOS
2. RECREACIONES HISTÓRICAS
3. SERIES HISTÓRICAS

PROYECTO. Viajo en el tiempo y hablo con un personaje histórico para cambiar el curso de la historia.

Expresión guiada *Persuader et convaincre à l'oral.*

¿Cómo relacionas la imagen con el título del tema?

¡QUIZ! 10' Vocabulario Gramática Cultura

EVA2109

Capítulo 11 EL LEGADO DE AL-ÁNDALUS

¿Su huella pervive en el presente?

1. LA INVASIÓN DE LA PENÍNSULA IBÉRICA

2. CONVIVENCIA EN AL-ÁNDALUS

3. RECUPERAR EL PASADO

PROYECTO. Debate: ¿Es necesario conocer el pasado para comprender el presente?

Expresión guiada *Participer à un débat.*

Capítulo 12 LA CONQUISTA DE AMÉRICA

¿Varias visiones de la historia?

1. AYER Y HOY, AQUÍ Y ALLÁ

2. REPRESENTAR LA COLONIZACIÓN

3. UNA POLÉMICA QUE NO CESA

PROYECTO. Presento con mapas el descubrimiento y la conquista de América.

yer y hoy (Madrid)

UTILIZAR

Vocabulario

- situarse en el tiempo
- divertirse
- aprender
- la historia
- la guerra y las batallas
- los protagonistas
- los motivos y las consecuencias de las conquistas

Gramática

- *l'obligation personnelle et impersonnelle*
- *le passé simple*
- aunque + *indicatif ou subjonctif*
- *le passé simple et l'imparfait de l'indicatif*
- *le plus-que-parfait de l'indicatif*

DESCUBRIR

- las FARC en Colombia
- la guerra de la Independencia española
- *Los fusilamientos del 3 de mayo* (F. de Goya)
- las series históricas
- la conquista árabe de Hispania
- al-Ándalus
- el viaje de Colón y la conquista de América
- *Colonización* (D. Rivera)
- grandes autores: J. Eslava Galán, A. Muñoz Molina, M. Vargas Llosa, E. Galeano

De cine

Oro,
una película histórica

Calentando MOTORES

1

2

6

7

Veo veo... ¿Qué veis?

1 a. Observad las imágenes y asociad palabras. (Encontrad también otras palabras que no estén en la nube de palabras.)

Asocio la palabra ... a la imagen número...

b. Construid ahora frases para cada imagen a partir de todo lo que habéis encontrado.

2 ¿Qué palabras podéis asociar a cada uno de estos temas?

1) REVIVIR EL PASADO
2) AL-ÁNDALUS
3) LA CONQUISTA DE AMÉRICA

3 La historia está presente por todas partes. ¿De qué forma se puede aprender historia?

interesante
DESCUBRIR cómic
indios pasado presente
batalla ENRIQUECER(SE)
APRENDER histórico
encuentro
conquistadores
CONVIVIR lúdico LEER judíos
tolerancia guerra libro (de texto)
esclavos LUCHAR caballo
historia sometidos cristianos
personaje riqueza
JUGAR COLONIZAR musulmanes
vencedor divertido
MATAR religión
CONQUISTAR

El pasapalabra EVA2110

Escuchad las 6 definiciones y decid de qué palabra se trata.

1) INTERCAMBIAR | CAMBIAR | NEGOCIAR
2) batalla | conquista | destrucción
3) riqueza | enriquecimiento | invasión
4) INVADIR | DESTRUIR | FORZAR
5) COLONIZAR | CONOCER | TOLERAR
6) intercambio | tolerancia | convivencia

Oigo cantar EVA2111

Escucha la canción *Cruz, oro y sangre*, del grupo español Ska-P.
¿De qué acontecimiento histórico trata esta canción?

Tomo la palabra

Di a tus compañeros qué periodo o acontecimiento histórico te interesa más y explica por qué.

La prehistoria | Las civilizaciones precolombinas
El Imperio romano | La Edad Media
El descubrimiento de América | La Revolución francesa
La Primera Guerra Mundial | La guerra civil española
...

1 • JUEGOS EDUCATIVOS: *¿Se puede aprender jugando?*

El juego *Timeline*

Juegos de mesa

Os voy a presentar un juego de mesa ideal para educar y enseñar a vuestros hijos. No es un juego usual. *Timeline*, y todas las expansiones de *Timeline*, son juegos con los que puedes enseñar a tus hijos historia de una manera mucho más que divertida.

Pueden participar de 2 a 8 personas, es decir que es un juego muy adecuado para fiestas, cenas con amigos o cenas familiares. [...] Los jugadores tendrán que ordenar e identificar una serie de hechos históricos. ¿Cómo? Pues con unas cartas ilustradas. [...] Cada carta del juego corresponde a un acontecimiento histórico, una invención, un evento[1]... Que se ilustra en una de las caras[2], y en la otra cara pondrá la fecha en la que tuvo lugar. [...]

En cada turno los participantes escogerán una carta de entre las que les han tocado y lo que tendrán que hacer es poner las cartas en orden cronológico según la que ya hay en la mesa. Si el participante acierta[3] la carta se quedará en su lugar. Si no acierta la carta en juego se descartará[4] y el participante tendrá que robar[5] una carta del montón de robo. [...]

El participante que antes se quede sin cartas en la mano será el ganador de la partida. ¡Pero no es tan fácil! Al principio de la partida los huecos temporales entre carta y carta son bastante grandes, por lo que es fácil saber aproximadamente dónde poner las cartas. Pero conforme van pasando los turnos la cosa se complica. Los huecos temporales son más pequeños, por lo que tienes que ser más preciso a la hora de adivinar el lugar donde colocar la carta. Es entonces cuando pones a prueba tus conocimientos. [...]

Todas las expansiones de *Timeline* son un elemento didáctico a la vez que divertido. ¿Aburrido? Para nada, puede parecer que lo sea por su componente histórico. Pero yo, que soy de las que suspendía[6] historia habitualmente, os aseguro que es un juego de lo más divertido.

juegosdemesayrol.com/blog, 2017

1. evento = hecho importante - 2. cara: *face d'une carte*
3. acertar: *réussir, (ici) viser juste* - 4. descartar: *écarter, (ici) retirer du jeu* - 5. robar: *piocher* - 6. suspender = sacar mala nota en un examen, menos de 5/10

ANTICIPA. ¿Qué significa el nombre del juego *Timeline*? ¿En qué puede consistir este juego?

LEE. (1) Busca en el texto las palabras y expresiones relacionadas con:

aprender	jugar
...	...

(2) Completa la frase siguiente:
Este juego permite...

(3) Explica con tus propias palabras las reglas del juego.

(4) ¿Te gustaría jugar a este juego? ¿Por qué?

ACTÚA. Crea dos cartas para *Timeline*. ¿Qué acontecimientos eliges y por qué?

Para expresarte

- aburrido ≠ divertido, apasionante
- un aburrimiento ≠ un entretenimiento
- lúdico
- APETECER
- CONSISTIR en

Reconstrucción: un juego bélico por la paz EVA2112

DATOS claves
Las FARC
(p. 209)

01'59 Reportaje: *Reconstrucción*, AFP, 2016

- firmar la paz: *signer un accord de paix*
- el narcotráfico: *le trafic de drogues ou narcotrafic*

PÉDAGOGIE DIFFÉRENCIÉE
EVA2113

ANTICIPA. a. Fíjate en la imagen. ¿De qué tipo de documento se trata?
b. ¿Qué sabes de Colombia y cómo lo has aprendido? Lee ahora los Datos claves, p. 209, para comprender mejor la historia de este país.

ESCUCHA. (1) ¿Qué pasó en Colombia durante medio siglo?

(2) ¿Este juego incita a la violencia? Justifica.

(3) Se dirige principalmente a:

los campesinos | los colombianos de las ciudades | los ingleses | las víctimas del conflicto

(4) El objetivo de *Reconstrucción* es...

REACCIONA. ¿Crees que está bien que un videojuego se base en conflictos actuales?

REFLEXIONA. *En tu opinión, ¿podrán reemplazar los juegos y videojuegos a las clases de historia?*

Para expresarte

- un ambiente tenso
- bélico: *guerrier, de guerre*
- un conflicto
- un videojuego
- DAR a conocer
- DENUNCIAR
- ENTERRAR [ie] el hacha de guerra
- HACER las paces
- LLAMAR la atención
- QUITAR importancia

Gramática

L'obligation personnelle et impersonnelle [p. 130]

Hay que *ser objetivo.*
El participante ***tendrá que*** *robar una carta.*

Le futur de l'indicatif [Précis, p. 231]

Los participantes ***escogerán*** *una carta.*
Los jugadores ***tendrán*** *que ordenar una serie de hechos históricos.*

La guerra de la Independencia en vivo

ANTICIPA. Infórmate sobre la guerra de la Independencia española, en la página 209 de Datos claves.

OBSERVA. 1 Observa las fotos. ¿Qué elementos te permiten decir que se trata de una puesta en escena?

2 Busca 2 semejanzas y 2 diferencias entre las fotos de la recreación histórica y el cuadro de Goya.

3 Mira el cuadro de Goya y comenta los argumentos siguientes:
El cuadro "Los fusilamientos del 3 de mayo" es importante en la historia del arte porque Goya...

a) *... pintó el cuadro durante la Guerra.*
b) *... rinde homenaje a las víctimas del pueblo español.*
c) *... nos emociona enseñándonos los horrores de la guerra.*

Da otro argumento personal.

REACCIONA. ¿Cómo prefieres observar la historia? ¿A través de los cuadros o con recreaciones históricas en vivo?

DATOS claves
La guerra de la Independencia española
(p. 209)

Recreación histórica del levantamiento popular español del 2 de mayo de 1808 en Madrid contra las tropas napoleónicas, 2015.

DATOS claves
Francisco de Goya
(p. 213)

Francisco de Goya, *Los fusilamientos del 3 de mayo (de 1808)*, cuadro pintado en 1813-1814.
Museo del Prado (Madrid)

Para expresarte

- la actuación de los extras *(figurants)*
- un ambiente realista
- un anacronismo
- los cuerpos amontonados
- (LLEVAR) disfraces
- un disparo: *un tir*
- una recreación fiel
- la sangre
- las tropas napoleónicas
- SER (un) testigo
- VESTIR(SE) [i] de época

Recreación explosiva en Peñón de los Baños

Ciudad de México. Un pedazo de la historia de México se vivió en el Cerro del Peñón de Los Baños, donde Zacapoaxtlas[1], integrados al ejército mexicano, comandado por el general Ignacio Zaragoza, en una escenificación, se enfrentaron a un poderoso ejército de franceses. [...]

La escena fue representada por cientos de habitantes de esta colonia que se localiza a unos metros del aeropuerto de la Ciudad de México, donde desde temprana hora, se escucharon los estruendos[2] de las escopetas y los cañones.

Hombres, mujeres y niños, dieron realismo a este enfrentamiento. Los nuestros (Zacapoaxtlas), vestidos de manta, huaraches y sombrero de paja[3], gritaron con orgullo: ¡Viva México! Ellos, el ejército invasor, dispararon sus fusiles y cañones para derrotar al enemigo. [...]

Desde hace 83 años se realiza esta escena en el conocido Cerro del Peñón, delegación Venustiano Carranza, donde aún sus habitantes continúan con sus costumbres, heredadas de sus ancestros que han enaltecido a los héroes de esa batalla histórica del 5 de mayo de 1862.

Juan, Ricardo, José, Mario, son tan sólo cuatro de las casi mil personas que participaron en este enfrentamiento. [...]

La batalla de Puebla fue un combate librado el 5 de mayo de 1862 en las cercanías de la ciudad de Puebla cuyo resultado fue una victoria importante para los mexicanos ya que, con unas fuerzas consideradas como inferiores, lograron vencer a uno de los ejércitos más experimentados y respetados de su época.

E. Hernández, *La Prensa*, 2017

---

1. Zacapoaxtlas: comunidad indígena - 2. estruendos: *détonations*
3. manta, huaraches y sombrero de paja: vestimenta típica de los Zacapoaxtlas

LEE. (1) ¿Contra quién se enfrentó el ejército mexicano y los Zacapoaxtlas el 5 de Mayo?

(2) Di si es verdadero o falso y justifica.

a) *La batalla de Puebla tuvo lugar el 5 de mayo de 2017.*

b) *Los franceses vencieron a los mexicanos.*

(3) ¿Cómo recuerda el acontecimiento histórico el pueblo de Peñón de los Baños? Di en qué consiste.

ACTÚA. Día de la historia en tu instituto. Escribe un pequeño texto para proponer la recreación de un hecho histórico. Tienes que convencer de que recrear el pasado es importante para comprenderlo.

REFLEXIONA. ***Existen muchas recreaciones históricas e incluso parques de atracciones basados en la historia. ¿Nos enseñan el pasado?***

DATOS claves
5 de mayo de 1862 [p. 209]

Para expresarte

- la derrota ≠ la victoria
- los vencidos ≠ los vencedores
- VENCER = DERROTAR
- ENFRENTAR(SE) a
- RECORDAR [ue] = ACORDAR(SE) [ue] de
- REMONTAR(SE) en el tiempo
- REVIVIR el acontecimiento
- VESTIR(SE) [i] de

Gramática

Le passé simple [p. 130]

*Grit**aron** con orgullo: ¡Viva México!*
*Un pedazo de la historia se viv**ió** en Peñón de Los Baños.*

Les verbes à préposition

*Mil personas que **participaron en** este enfrentamiento.*

EN GRUPOS

Viajando en el tiempo

La historia, en ocasiones una materia que se hace pesada para muchos alumnos, es el eje principal sobre el que se fundamenta *El Ministerio del Tiempo*. El desarrollo argumental se sustenta sobre tres personajes que trabajan para el Ministerio, el cual se encarga de que la historia se mantenga lo más inalterable posible. ¿Cómo? Viajando en el tiempo y combatiendo contra los contratiempos que, episodio tras episodio, van sucediendo.

Estos viajes en el tiempo son parte clave del desarrollo de *El Ministerio del Tiempo*, que juntando aventuras y una pequeña dosis de acción y entretenimiento, proporcionan un excelente contexto histórico en el que los personajes desarrollan su acción. Hablamos tanto de crear el ambiente de la localización y todos los lugares de rodaje[1], como por supuesto de las vestimentas e incluso del habla y el lenguaje de todos los personajes.

Un aspecto muy atractivo desde el punto de vista formativo es que todas las historias están fundamentadas sobre hechos y acontecimientos reales, generalmente sucesos[2] clave de la historia de España. En *El Ministerio del Tiempo* conoceremos a personajes como El Empecinado, El Cid, la Reina Isabel II, Lope de Vega, Lázaro de Tormes, Cervantes, Picasso, Velázquez o Federico García Lorca. [...]

El Ministerio del Tiempo: una serie histórica sobre un formato divertido. Los detalles históricos no son excesivos, como sí lo es el ambiente que crea y que es difícil de olvidar. Cada capítulo tiene poco más de una hora de duración que permitirá a los jóvenes —y también a los menos jóvenes— comprender buena parte de lo que ha sucedido durante todos estos siglos en la vieja España.

P. Espeso, EDUCACIÓN 3.0, 2016

1. un rodaje: *un tournage* - 2. un suceso: *un événement*

1 Imaginad que podéis viajar en el tiempo. ¿Qué época y lugar elegís? ¿A quién os gustaría conocer?

2 Lee este artículo y colabora con tu grupo:

Grupo 1 Buscad y presentad **los elementos históricos y la intriga** de la serie.

Grupo 2 Buscad y presentad **los elementos atractivos** de la serie.

3 ¿Cuáles son las ventajas de tratar la historia con una serie en lugar de con una película?

4 ¿Podéis explicar el éxito de esta serie entre los jóvenes españoles? Y a vosotros, ¿os podría gustar una serie de este tipo?

Para expresarte

- la continución de una serie
- la duración
- un episodio
- un héroe / una heroina
- largo ≠ corto
- una temporada: *une saison*

Un thriller en el pasado

EVA2114

Tráiler: *La Peste*, 2018

1 Descubrid la serie *La Peste* a partir del tráiler:

Grupo 1 **Mirad el tráiler sin el sonido** y apuntad 5 palabras relacionadas con lo que veis.

Grupo 2 **Escuchad el tráiler sin mirar las imágenes** y apuntad 5 palabras relacionadas con lo que oís.

2 Poned en común las palabras de los 2 grupos y, juntos, decid si estas afirmaciones son verdaderas o falsas. Justificad con las palabras apuntadas.

1) *La serie trata de la epidemia de la tuberculosis.* V / F
2) *La serie se remonta a la época de la España musulmana.* V / F
3) *La serie está ambientada en el siglo XVI.* V / F
4) *Es una serie cómica.* V / F
5) *Los personajes son todos nobles.* V / F
6) *El poder, la política y la religión son los temas principales.* V / F

3 Mirad ahora el tráiler con el sonido y las imágenes para comprobar vuestras respuestas.

4 Volved a mirar el tráiler y completad este mapa mental.

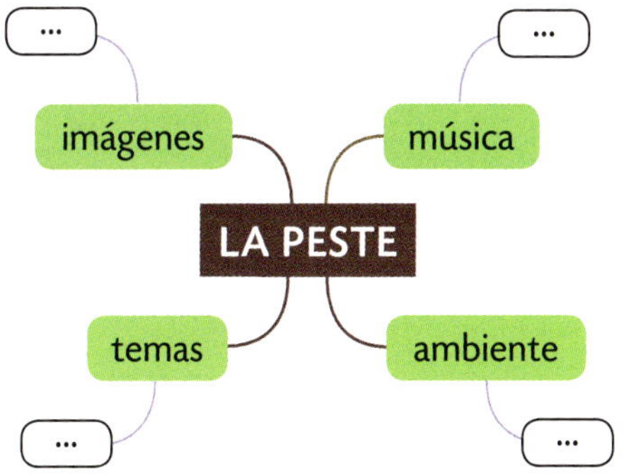

5 Completad esta frase con lo que habéis aprendido en la lección.
La Peste *tiene todos los ingredientes para captar al público: ...*

Puesta en común

1 ¿Tienen estas 2 series todos los ingredientes de una buena serie histórica?

2 Imagina que tienes que escribir un nuevo episodio para la serie *El Ministerio del Tiempo*.
a. ¿En qué época lo vas a ambientar?
b. ¿Qué intriga vas a desarrollar?
c. ¿Qué elemento quieres poner de relieve?

Expresión guiada

Persuader et convaincre à l'oral

Présenter ses idées pour persuader avec efficacité nécessite de la conviction, mais aussi quelques techniques d'entraînement.

Construis bien ton idée.

Ton discours doit t'aider à défendre une idée et être bien construit :

- Pose-toi cette question : **quel est l'objectif de mon intervention ?**
- Il ne s'agit pas de faire une dissertation : **sois concis** et va droit au but pour ne pas ennuyer ton auditoire. On ne parle pas pour ne rien dire !
- **Cherche des arguments efficaces** en t'informant. Un argument n'est pas une simple opinion !
- **Mobilise tes connaissances** et explique les causes et les conséquences pour mettre en relation différents faits.
- Illustre tes idées par des **exemples pertinents** ou **anecdotes**.
- Agence bien tes idées : il est important d'**employer des connecteurs.**
- **Finis ton intervention sur un élément fort** (un argument choc, la synthèse des arguments...) pour gagner l'adhésion de ton auditoire. Les derniers mots que tu prononceras seront parmi ceux que ton auditoire gardera le plus en tête !

Quelques connecteurs

Primero / En primer lugar...
De hecho...
Además...
También...
Por lo que...

Fais appel aux émotions.

Pour persuader, ton discours doit :

- **être percutant**
  Emploie des tournures exclamatives. Tu peux aussi utiliser des figures de styles (répétitions, métaphores...).
- **être porté par une bonne gestuelle**
  Ne reste pas statique et adopte la bonne posture en adaptant ta voix et ton langage corporel. Ne baisse pas les yeux, le premier contact avec le public reste le regard.
- **susciter l'adhésion de ton auditoire**
  Implique-le en lui posant des questions et en l'interpellant.

Et n'oublie pas ces derniers conseils !

- Entraîne-toi plusieurs fois en **répétant ton discours pour qu'il soit fluide et naturel**, pour gagner en confiance et pour ne pas avoir à lire ton texte de préparation !
  Et, bien sûr, **parle haut et fort, articule et... souris !**

Il existe de plus en plus de concours de débat et d'éloquence : tu te sens prêt ?

PROYECTO
INDIVIDUAL

Expresión guiada
Persuader et convaincre à l'oral

Viajo en el tiempo y hablo con un personaje histórico para cambiar el curso de la historia.

PREPARACIÓN

1 **Elige un periodo histórico** y haz un resumen del contexto (¿Dónde? ¿Cuándo? ¿Qué pasó?).

La conquista de América | La Revolución francesa | La guerra de la Independencia española | El 5 de mayo de 1862 en México (la batalla de Puebla) | La Primera Guerra Mundial | ...

2 **Piensa en el (los) personaje(s) histórico(s) que desempeñaron un papel importante** y explica su rol en la historia.

3 **Imagina que viajas en el tiempo: ¿qué vas a decir al (a los) personaje(s) histórico(s) para cambiar el curso de la historia?** Ten en cuenta el contexto histórico elegido.

4 **Sé creativo y piensa en los cambios que ocurrirán en la historia.**

REALIZACIÓN

5 Redacta tu discurso:
- da informaciones y consejos para reescribir la historia,
- explica las consecuencias que se operarán en el futuro.

6 **Sé persuasivo, capta la atención e interpela a tu interlocutor.** Sigue los consejos de la p. 112 ("Expresión guiada").

HAZ TU PROYECTO CON LAS TIC. EVA2115

Evaluación

EXPRESIÓN ORAL (1 a 2 minutos)

Elige uno de los cuadros históricos de Goya reproducidos en este capítulo:
- *Los fusilamientos del 3 de mayo* (ver p. 108)
- *El 2 de mayo de 1808 en Madrid* (aquí abajo)

y dale vida interpretando a uno de los personajes: imagina lo que podría decir.

COMPRENSIÓN ORAL

Audioguía: *El 2 de mayo* de F. de Goya

F. de Goya, *El 2 de mayo de 1808 en Madrid o "La lucha con los mamelucos*"*, 1814

*mamelucos: *cavaliers égyptiens au service de Napoléon*

infante: *l'infant, le fils du roi* - cargar contra la caballería: *charger contre la cavalerie* - los jinetes: *les cavaliers* - acuchillar: *poignarder*

1 **Escucha el audioguía sobre este cuadro de Goya:**
a. ¿Qué ocurrió en 1808?
b. ¿En qué fecha exacta y dónde tuvo lugar la insurrección?

2 **¿Por qué los españoles atacaron a los franceses?**

3 **Di si es verdadero o falso:**
Goya calificó esta insurrección como algo banal e insignificante.

4 **Di cómo se siente el espectador ante este cuadro.**

Y ahora que has estudiado el capítulo, contesta la problemática:

¿Se puede aprender historia divirtiéndose?

1 • LA INVASIÓN DE LA PENÍNSULA IBÉRICA: *¿Tuvo consecuencias positivas*

La batalla de Guadalete EVA2116

DATOS claves
La conquista árabe de Hispania
(p. 210)

01'00 Documental: *El desembarco de los musulmanes en España*, RNE, 2011

S. Pérez, *La batalla de Guadalete*, nationalgeographic.com.es

PÉDAGOGIE DIFFÉRENCIÉE
EVA2117

ANTICIPA. Fíjate en las ilustraciones. Identifica los dos bandos y di quién obtuvo la victoria.

ESCUCHA. (1) Cita la fecha exacta del desembarco de los musulmanes en la Península.

(2) ¿Cómo se explica la facilidad de la conquista?

(3) Según la locutora, ¿por qué se quedaron los musulmanes en España?

ACTÚA. ¿Conoces otra batalla o guerra famosa de la historia? Describe en 3 o 4 frases los acontecimientos (dónde, cuándo, quiénes...).
Voy a hablar de... / Esa/Aquella batalla tuvo lugar en...
En aquel país... / Aquellos territorios...

- un relámpago: *un éclair*
- estar patas arriba: *être sens dessus dessous*
- saquear: *piller*
- llegar y besar el santo = *(exp.)* hacer algo sin excesivo esfuerzo
- poner en bandeja = facilitar

Para expresarte

- la facilidad
- la rapidez
- un siglo: *un siècle*
- una victoria ≠ una derrota
- ENRIQUECER(SE)
- QUEDAR(SE): *rester*
- HUIR: *fuir*
- REGRESAR: *retourner*
- VENCER/GANAR ≠ PERDER [ie]

Herencia árabe en la mesa

Ilustración: Celia Coe

Muchos de los dulces[1] que tomamos en Navidad o platos cotidianos como las berenjenas[2] a la miel, el ajoblanco o los gurullos[3] son consumidos en muchos de nuestros restaurantes y hogares[4] sin tener conciencia de que proceden de un legado[5] de varios siglos de evolución e influencias que comienzan en al-Ándalus y que de alguna manera sigue aún presente en nuestras mesas y en otros aspectos de nuestra vida diaria. [...]

La llegada a la península ibérica de los árabes supuso la implantación y el cultivo[6] de nuevos tipos de frutas, hortalizas[7] y especias[8] hasta entonces inexistentes en nuestra geografía como el arroz, la caña de azúcar, ciertas legumbres o árboles frutales como los cítricos, el granado o la higuera y la introducción de nuevas técnicas constructivas de regadío[9] (acequias, norias) y de cultivo.

La impronta[10] de esta herencia agrícola árabe perdura aún en nuestros días y es palpable en algunas tareas agrícolas que todavía hoy se practican y en palabras españolas de uso común derivadas del árabe como alcachofa, albahaca, berenjena, albaricoque, aceite, aceituna o azúcar entre muchas otras.

Mabel Villagra (española), *La cocina en al-Ándalus*, 2018

1. los dulces: *les friandises*
2. las berenjenas: *les aubergines*
3. el ajoblanco o los gurullos = platos típicos de Andalucía
4. los hogares = las casas
5. un legado: *l'héritage*
6. el cultivo: *la culture des terres*
7. las hortalizas: *les légumes*
8. las especias: *les épices*
9. el regadío: *l'irrigation des terres*
10. la impronta: *l'empreinte*

la granada

ANTICIPA. Observa las ilustraciones de la portada de este libro. ¿Qué deduces sobre su contenido?

LEE. (1) Al-Ándalus ha dejado una herencia gastronómica importante. Da dos ejemplos que lo demuestran.

(2) ¿Qué queda hoy de los aportes de los árabes?

en la agricultura | en la construcción | el idioma

REACCIONA. ¿Te parece que esta guía es una buena iniciativa? ¿Por qué?

Para expresarte

- el desarrollo: *le développement*
- la gastronomía
- un legado: *un héritage*
- la modernización
- una novedad: *une nouveauté*
- una receta
- una tradición culinaria
- INTRODUCIR
- PERDURAR

REFLEXIONA. ***Basándote en estos documentos, di qué consecuencias ha tenido la conquista árabe de la península ibérica.***

Gramática

Le passé simple (les irrégularités) [p. 130]

Fue *una conquista relámpago.*
Se lo ***pusimos*** *en bandeja.*

Les démonstratifs : *este, ese, aquel*
[Précis, p. 225]

El 28 de abril de ***aquel*** *año 711.*
Aquella *época es conocida como al-Ándalus.*

Córdoba, ciudad mestiza

La dinastía árabe de los omeyas se estableció en Córdoba en el año 661 hasta el año 750.

La Córdoba de los omeyas es un laberinto de callejones[1] y columnas y palacios cerrados y también de rostros y de idiomas, una ciudad mestiza donde los cristianos y los judíos hablan y escriben en árabe aunque sigan conservando su lengua y donde nadie, ni siquiera los más altivos[2] aristócratas que remontan su linaje[3] a las tribus primitivas, puede alardear[4] de una improbable limpieza de sangre: el gran Abd al-Rahman III, descendiente de los primeros califas del Islam, también era nieto de una princesa cristiana [...].

Los cristianos mozárabes[5] practican libremente sus cultos, aunque no pueden celebrar procesiones públicas ni tañer las campanas[6] más que los domingos, y están sujetos, como los judíos, al pago de un tributo.

Antonio Muñoz Molina (español), *Córdoba de los Omeyas*, 1991

1. un callejón = una calle pequeña
2. altivo: *hautain*
3. el linaje = la ascendencia, los antepasados
4. alardear: *se vanter*
5. los mozárabes = los cristianos que vivían en los territorios dominados por los árabes
6. tañer las campanas: *sonner les cloches*

Dionís Baixeras, *Hasday Ibn Shaprut en la Corte de Abd al-Rahman III.*

ANTICIPA. Observa el cuadro. ¿En qué país crees que se sitúa la escena representada?

LEE. (1) ¿Qué lenguas se hablaban en Córdoba?

(2) Abd al-Rahman III simboliza el mestizaje, explica por qué.

(3) ¿Estaba permitido practicar otras religiones que el Islam?
Aunque el islam era la religión dominante ...

REACCIONA. Dirías que la vida en Córdoba en aquella época es un ejemplo de:

tolerancia | convivencia | coexistencia

Explica por qué.

Para expresarte

- los cristianos, el cristianismo
- los judíos, el judaísmo
- el mestizaje
- los musulmanes, el islam
- la paz
- la pureza: *la pureté*
- ADOPTAR
- MEZCLAR: *mélanger*
- RESPETAR
- IMPONER

Moros y cristianos

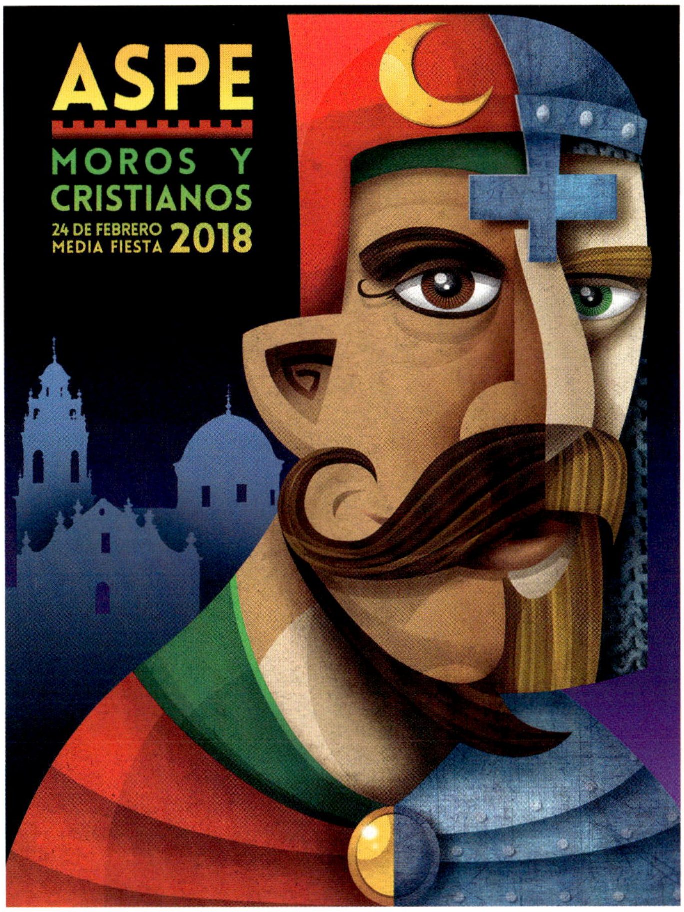

OBSERVA. (1) Mira este cartel e identifica:
a) el evento promocionado,
b) dónde y cuándo se desarrolló.

(2) Describe el cartel fijándote en los símbolos, los colores y lo que representan.

(3) ¿Dirías que este festejo celebra la convivencia? Explica por qué.

(4) ¿Cómo te imaginas que son estas fiestas?

(5) EVA2118 Ahora mira este vídeo y compara si la fiesta de moros y cristianos es como la imaginabas.

Fiestas de moros y cristianos

ACTÚA. Busca las próximas fiestas de moros y cristianos y di a cuál te gustaría asistir. Preséntala brevemente a la clase (cartel, lugar, fecha, duración) y explica por qué la escogiste.

Para expresarte

- un ambiente festivo
- una celebración
- el enfrentamiento
- el rostro: *le visage*
- CONMEMORAR
- MEZCLAR(SE): *(se) mélanger*
- RECREAR
- REVIVIR

REFLEXIONA. *¿Te parece que las fiestas de moros y cristianos reflejan la convivencia de al-Ándalus?*

Gramática

***Aunque* + indicatif ou subjonctif** [p. 131]

Los cristianos mozárabes practican libremente sus cultos, ***aunque no pueden*** *celebrar procesiones públicas.*
Los cristianos y los judíos hablan y escriben en árabe, ***aunque sigan*** *conservando su lengua.*

¿Por qué al-Ándalus?

Al-Ándalus es un periodo histórico que nuestras sociedades, crecientemente multiculturales, deberían recuperar con la misma pasión que consagran a la herencia de la Grecia o la Roma clásicas. [...] Y es ahí, precisamente, donde el conocimiento de al-Ándalus cobra sentido[1]. Su formidable legado es una ventana que durante demasiado tiempo hemos empapelado[2] de tópicos[3] [...]. Quizá ha llegado el momento de que, por ejemplo, junto al *Poema de Mio Cid o el Lazarillo de Tormes*, las clases de literatura en los colegios incorporen a autores andalusíes, como el cordobés Ibn Hazm, muerto en 1064 [...] Lo mismo cabe decir de [...] ese formidable legado de la cuentística oriental que, bajo el título de *Las mil y una noches*, podemos conocer de primera mano gracias a traducciones recientes. [...]

Mezquitas con rasgos monumentales como la de Córdoba, pero también reconocibles en humildes construcciones aparecidas en excavaciones[4] arqueológicas, deberían permitir a cualquiera distinguir lo que es el muro de la *quibla*, saber para qué sirve un *mihrab* o conocer cómo se ordenan los rezos[5] cotidianos en esos templos. [...]

Estos y otros ejemplos, que también podrían citarse, muestran cómo la historia de al-Ándalus aporta un conocimiento necesario para forjar una visión crítica del pasado y de nosotros mismos.

E. Manzano Moreno, *El País*, 2017

DATOS claves
Saber y cultura en al-Ándalus (p. 210)

La Alhambra de Granada, como la Mezquita de Córdoba, es otra de las grandes herencias de al-Ándalus.

LEE. (1) El autor compara al-Ándalus con otros dos periodos históricos. ¿Cuáles? ¿Con qué intención?

(2) Di qué recomienda el autor para conocer mejor el legado de aquella época.

(3) ¿Por qué, según el autor, el conocimiento del legado de al-Ándalus es necesario?

REACCIONA. ¿Crees que el conocimiento de la historia de al-Ándalus permite conocer mejor España?

Para expresarte

- el desconocimiento: *la méconnaissance*
- necesario/ineludible: *incontournable*
- AMPLIAR: *élargir*
- EQUIPARAR = COMPARAR
- VALORAR: *évaluer, estimer*

---

1. cobrar sentido: *prendre du sens*
2. empapelar: *envelopper*
3. tópicos: *des clichés, des stéréotypes*
4. excavaciones: *des fouilles*
5. los rezos: *les prières*

Intercambios en la cultura andalusí

EVA2119

02'36 Documental: *Memoria de España*, RTVE, 2015

DATOS claves
Saber y cultura en al-Ándalus
(p. 210)

- gozar de: *jouir de, bénéficier de*
- asentados = instalados
- se gestó = se creó
- un nudo = un vínculo, un nexo
- un crisol = una mezcla de grupos culturales
- el apogeo: *l'apogée*
- idóneo = adecuado

PÉDAGOGIE DIFFÉRENCIÉE

EVA2120

ESCUCHA. (1) Anota las palabras que reconoces. Ponlas en común con el resto de la clase para restituir el tema principal de este documental.

(2) Escucha de nuevo y di en qué orden se evocan los siguientes temas:

a) Los vínculos entre Oriente y Occidente.
b) El esplendor cultural de Córdoba.
c) La composición multicultural de la sociedad en al-Ándalus.

(3) Explica quiénes eran los muladíes y los mozárabes.

(4) ¿Qué factor favoreció los intercambios entre Occidente y Oriente?

(5) ¿Cuándo se convirtió Córdoba en un gran centro cultural? ¿Cuáles fueron las consecuencias?

ACTÚA. Investiga sobre uno de estos personajes de al-Ándalus:

Avicena | Averroes | Ibn-Zeydun | Zyriab | Maimónides | Lubna de Córdoba

Averroes

Maimónides

Lubna de Córdoba

Comparte la información encontrada con tus compañeros.

Para expresarte

- un aporte
- el conocimiento
- la convivencia: *le vivre ensemble*
- (SER) erudito
- un puente
- el saber
- la tolerancia
- la transmisión
- un vínculo: *un lien*
- CONVERTIR(SE) [ie] a otra religión
- PROMOCIONAR: *promouvoir*

REFLEXIONA. *¿Cómo y por qué enseñar al-Ándalus?*

Gramática

Le conditionnel [Précis, p. 232]

Deberían *recuperar con la misma pasión...*
Otros ejemplos, que también ***podrían*** *citarse.*

Expresión guiada

Participer à un débat

On parle de débat quand on discute à plusieurs sur un sujet précis et que chacun donne son point de vue argumenté.

Analyse et approprie-toi le sujet.

- **Lis attentivement le libellé** du débat et analyse les mots-clés.

Ces **mots-clés** s'opposent-ils ou se complètent-ils ? Pourquoi peut-on les associer ?

Associe à chaque **mot-clé** le maximum d'idées et de mots.

¿Es necesario conocer el pasado para comprender el presente?

Cherche des **synonymes** et des **antonymes** (*útil, indispensable ≠ inútil*), ils t'aideront à trouver des idées.

À quels évènements pourraient faire référence le terme "pasado" ?

Reformule la **problématique** pour trouver de nouveaux éclairages.

Établis tes arguments.

- **Détermine ton point de vue : ce que tu veux démontrer.** *Quiero demostrar que ...* : Liste tes arguments pour répondre à cette phrase.
- **N'oublie pas qu'un bon argument doit pouvoir être confirmé** par des exemples, des faits concrets, des données chiffrées, etc. (Si le débat se fait en équipe, mettez en commun vos arguments.)
- **Organise clairement ton argumentation** en notant tes idées (il ne s'agit pas de rédiger des phrases entières à lire).

Pour chaque argument trouvé, essaie de **te mettre dans la peau de ton « adversaire »**, cela t'aidera à imaginer ses **contre-arguments**, et à mieux y répondre.

Participe au débat.

- **Exprime-toi clairement.**
  - Utilise des connecteurs du discours qui te permettront d'introduire une opinion, d'exprimer ton accord, ton désaccord, un doute, de reformuler une idée (voir la liste au début du manuel).
  - Renforce tes prises de paroles par des gestes et des intonations.
  - Appuie-toi sur tes notes, mais essaie de ne pas les lire !
- **Prends les autres en compte.**
  - Un débat n'est pas un monologue : il s'agit d'écouter ceux qui ont une opinion différente et de leur répondre.
  - Ne prends pas la parole sans qu'on te la donne et ne coupe pas la parole aux autres intervenants.
  - Regarde celui à qui tu réponds.

Adapte ce que tu voulais dire en réagissant à ce qu'a dit l'autre. Il est important de **se servir de ce qui vient d'être dit.**

Le débat n'est pas un affrontement avec un gagnant et un perdant, c'est une discussion où chacun s'exprime librement et où tous se respectent.

PROYECTO EN EQUIPO

Debate: ¿Es necesario conocer el pasado para comprender el presente?

Expresión guiada
Participer à un débat

PREPARACIÓN

1 La clase se divide en grupos:

- **2 equipos que debatirán:** preparan argumentos y buscan ejemplos para el punto de vista que tienen que defender. (Sigue los consejos de la p. 120: "Expresión guiada".)
- **1 alumno presentador y moderador:** decide qué equipo defiende tal o tal punto de vista y prepara una introducción para presentar el debate.
- **1 grupo para formar el jurado:** se documenta y repasa los documentos estudiados en este capítulo.
- **2 secretarios:** se documentan y repasan los documentos estudiados en este capítulo.

REALIZACIÓN

2 ¡Poneos en acción! El debate empieza.

- **El presentador/moderador** introduce el debate y podrá intervenir para moderarlo y facilitar la comunicación.
- **Los dos equipos** debaten aportando sus opiniones y argumentos, escuchando al equipo contrario, reaccionando y adaptando sus respuestas en función de los diferentes puntos de vista, dialogando y respetándose.
- **El jurado** escuchará atentamente para decidir qué equipo ha sido el más convincente.
- **Los secretarios** apuntarán los argumentos de cada equipo y presentarán una síntesis al final del debate.

HAZ TU PROYECTO CON LAS TIC. EVA2121

Evaluación

COMPRENSIÓN ORAL

¿Cuántos arabismos hay en español?

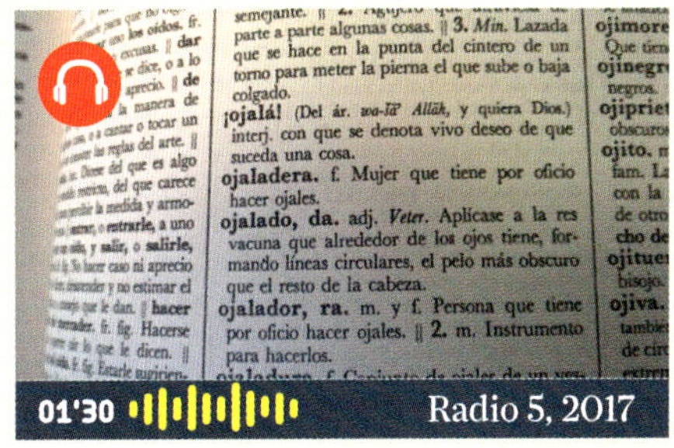

1 Escucha y apunta el número de palabras españolas que proceden del árabe.

2 ¿En cuántas categorías las podemos clasificar?

(2) (3) (4)

Cita un arabismo para cada categoría.

3 ¿Cuál es el origen de la palabra española "ojalá"?

4 Explica por qué tantas palabras árabes forman parte de la lengua española.

EXPRESIÓN ESCRITA

(80 a 100 palabras)

Redacta un texto para la presentación de la próxima celebración de este mercado medieval.

Y ahora que has estudiado el capítulo, contesta la problemática:

¿En qué medida la huella de al-Ándalus pervive en el presente?

1 • AYER Y HOY, AQUÍ Y ALLÁ: Colón, ¿diferentes visiones?

A la aventura

En el primer viaje, Colón se las vio y se las deseó[1] para enrolar la tripulación[2] necesaria. En total, fueron ochenta y siete hombres (otros dicen que algunos más), entre los cuales había cuatro condenados a muerte, a los que se les había prometido la libertad, y un intérprete judío converso [...].

Esperaban llegar a las tierras de la abundancia descritas por Marco Polo unos siglos antes. Pero Marco Polo, siguiendo la ruta de la seda[3], había visitado realmente China y el Oriente. Por el contrario, las carabelas llegaron a un continente nuevo, completamente desconocido. Ni rastro[4] de India, la de las especias[5], nada de palacios de jade y tejados[6] de oro, nada de seda y joyas de ensueño[7]. [...] Había, sí, algunos productos que con el tiempo se mostrarían de mucho provecho[8] (el maíz, el tomate, la patata, el tabaco), pero lo que Colón buscaba obsesivamente era oro, perlas, pimienta[9], y de esto, nada. Durante tres meses, Colón recorrió el mar de las Antillas, yendo de isla en isla, atropelladamente[10], vacilando[11] sobre el rumbo[12] que debía seguir, esperando siempre que la próxima escala fuera el fabuloso Japón.

Juan Eslava Galán (español), *Historia de España contada para escépticos*, 1995

1. se las vio y se las deseó = le costó mucho
2. enrolar la tripulación: *enrôler l'équipage*
3. la seda: *la soie*
4. el rastro: *la trace*
5. las especias: *les épices*
6. los tejados: *les toits*
7. joyas de ensueño: *joyaux de rêve*
8. el provecho: *le profit*
9. la pimienta: *le poivre*
10. atropelladamente = en desorden
11. vacilando: *hésitant*
12. el rumbo: *le cap*

DATOS claves La conquista de América (p. 210)

Santiago, *Cambio 16*

ANTICIPA. Observa la viñeta. ¿Quién es el protagonista? ¿De qué acontecimiento se trata?

LEE. (1) ¿Quién acompañó a Colón en su primera expedición? ¿Qué se puede deducir?

(2) Cita los puntos comunes y las diferencias entre Marco Polo y Cristóbal Colón.

(3) ¿Qué imagen nos da el autor de Colón y de su expedición?

heroica | negativa | ridícula

ACTÚA. Busca 2 ilustraciones o textos sobre Cristóbal Colón o la conquista de América que muestren 2 visiones diferentes. Compáralas.

Para expresarte

- la codicia: *la cupidité*
- la decepción
- (ESTAR) desconcertado: *(être) déconcerté*
- la desilusión
- la ignorancia
- el mar
- un territorio desconocido

- CONFUNDIR
- EQUIVOCAR(SE): *(se) tromper*
- MENOSPRECIAR: *sous-estimer*
- PERDER(SE) [ie]

La estatua de Cristóbal Colón EVA2122

00'59 Entrevista: *Colón ayer y hoy*, Cadena SER, 2018

La estatua de Cristóbal Colón en Gran Park, Los Ángeles

- derrocar: *renverser*
- un navegante: *un navigateur*
- el destino: *la destination*

ANTICIPA. Observa la foto. ¿Por qué crees que tanta gente está haciendo fotos?

ESCUCHA. (1) Apunta los nombres que oyes (países, ciudades, personajes históricos, nombres) y di cómo se relacionan.

(2) ¿Con qué noticia se abre el programa?

(3) Explica las diferencias entre la mirada europea y la mirada americana sobre Cristóbal Colón.

(4) Cita los 3 factores que explican estas diferencias.

REACCIONA. ¿Qué opinas de esta decisión de quitar la estatua?

REFLEXIONA. ***¿Se puede juzgar el pasado con los ojos del presente?***

Para expresarte

- un capítulo de la historia
- un hecho: *un fait*
- un insulto
- un juicio de valor: *un jugement de valeur*
- HONRAR
- MANIPULAR
- REINTERPRETAR
- RESTAURAR la justicia
- RETIRAR/QUITAR

Gramática

Le passé simple et l'imparfait de l'indicatif [p. 131]

Esperaban *llegar a las tierras de la abundancia descritas por Marco Polo [...],* ***llegaron*** *a un continente nuevo.*
Decidieron *derrocar la estatua de Colón que* ***había*** *en el parque.*

Le plus-que-parfait de l'indicatif [p. 131]

Se les ***había prometido*** *la libertad.*
Había visitado *realmente China.*

2 • REPRESENTAR LA COLONIZACIÓN: *¿Qué intención pudo tener Diego River*

EN GRUPOS

Diego Rivera realizó este gran mural sobre la colonización (página de la derecha). Diferentes escenas y personajes de la historia de México están representados.

DATOS claves
Diego Rivera y el muralismo
(p. 210)

▶ Estudiad por grupos un fragmento del mural para determinar:

- ¿cuáles fueron las intenciones del artista?

- ¿cómo las transmitió?

Las preguntas que os proponemos a continuación os ayudarán para el análisis de cada fragmento. Pero antes, leed las informaciones sobre su autor en la página Datos claves.

Grupo 1

Fijaos en:

- **La escena del fondo:** ¿de qué acontecimiento histórico se trata?
- **La cruz:** explicad su presencia.
- **Los personajes, sus apariencias y sus actitudes:** describidlos. ¿Qué diferencias observáis?
- **El personaje central** es el conquistador Hernán Cortés. Describe su aspecto. ¿Por qué crees que D. Rivera lo representó así?

Grupo 2

Fijaos en:

- **Los personajes:** analizad las diferencias entre la representación de los indígenas y de los conquistadores españoles.
  ¿Cómo puedes explicar la presencia de un monje en medio de esta escena?
- **La explotación** de los hombres / de la tierra. ¿Cómo está representada?

Grupo 3

Fijaos en:

- **Los personajes:** identificad a los indígenas, los africanos y los españoles.
- **La mujer y el bebé con los ojos azules:** ¿quiénes pueden ser? Formulad hipótesis.
- **Las 2 escenas:** ¿qué está haciendo cada grupo de personajes?

Grupo 4

Fijaos en:

- **El hombre montado a caballo:** ¿quién puede ser?
- **Los animales:** ¿de dónde vienen?
- ***Itzcuintli*, el perro precolombino:** encontradlo y analizad su expresión.

Para expresarte

- un asno / un burro
- la bolsa: *la bourse*
- un caballo
- una cabra
- un cerdo
- la cruz: *la croix*
- el cura: *le prêtre*
- la esclavitud: *l'esclavage*
- la espada: *l'épée*
- la evangelización forzada
- la ferocidad
- el intercambio
- el látigo: *le fouet*
- el maltrato: *la maltraitance*
- un perro
- el rostro: *le visage*
- la sobreexplotación de los recursos naturales: *la surexploitation des ressources naturelles*
- el sometimiento: *la soumission*
- el trabajo forzado
- AHORCAR: *pendre*
- MARCAR al hierro rojo: *marquer au fer rouge*
- SAQUEAR: *piller*

Diego Rivera, *Colonización o llegada de Hernán Cortés a Veracruz*, 1951.
Palacio Nacional de México DF

Puesta en común

1 **Cada grupo:**
- presenta su fragmento a la clase,
- explica los recursos utilizados para representar la colonización,
- da un título a su fragmento.

Escuchad y tomad notas para resumir lo escuchado.

2 **Explicad ahora qué etapas de la historia de México están representadas y de qué forma.**

3 **¿Qué intención crees que tuvo Diego Rivera al pintar este mural?**

Hispanidad, ¿mala palabra?

Quisiera reivindicar esa hermosa palabra que, para mí, más bien se asocia a las buenas cosas que le han ocurrido a América Latina, un continente que, gracias a la llegada de los españoles, pasó a formar parte de la cultura occidental, es decir, a ser heredera[1] de Grecia, Roma, el Renacimiento, el Siglo de Oro y, en resumidas cuentas, de sus mejores tradiciones: los derechos humanos y la cultura de la libertad.

La conquista fue horrible, por supuesto, y debe ser criticada, al mismo tiempo que situada en su momento histórico y comparada con otras, que no fueron menos feroces, pero que, a diferencia de la que integró América al Occidente, no dejaron huella[2] positiva alguna en los países conquistados. [...]

Las civilizaciones prehispánicas alcanzaron[3] altos niveles de organización y construyeron soberbios[4] monumentos. [...] Pero, no nos engañemos[5]; pese a todo ello, eran todavía sociedades bárbaras, donde se practicaban los sacrificios humanos y donde los fuertes y poderosos sometían brutalmente y esclavizaban a los débiles[6].

Gracias a la Hispanidad varios cientos de millones de latinoamericanos podemos entendernos porque nuestro idioma es el español, una lengua que nos acerca y nos enlaza[7] dentro de una de las muchas comunidades que constituyen la civilización occidental. [...]

No hay razón alguna para avergonzarse[8] de lo que representa la palabra Hispanidad, la que, dicho sea de paso, ahora rima con libertad.

Mario Vargas Llosa (peruano y español), *El País*, 2018

Ilustración de Fernando Vicente

1. heredera: *héritière*
2. dejar huella: *laisser une trace*
3. alcanzar: *atteindre*
4. soberbios = (*ici*) magníficos
5. engañarse: *se tromper*
6. débiles: *faibles*
7. enlazar: *lier, relier*
8. avergonzarse: *avoir honte*

DATOS claves Mario Vargas Llosa (p. 211)

PÉDAGOGIE DIFFÉRENCIÉE
EVA2123

ANTICIPA. Observa el mapa. ¿Qué te sorprende? ¿Qué puede significar la palabra "Hispanidad"?

LEE. (1) ¿Qué opina M. Vargas Llosa de...?:

la llegada de los españoles | la conquista | las civilizaciones prehispánicas

(2) ¿Qué heredaron los latinoamericanos gracias a la Hispanidad y con qué consecuencias?

(3) Mario Vargas Llosa ¿defiende, justifica o critica la palabra "Hispanidad"?

ACTÚA. Mini-debate: ¿Compartes el punto de vista del autor? ¿Hay elementos que te sorprenden o chocan? Explica por qué.

Para expresarte

- un argumento
- la crueldad
- un debate
- salvaje: *sauvage*
- vergonzoso: *honteux*
- CONTRIBUIR
- CUESTIONAR: *remettre en cause*
- ENRIQUECER
- HEREDAR: *hériter*

Crónica de Indias

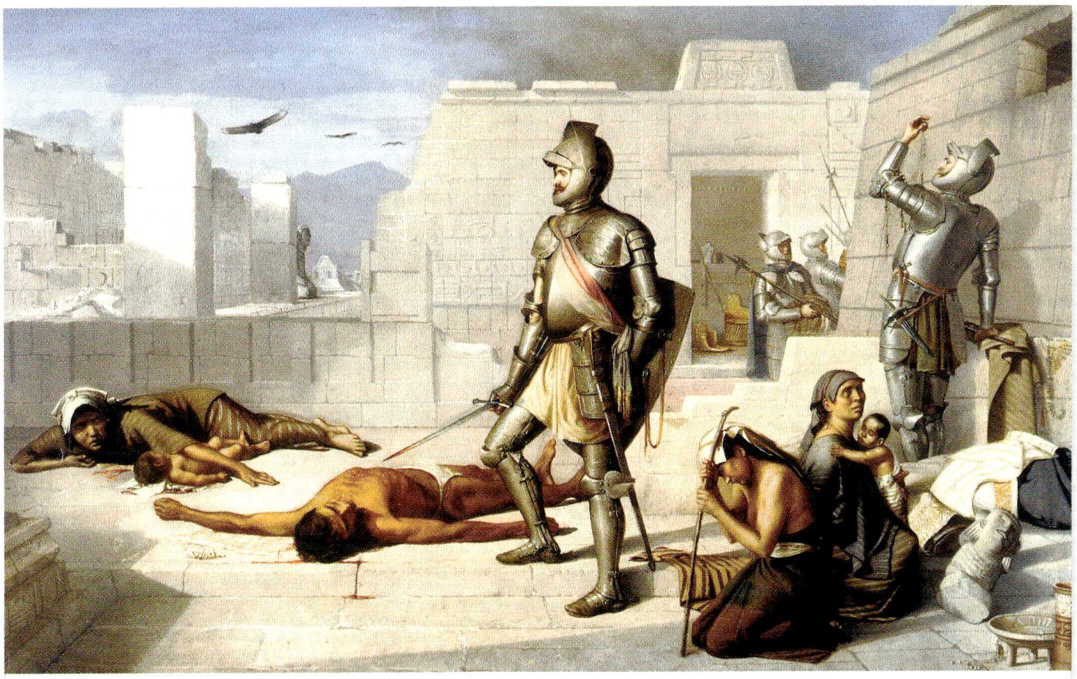

Felix Parra (mexicano), *Episodios de la conquista: La matanza de Cholula*, 1877

Después de mucho navegar
por el oscuro océano amenazante
encontramos
tierras bullentes[1] en metales, ciudades
que la imaginación nunca ha descrito,
riquezas,
hombres sin arcabuces[2] ni caballos.
Con objeto de propagar la fe
y arrancarlos de su inhumana vida
salvaje,
arrasamos[3] los templos, dimos muerte
a cuanto natural[4] se nos opuso.
Para evitarles tentaciones
confiscamos su oro.
Para hacerlos humildes[5]
los marcamos a fuego y aherrojamos[6].

Dios bendiga esta empresa
hecha en Su Nombre.

José Emilio Pacheco (mexicano),
No me preguntes cómo pasa el tiempo, 1969

1. bullente: *bouillonante*
2. arcabuces: *arquebuses*
3. arrasar: *raser*
4. natural = (*ici*) indígena
5. humilde: *humble*
6. aherrojar = atar a alguien con instrumentos de metal

ANTICIPA. Observa el cuadro. ¿Qué escena representa?

LEE. (1) Fíjate en los verbos del poema y di quién parece tomar la palabra.

(2) Indica qué elementos te permiten deducir:

el acontecimiento histórico evocado | los protagonistas

(3) ¿Cómo se traduce la violencia?

REACCIONA. Este poema fue escrito en 1969. ¿Crees que traduce el pensamiento de los hombres del siglo XVI?

REFLEXIONA. ***La conquista de América, ¿intercambio o masacre?***

Para expresarte

- la armadura
- la destrucción
- el enfrentamiento
- la esclavitud
- la evangelización
- la masacre
- el pillaje

Gramática

Les connecteurs logiques [Rabat de la couverture]

*Pasó a formar parte de la cultura occidental, **es decir**, a ser heredera de Grecia, Roma. La conquista fue horrible, **por supuesto**, y debe ser criticada. Las civilizaciones prehispánicas alcanzaron altos niveles de organización; **pese a** todo ello, eran todavía sociedades bárbaras.*

PROYECTO INDIVIDUAL

Presento con mapas el descubrimiento y la conquista de América.

PREPARACIÓN

Basándote en el tipo de vídeo que realizan los youtubers de *Whymaps*, vas a realizar un vídeo explicando el descubrimiento y la conquista de América por los españoles.

1 ***Whymaps*, mapas para explicar la historia**
Si no has visto todavía ningún episodio de *Whymaps* en español, mira uno en: http://whymaps.net/tagged/episodios

2 **El guion:** redacta lo que vas a explicar en el vídeo. Tienes que:
a. dar las fechas importantes,
b. evocar algunos protagonistas,
c. hablar sobre las consecuencias de la conquista,
d. añadir (*ajouter*) tus propias ideas.
Utiliza los documentos del capítulo, pero también lo que aprendiste en el colegio o en Historia.

3 **Los mapas:** busca y prepara mapas en los que dibujas o pintas y explicas el proceso de la conquista de América.

REALIZACIÓN

4 **Graba el vídeo en varias secuencias.**
Puedes grabar primero las imágenes, después la voz y luego superponerlos.

5 **Edita el vídeo.**
Haz los cortes que creas necesarios, compón los títulos o textos que quieres que aparezcan, da velocidad a algunas secuencias si te parece necesario como hacen en *Whymaps*, etc.

HAZ TU PROYECTO CON LAS TIC. EVA2124

Evaluación

EXPRESIÓN ORAL (1 a 2 minutos)

Describe esta viñeta y explica la intención del dibujante.

Eneko

COMPRENSIÓN ESCRITA

Colón

Lee el texto que te dará tu profesor.

1 **Lee el texto y escoge un título:**
a) La epopeya de Colón - b) Los errores de Colón
c) Los crímenes de Colón
Justifica tu elección citando dos frases del texto.

2 **¿Verdadero o falso? Justifica tus respuestas.**
a) Los vikingos llegaron al territorio americano antes de Colón.
b) Colón menospreció a los indígenas.
c) Colón creyó toda su vida que había llegado al continente asiático.

3 **El autor propone un retrato negativo de Colón y sus hombres. Apunta dos ejemplos que lo demuestran.**

Y ahora que has estudiado el capítulo, contesta la problemática:

La historia ¿depende de la mirada de quien la cuenta?

De cine

Oro, una película histórica

1 El cartel de la película.

Obsérvalo, imagina y determina:
- el lugar y la época de la acción,
- el tema,
- los protagonistas.

Oro, una película de Agustín Díaz Yanes, 2017

2 El tráiler de la película.

a. EVA2125 Escucha primero la banda sonora del tráiler sin las imágenes:
- ¿Qué otras informaciones obtienes acerca de la película? Completa la presentación que has hecho en 1.
- Anota el tipo de escenas que imaginas.

b. EVA2126 Mira ahora el tráiler con el sonido y fíjate en las imágenes.
- ¿Qué semejanzas y qué diferencias ves respecto a lo que habías imaginado?

3 Tú eres... ¡el crítico! Crea la página Sensacine.

a. Pon una nota al tráiler y justifica tu opinión:
pésima / muy mala / mala / pasable / regular / entretenida *(distrayante)* / buena / muy buena / imprescindible / obra maestra

b. ¿Cómo te parece que será esta película? Propón una valoración:
conmovedora / comercial / comprometida / divertida *(drôle)* / crítica / entretenida / intensa / ligera / violenta / provocadora / interesante / aburrida *(ennuyeuse)* / dura / ...

c. Con las informaciones obtenidas, redacta una sinopsis de la película.

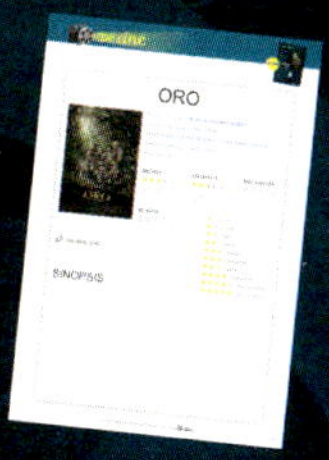

EVA2127

+ d'exercices interactifs et autocorrectifs

L'obligation personnelle et impersonnelle [Précis, p. 240]

***Hay que** ser objetivo.*

Pour exprimer une obligation **impersonnelle** (= d'**ordre général**), on emploie le plus souvent *hay que*.

*El participante **tendrá que** robar una carta.*

Pour exprimer une obligation **personnelle** (=concerne une **personne précise**), on emploie *tener que* ou *deber*.

1 Conjugue correctement le verbe *deber* ou *tener que*.
a) *(Tener que)* ver esta película histórica. Te la aconsejo.
b) Pedro y Javier *(deber)* repasar juntos su clase de historia.
c) Nosotros *(tener que)* asistir a la recreación histórica.
d) Carmen *(deber)* comprarte el juego de mesa *Timeline*.
e) *(Deber)* dejar de jugar a este videojuego porque me tiene enganchado.

2 Choisis l'option correcte.
a) Pedro, este videojuego es buenísimo. *(Hay que / Tienes que)* comprarlo.
b) Para comprender la historia, *(hay que / debe)* leer mucho.
c) Para aprobar su examen de historia, Rosa *(hay que / tiene que)* escuchar en clase.
d) *(Hay que / Tengo que)* prestarte este cómic.

EVA2128

Le passé simple [Précis, p. 230]

*Grit**aron** con orgullo: ¡Viva México!*
*Un pedazo de la historia se viv**ió** en Peñón de Los Baños.*

- **FORMATION**

Radical du verbe + terminaisons : *-é*, *-aste*, *-ó*, *-amos*, *-asteis*, *-aron* pour les verbes en *-ar* et *-í*, *-iste*, *-ió*, *-imos*, *-isteis*, *-ieron* pour les verbes en *-er* et *-ir*.

Il n'y a **pas de diphtongue au passé simple**, mais pour les **verbes à affaiblissement** (*pedir*, *sentir*), *e* → *i* aux **3ᵉ personnes** du singulier et du pluriel.

pedir → *pidió - pidieron*   *sentir* → *sintió - sintieron*

- **EMPLOI**

Le passé simple exprime une **action ponctuelle**, **datée** et **terminée dans le passé**.

***Fue** una conquista relámpago.*
***Se** lo **pusimos** en bandeja.*

Certains verbes **changent leur radical** et deviennent **irréguliers**. Ils ne prennent **jamais d'accent**.

hacer → *hice*   *venir* → *vine*   *andar* → *anduve*   *poner* → *puse*   *estar* → *estuve*   ...

Les verbes *decir* et *traer* ainsi que tous les verbes qui se terminent en *-ducir* prennent un *j* :

decir → *dije*   *traer* → *traje*   *producir* → *produje*

3 Conjugue les verbes.
a) En 1862, Napoleón *(invadir)* México y *(enfrentarse)* a miles de mexicanos.
b) La batalla de Puebla *(permitir)* la victoria de México.
c) Los mexicanos *(marcar)* la historia de su país.
d) En su película *5 de Mayo, la batalla*, el director *(rendir)* homenaje al pueblo mexicano.

4 Conjugue les verbes au passé simple.
– Profe, los franceses *(invadir)* la península en 1808, ¿verdad?
– Exacto. Las tropas napoleónicas *(tomar)* Madrid en 1808. ¿Cómo lo sabes?
– Lo *(ver)* ayer en mi serie favorita.
– ¡Qué bien! ¿*(Aprender)* otras cosas con la serie?

5 Conjugue les verbes au passé simple.
a) Abderramán III *(ser)* el octavo soberano omeya de España y siempre *(tener)* una obsesión: hacer de Córdoba la principal ciudad de Europa.
b) El califa no *(imponer)* la religión musulmana.
c) Los conquistadores *(traer)* muchas enfermedades.

6 Transpose ce texte au passé simple.
Voy a visitar Andalucía porque quiero ver con mis propios ojos el esplendor del legado árabe. Mi profesor me dice que Granada, Sevilla y Córdoba son tres ciudades increíbles y me da muchos consejos para aprovechar el viaje. Quiero perderme en los callejones de Córdoba y sentir la magia de la Alhambra. También puedo ir hasta Medina-Azahara. Es un viaje inolvidable.

EVA2129

Capítulo 11

Aunque + indicatif ou subjonctif [Précis, p. 235]

Pour exprimer la **concession**, on peut utiliser *aunque* :

Los cristianos mozárabes practican libremente sus cultos, ***aunque no pueden*** *celebrar procesiones públicas.*

Aunque + indicatif : action **réalisée** (se traduit par « bien que »)

Los cristianos y los judíos hablan y escriben en árabe ***aunque sigan*** *conservando su lengua.*

Aunque + subjonctif : fait **hypothétique** (se traduit par « même si »)

7 Choisis entre indicatif et subjonctif.

a) Córdoba, Granada y Sevilla son muy diferentes aunque las tres ciudades *(están/estén)* en Andalucía.

b) Aunque *(quieren/quieran)* renegar del pasado árabe en España, es difícil borrar su legado.

c) Aunque la mayor parte de la población de al-Ándalus vivía en el medio rural, las ciudades *(tuvieron/tuvieran)* una gran importancia.

8 Traduis les phrases suivantes :

a) Même si beaucoup de gens l'ignorent, il est évident qu'il y a une forte influence de la langue arabe dans la langue espagnole.

b) Bien que tu connaisses un peu al-Ándalus, tu vas découvrir de nouvelles choses sur cette époque.

c) Un jour, j'irai visiter Cordoue, même si c'est dans 20 ans.

EVA2130

Capítulos 11 y 12

Le passé simple et l'imparfait de l'indicatif [Précis, p. 230]

Esperaban *llegar a las tierras descritas por Marco Polo,* ***llegaron*** *a un continente nuevo.*

Decidieron *derrocar la estatua de Colón que* ***había*** *en el parque.*

L'imparfait exprime une **habitude**, une **action qui dure dans le passé** ou **qui se répète**.

Il donne des éléments de **description en opposition au passé simple** qui marque l'action.

Le passé simple exprime une **action ponctuelle, datée et terminée** dans le **passé**.

9 Choisis entre passé simple ou imparfait.

En 1492, la reina Isabel la Católica *(aprobó/aprobaba)* el proyecto de Colón después de la toma de Granada, que *(puso/ponía)* fin a la reconquista cristiana de la Península. La reina *(firmó/ firmaba)* las llamadas "Capitulaciones de Santa Fe", por las que *(concedió/concedía)* a Colón una serie de privilegios, Colón *(armó/armaba)* una flotilla de tres carabelas con las que *(partió/partía)* del puerto de Palos el 3 de agosto de 1492.

10 Conjugue le verbe au passé simple ou à l'imparfait.

a) Los Reyes Católicos *(financiar)* los viajes de Colón.

b) Cuando *(llegar)* los conquistadores, los indígenas les *(ofrecer)* regalos.

c) En 1492, Cristóbal Colón *(afirmar)* haber llegado a la India pero *(estar)* equivocado y *(morir)* sin saberlo.

d) En al-Ándalus mucha gente (hablar) la lengua árabe pero (seguir) practicando su religión.

EVA2131

Capítulo 12

Le plus-que-parfait de l'indicatif [Précis, p. 231]

Se les había prometido *la libertad.*

Había visitado *realmente China.*

- **FORMATION**

L'**auxiliaire** *haber* **à l'imparfait de l'indicatif** (*había*, *habías*, *había*, *habíamos*, *habíais*, *habían*) + le participe passé du verbe.

- **EMPLOI**

On l'emploie pour marquer **l'antériorité d'une action** dans un **récit à l'imparfait** et au **passé simple**.

11 Conjugue les verbes au temps qui convient.

a) Los árabes *(conquistar)* la Península Ibérica porque les *(decir)* que era como el paraíso.

b) Dicen que los vikingos *(descubrir)* América antes de Colón.

c) Los marineros que se embarcaron en la aventura americana lo hicieron porque Colón *(prometer)* grandes riquezas.

d) Colón murió sin saber que no *(llegar)* a la India.

EVA2132

EL PASADO EN EL PRESENTE

EVA2134

Situarse en el tiempo

Capítulo 10

- la cronología
- una línea del tiempo
- los periodos históricos: la Antigüedad, la Edad Media...
- el presente, el pasado, el futuro
- tiempos remotos
- a lo largo de
- antes ≠ después
- desde hace tiempo
- desde tiempos remotos
- en aquel entonces / en aquella época
- REMONTAR(SE) a
- TENER [ie] lugar = OCURRIR = TRANSCURRIR = SUCEDER

Divertirse

Capítulo 10

- un entretenimiento ≠ un aburrimiento
- un ganador ≠ un perdedor
- un juego (de mesa)
- un pasatiempo = un hobby
- una película
- una serie
- un videojuego
- (SER) aficionado a
- divertido
- lúdico
- APASIONAR(SE) por / INTERESAR(SE) por

Aprender

Capítulo 10

- un aprendizaje lúdico/didáctico
- los conocimientos
- interesante
- ABURRIR(SE)
- APROBAR [ue] ≠ SUSPENDER un examen
- COMPROBAR [ue]
- DAR una lección
- MEMORIZAR
- REPASAR
- RESULTAR complicado ≠ fácil
- VERIFICAR

Los protagonistas

Capítulos 11 y 12

- el califa
- el conquistador
- los cristianos
- el guerrero
- los indígenas
- el invasor
- los judíos
- los musulmanes
- los pueblos
- el rey

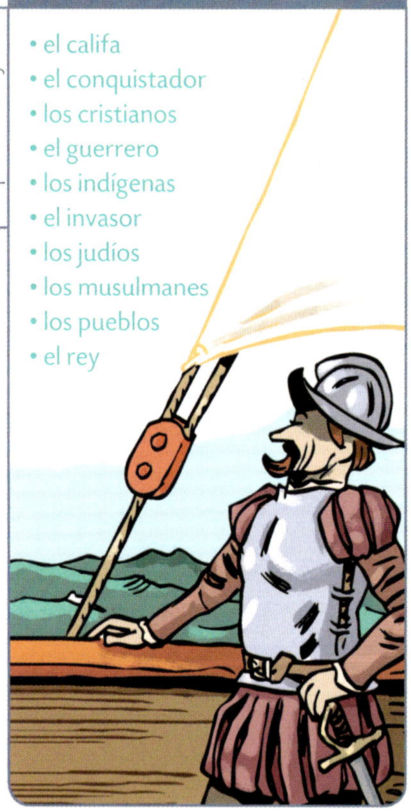

La historia

Capítulos 10, 11 y 12

- un acontecimiento
- las carabelas
- un conocimiento histórico
- un dato
- un dictador
- la falta de objetividad
- una guerra fratricida
- hechos históricos
- el historiador
- un hito = una fecha clave
- una huella
- la memoria
- una narración ficticia
- el pasado
- un personaje histórico
- una recreación
- un recuerdo
- un testimonio
- los vencedores ≠ los vencidos
- la realidad ≠ la ficción
- una visión errónea
- CONTAR [ue] = RELATAR
- HACER las paces
- RECORDAR [ue] ≠ OLVIDAR

Capítulo 10

1 Traduce al francés 5 palabras del vocabulario. Dáselas a tu compañero que deberá recordar la palabra en español con el libro cerrado.

2 Busca el intruso y justifica.

a) una diversión - un aburrimiento - un pasatiempo
b) la guerra - bélico - conflicto armado - hacer las paces
c) la ficción - un acontecimiento - un hecho - un hito

Capítulo 11

3 ¿Qué palabra de estas fichas no has comprendido? Un compañero tendrá que explicártela en español.

4 Busca qué palabra corresponde a su definición.

a) Respeto a las ideas o creencias cuando son diferentes.
b) Vencimiento por completo de tropas enemigas.
c) Coexistencia pacífica de grupos humanos en un mismo espacio.

Capítulos **10, 11** y **12**

La guerra

- un arma, las armas
- la batalla
- el campo de batalla
- el combate
- un conflicto armado/bélico
- una derrota
- un ejército
- una escopeta = un fusil
- la espada
- una guerrilla
- una invasión
- los militares
- la paz
- la rapidez
- la salida ≠ la llegada
- una tragedia
- las tropas
- la victoria / la derrota
- (ESTAR) dividido
- DEFENDER(SE) [ie]
- ENFRENTARSE a
- EXILIARSE
- GANAR ≠ PERDER [ie] una batalla
- HERIR [ie]
- HUIR
- LUCHAR por ≠ contra
- MATAR
- RESISTIR
- VENCER = DERROTAR

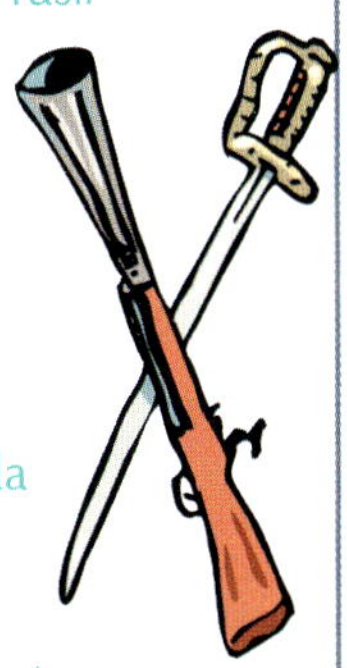

Capítulos **11** y **12**

Los motivos

- la codicia
- la expansión
- el oro
- el paraíso
- el poder
- la religión
- la riqueza
- el sueño
- ENRIQUECER(SE)

Capítulos **11** y **12**

Las consecuencias

- la convivencia
- la decadencia
- el destierro
- la diversidad
- la esclavitud
- la evangelización forzada
- el exilio
- el mestizaje
- la pureza
- la paz
- el sometimiento
- la tolerancia
- ADOPTAR
- CONVERTIR(SE) [ie] a otra religión
- ECHAR
- FORZAR [ue]
- IMPONER
- MEZCLAR
- ORDENAR
- RESPETAR
- SAQUEAR

Capítulo **12**

5 Busca qué palabra corresponde a su definición.

a) Acto de difundir el cristianismo.

b) Originario del país.

6 Busca los sinónimos de:

a) imponer - b) el exilio - c) ganar

7 Haz 5 frases empleando una palabra de cada lista.

Pronuncia
en voz alta

ACENTUACIÓN EVA2135

1 En español, la mayoría de las palabras se acentúan en la penúltima sílaba. Escucha estas frases y di qué palabras tienen la sílaba tónica en la penúltima sílaba.

a) *Hombres, mujeres y niños dieron realismo a este enfrentamiento. Gritaron con orgullo: ¡Viva México!*

b) *Es un laberinto de callejones y columnas y palacios cerrados y también de rostros y de idiomas, una ciudad mestiza donde los cristianos y los judíos hablan y escriben en árabe.*

c) *Lo que Colón buscaba obsesivamente era oro, perlas, pimienta, y de esto, nada.*

Entrénate a leerlas.

ENTONACIÓN EVA2136

2 Escucha el audio y copia el texto separando las palabras, poniendo las mayúsculas y los signos de puntuación.

hoysecumplenciendíasdesdequeembarquéensanlucarparaarribarenlastierrasnuevasenbuscadefamayfortunaformoparte deunaexploraciónenbuscadelaciudaddeoro

SONIDOS EVA2137

3 Presta atención a la pronunciación del sonido [z]. Escucha y apunta las palabras que tienen el sonido [z] como en "suceso".

En América Latina la "z" se pronuncia como una "s", algo que es muy distinto a lo que pasa en la mayor parte de España

TRABALENGUAS EVA2138

4 Escucha y repite varias veces.

La historia es
la narración sucesiva de sucesos
que se sucedieron sucesivamente
en la sucesión sucesiva
de los tiempos.

TEMA 06

EL PUEBLO, EL BARRIO, LA CIUDAD

Plaza de Callao (Madrid), Kike Parra, 2018

¿Qué palabras puedes asociar a esta foto?

10'

¡QUIZ!

Vocabulario
Gramática
Cultura

EVA2139

Capítulo 13 LA CIUDAD VIVIDA

¿Qué nos une a la ciudad?

1. MI BARRIO, MI TESORO
2. SALIR DE CASA

PROYECTO. Creo la voz en off para un vídeo turístico.

Expresión guiada *Faire un commentaire audio.*

Capítulo 14 CIUDADES INMORTALES

¿Cómo siguen vivas las ciudades históricas?

1. CIUDADES CON HISTORIA
2. PATRIMONIO DE LA HUMANIDAD
3. MACHU PICCHU

PROYECTO. Creo un logotipo para una ciudad Patrimonio de la Humanidad.

UTILIZAR

Vocabulario

- la ciudad y el pueblo
- el barrio
- la gente del barrio
- los edificios
- la arquitectura
- lugares emblemáticos
- el patrimonio

Gramática

- *le comparatif*
- *le superlatif*
- *l'expression de la quantité*
- *les emplois des temps du passé*

DESCUBRIR

- barrios madrileños
- la milonga porteña
- Buenos Aires
- ciudades históricas en América Latina: Cuzco, Ciudad de México, Machu Picchu
- ciudades españolas Patrimonio de la Humanidad
- grandes escritores: A. Grandes, R. Montero, M. Vargas Llosa, C. Fuentes

De cine

Suite Habana,
un poema musical urbano

Calentando MOTORES

1

2

6

7

8

Veo veo... ¿Qué veis?

1 a. Relacionad las palabras con las imágenes.

Foto 3 → vecinas, vivir, pueblo...

b. Recordad otras palabras que no estén en la nube de palabras.

Foto 3 → hablar, amigas...

c. Construid frases para cada foto.

2 Asociad 2 o 3 imágenes entre sí y explicad vuestra elección.

Las imágenes ... y ... se oponen / se parecen porque...

piso calle
torre centro parque
acogedor CAMINAR
patrimonio construcción
PASEAR(SE) vecinos
palacio transporte moderno
atractivo iglesia pasado
arquitectura pueblo museo
gente VIVIR monumento
campo barrio colorido
antiguo VISITAR
ciudad plaza
RECORRER edificio
turista

El pasapalabra EVA2140 > EVA2141

1 Escuchad estas 4 definiciones y elegid lo más rápido posible la palabra que les corresponde.

1) conservatorio | memoria | patrimonio

2) RESTAURAR | patria | recuerdo | MEMORIZAR

3) huella | CONSERVAR | paterno | DESTRUIR

2 Escuchad cada definición y adivinad de qué palabra se trata.
Señalad su antónimo en la lista correspondiente.

1) R _ _ _ _ _ _ _ _ ≠ ANOTAR | OLVIDAR | MENTIR

2) P _ _ _ _ _ ≠ barrio | ciudad | centro

3) T _ _ _ _ _ _ _ ≠ ciudadano | vecino | habitante

Ahora, te toca a ti. Elige una palabra de la p. 136 y propón una definición.

Oigo cantar EVA2142

Escucha la canción *Sevilla tiene un color especial* del dúo musical español Los del Río.

¿Qué sentimientos evoca esta canción?

¿En qué radica la belleza de Sevilla?

Tomo la palabra

Di a tus compañeros cuál es tu ciudad, tu barrio o tu pueblo favorito y explica por qué.

1 • MI BARRIO, MI TESORO: *¿Más que plazas y edificios?*

Un barrio del centro de Madrid

DATOS claves
Madrid (p. 211)

Estamos en un barrio del centro de Madrid. Su nombre no importa, porque podría ser cualquiera entre unos pocos barrios antiguos, con zonas venerables, otras más bien vetustas[1]. Este no tiene muchos monumentos pero es de los bonitos, porque está vivo.

Mi barrio tiene calles irregulares. Las hay amplias, con árboles frondosos[2] que sombrean los balcones de los pisos bajos, aunque abundan más las estrechas. [...] Las plazas son bastantes, no muy grandes. Cada una tiene su iglesia y su estatua en el centro, figuras de héroes o de santos, y sus bancos, sus columpios[3] [...].

Pero lo más valioso[4] de este paisaje son las figuras, sus vecinos, tan dispares y variopintos[5], tan ordenados o caóticos como las casas que habitan. Muchos de ellos han vivido siempre aquí, en las casas buenas, con conserje, ascensor y portal de mármol[6], que se alinean en las calles anchas y en algunas estrechas, o en edificios más modestos, con un simple chiscón[7] para el portero al lado de la puerta o ni siquiera eso. En este barrio siempre han convivido los portales[8] de mármol y las paredes de yeso, los ricos y los pobres.

Almudena Grandes (española), *Los besos en el pan*, 2015

ANTICIPA. ¿Qué sabes de la ciudad de Madrid?

LEE. (1) La narradora, ¿describe su barrio o un barrio cualquiera? Justifica tu respuesta con elementos del texto.

(2) Cita las diferentes características de este barrio. ¿Cuál es la más importante para la narradora?

(3) ¿Qué siente la narradora hacia su barrio? Justifica tu respuesta.

desprecio | admiración | apego | tristeza

ACTÚA. Describe tu barrio o tu pueblo y la relación que tienes con él.

Para expresarte

- el cariño: *l'affection, la tendresse*
- las clases sociales
- la diversidad
- genuino, castizo: *authentique*
- mezclado: *mélangé*
- un punto de encuentro
- CONMOVER [ue]

1. vetustas = antiguas
2. frondosos = densos
3. los columpios: *les balançoires*
4. valioso: *précieux*
5. variopinto: *bigarré*
6. el mármol: *le marbre*
7. un chiscón: *une guérite*
8. los portales: *les entrées des immeubles*

Mi barrio, mi mundo EVA2143

Reportaje: *Mi barrio*, RNE Radio 5, 2014

- crecer: *grandir*
- el sitio = el lugar
- la tienda: *la boutique, le magasin*
- tomar algo: *boire un verre*
- dejar = abandonar

ANTICIPA. ¿Tienes muchos recuerdos que te unen a tu barrio?

ESCUCHA. (1) Identifica el tema del reportaje y quiénes son las personas que se oyen.

(2) Cita por lo menos tres palabras con las que el primer chico asocia su barrio.

(3) Según el segundo chico, ¿es posible olvidar el barrio?

REACCIONA. Y para ti, ¿qué significa el barrio o el pueblo que te ha visto crecer?

REFLEXIONA. ***¿Por qué el barrio donde uno vive es más que plazas y edificios?***

Para expresarte

- un círculo
- una comunidad
- imborrable: *indélébile, ineffaçable*
- inolvidable: *inoubliable*
- una pandilla: *une bande d'amis*
- un territorio
- la vida diaria = el día a día
- el vínculo: *le lien*
- RECORDAR [ue], un recuerdo

Gramática

Les comparatifs [p. 152]

*...sus vecinos, **tan** dispares [...] **como** las casas que habitan.*

Les superlatifs [p. 152]

*Las plazas son bastantes, no **muy grandes**.*

Les adjectifs et pronoms possessifs [Précis, p. 226]

*Todos tenemos **nuestro** barrio, ¿cuál es el **tuyo**?*
***Mi** barrio es Aluche.*
*El barrio es el sitio donde están **tus** amigos.*

El bar de la esquina[1]

La otra noche estuve un rato en el bar de la esquina. Es decir, en uno de los cientos de miles de bares de la esquina que hay en España, esos locales que, en nuestra sociedad, hacen las veces[2] de iglesias laicas o de centros comunitarios, piedras fundamentales de la vida del barrio. [...]

Somos la primera potencia mundial del codo en barra. Para hacernos una idea de la enormidad de nuestra afición, digamos, por ejemplo, que tenemos más bares que la suma de todos los que hay en Estados Unidos, [...] que más de dos tercios de los españoles conocen el nombre del camarero[3] de su bar favorito, o que casi el 30% le dejaría al camarero las llaves de su casa con total confianza. En realidad, esto es algo que sucede bastante a menudo: vecinos que dejan las llaves en el bar para el electricista o el fontanero[4] que tiene que arreglar[5] algo en casa, o para el amigo que va a venir a alojarse[6] durante algunos días, o para la hija que se ha olvidado el bolso. Y es que lo que yo llamo el bar de la esquina, o sea, el de siempre, sirve de oficina de correos, de almacén[7], de conserjería, de agencia informativa barrial. [...]

La otra noche entré en el garito[8] de la esquina y experimenté una inmediata sensación de reconocimiento. Como quien vuelve a casa. Era de madrugada y había pocos clientes; algunos, como yo, emparejados, la mayoría solos. [...] Y la camarera los llamaba por sus nombres, y sabía lo suficiente de sus vidas como para que se sintieran formar parte de algo. [...]

Cuánto más sufrimiento habría en España sin los bares. Sin estos lugares protectores en donde siempre conseguirás que alguien te mire. [...]

Rosa Montero (española), *El País*, 2018

ANTICIPA. Enumera los diferentes tipos de clientes del bar de la foto. Según tú, ¿qué función tienen los bares?

LEE. (1) España es un país de bares. Cita algunas expresiones que lo demuestran.

(2) Según Rosa Montero, qué función tiene el bar de barrio. ¿Cuál es el papel del camarero?

(3) ¿Qué experiencia reciente vivió Rosa Montero?

REACCIONA. ¿Existen donde tú vives, lugares que tienen el mismo papel que el típico bar español? ¿Te parece interesante esta costumbre?

Para expresarte

- acogedor: *accueillant*
- arraigado: *enraciné*
- una costumbre
- familiar
- una institución
- una muestra de confianza
- un recado: *une course*
- CONFIAR en
- FORMAR parte de
- QUEDAR con: *donner rendez-vous, se voir*
- REUNIR(SE)

1. la esquina: *le coin*
2. hacen las veces: *servent à la fois*
3. un camarero: *un serveur*
4. un fontanero: *un plombier*
5. arreglar: *réparer*
6. alojarse: *loger*
7. almacén: *magasin, entrepôt*
8. garito: *un petit café de quartier*

Una milonga porteña* EVA2144

Reportaje: *Los secretos de la milonga*, infobae, 2018.

* porteño: del Río de la Plata (Argentina)

DATOS claves
Buenos Aires y las milongas [p. 211]

- un promedio: *une moyenne*
- regida: *régie, dirigée*
- un código: *un code*
- un ladrón: *un voleur*

PÉDAGOGIE DIFFÉRENCIÉE
EVA2145

ANTICIPA. Lee los Datos claves p. 211 y observa la ilustración. Di con qué suele estar asociada Buenos Aires.

MIRA Y ESCUCHA. (1) Mira el vídeo sin el sonido. Identifica el tema del reportaje y di qué personas aparecen.

(2) Ahora escucha y describe esta milonga apuntando características precisas.

(3) Según las personas entrevistadas, ¿qué función tiene la milonga?

ACTÚA. Redacta un párrafo para la *Guía Trotamundos* de Buenos Aires. Explica qué es una milonga, describe el ambiente y explica por qué vale la pena ir a una de ellas.

Para expresarte

- un encuentro
- el mate
- el Río de la Plata
- un salón de baile
- BAILAR
- CONFLUIR = JUNTAR(SE): *se réunir*
- INVITAR

REFLEXIONA. ***¿En qué lugares de una ciudad se relacionan los habitantes? Da varios ejemplos.***

Gramática

L'expression de la quantité [p. 153]

*Había **pocos** clientes; algunos, como yo, emparejados, la mayoría solos.*
*Es algo que sucede **bastante**.*

Expresión guiada

Faire un commentaire audio

Reportage audio ou voix off, voici des conseils, mais aussi des écueils à éviter, pour un bon rendu.

Prépare ton commentaire audio.

- **Demande-toi à quoi va servir ton enregistrement :**
  - à être écouté comme un reportage radio ?
  - à accompagner une vidéo ou des images fixes d'un diaporama ?
- **Fournis un contenu qui éveille l'intérêt.**
  Rends-le vivant avec des anecdotes ou des éléments insolites.
- **Soigne la forme de ton commentaire :**
  - sois concis, évite le bavardage inutile,
  - adapte le ton et le style en fonction des destinataires,
  - pense éventuellement à un fond musical,
  - s'il y a des images, suis leur rythme, en respectant les temps morts.

Pendant l'enregistrement.

- **Contrôle ta voix et ta diction.**
  Il est très important de bien articuler. Exerce-toi avec des virelangues : prononce d'abord les phrases lentement à haute voix, puis accélère le rythme. (Voir les rubriques Pronuncia en voz alta.)

Ese Lolo es un lelo, le dijo Lola a Don Lalo, pero Don Lalo le dijo a la Lola: no, Lola, ese Lolo no es lelo, es un lila.

Marimar come mariscos americanos que saben amarizcados. Saben amarizcados los mariscos americanos que come Marimar.

- **Respire et parle calmement.**
  Pose ta voix et ralentis légèrement ton débit habituel.
- **Pense à l'intonation.**
  Même à l'oral, respecte bien le rythme de la ponctuation (question, exclamation, virgule, etc.)

¿Pensáis realmente eso? → La voix monte **crescendo.**

¡Qué ciudad más atractiva! → La voix monte **dès le début de l'exclamation.**

- **Fais attention aux bruits.**
  Certains parasitent parfois l'enregistrement, mais d'autres, au contraire, peuvent être utiles pour un reportage (bruits de la rue...).

Réécoute-toi pour vérifier ton enregistrement : le son est bon ? Tout est audible ?

PROYECTO

INDIVIDUAL

Creo la voz en off para un vídeo turístico de la ciudad de Buenos Aires.

Expresión guiada
Faire un commentaire audio

EVA2210

Reportaje: *Buenos Aires*, Expedia.mx

PREPARACIÓN

1. **Mira el vídeo varias veces.** Fíjate en el tema y en los lugares que aparecen.
2. **Describe las imágenes.**
3. **Adapta tu forma de hablar con el estilo del vídeo.**

REALIZACIÓN

4. **Redacta un guion completo para determinar cuánto tiempo vas a hablar.** Las frases tienen que tener el mismo ritmo que la sucesión de imágenes.
5. **Entrénate a leer con fluidez.** Habla en voz alta y, si es posible, ensaya varias veces grabando tu voz.
6. ¿Estás listo?
   • Asegúrate de que el guion esté sincronizado con el vídeo y efectúa los ajustes necesarios.
   • Lee tu comentario en voz alta mientras que tus compañeros miran el vídeo o graba tu voz.

HAZ TU PROYECTO CON LAS TIC. EVA2146

Evaluación

COMPRENSIÓN ESCRITA

Somos de nuestro barrio

Lee el texto que te dará tu profesor.

1. **Cita los tres elementos que hay en el barrio y que nos unen a él, según la autora.**
2. **¿Verdadero o falso? Justifica con una frase del texto.**
   a) La autora tiene más de 30 años.
   b) En su barrio conoce a muchos vecinos.
   c) No se identifica con su barrio.
3. **El barrio siempre está contigo. Cita la frase que lo demuestra.**
4. **¿Qué provoca el hecho de irse lejos del barrio?**

EXPRESIÓN ORAL (1 a 2 minutos)

Describe y comenta este cartel (dibujo y eslogan).

Y ahora que has estudiado el capítulo, contesta la problemática:

¿Qué nos une a una ciudad, a un pueblo o a un barrio?

1 • CIUDADES CON HISTORIA: *¿Cómo sigue vivo el pasado?*

México, pasado y presente

El gran centro comercial de la ciudad era la Plaza de la Constitución, con sus palacios y su catedral, construidos sobre y con las piedras del centro ceremonial anterior, nahua[1], derruido[2] por orden del conquistador Hernán Cortés para abolir una antigua legitimidad e instalar una nueva. Sin embargo, el pasado indígena insiste en reaparecer como obra maestra —el calendario azteca, la diosa madre Coatlicue, la de la falda de serpientes, su hija desmembrada y rebelde, Coyolxauhqui— asomando las narices apenas se escarba[3]. [...]

Describo aquí una ciudad de México que ya no existe pero que persiste. Es el misterio de ciudades que se construyen a sí mismas capa[4] sobre capa, el piso nuevo sobre el anterior, sin que cada nuevo estrato destruya al preexistente. El intento más radical de destruir a mi ciudad lo llevó a cabo[5] el conquistador Hernán Cortés, al cimentar sobre la capital azteca, Tenochtitlán, la nueva ciudad española. Desapareció esa urbe, nació una nueva ciudad, barroca, neoclásica, francesa, moderna... la mía. Reconozco el origen para conocer el presente. [...]

Carlos Fuentes (mexicano), *La región más transparente*, 2008

1. nahua (o nahualt): un grupo de pueblos nativos
2. derruido = destruido
3. escarbar: *fouiller*
4. una capa: *une couche*
5. lo llevó a cabo: *l'a réalisé*

DATOS claves Ciudad de México (p. 211)

La Diosa de la Luna Coyolxauhqui, encontrada en 1978 cerca de la Plaza de la Constitución (Ciudad de México).

ANTICIPA. Observa las fotos. ¿Dónde se encontraron estas piezas y a qué época pertenecen?

LEE. (1) Restablece el orden cronológico.

Hernán Cortés | Plaza de la Constitución | Época colonial | Tenochtitlán

(2) Ahora, describe la Plaza de la Constitución en las principales etapas de su evolución. Precisa su función en cada periodo.

(3) Explica qué fue Tenochtitlán. ¿Qué hizo Hernán Cortés? ¿Con qué objetivo?

(4) ¿Cómo reaparece el pasado indígena? Da ejemplos precisos.

(5) Comenta la última frase.

ACTÚA. En parejas. Elige una de las ciudades precolombinas (ver Datos claves, p. 212). Tu compañero debe adivinar cuál de ellas has escogido haciéndote preguntas. Solo puedes contestar "sí" o "no".

Cerámica encontrada en el sitio del Templo Mayor de Tenochtitlán (siglo XV).

Para expresarte

- arqueológico
- una escultura
- una excavación: *une fouille (arq.)*
- una huella: *une trace*
- monumental
- la superposición
- BORRAR: *effacer*
- DESTRUIR
- FUNDAR

DATOS claves Ciudades precolombinas (p. 212)

Cuzco en el tiempo

Como Jerusalén, Roma, El Cairo o México, en el Cusco[1] el pasado forma parte esencial del presente y a menudo lo reemplaza con la irresistible presencia de la historia. No hay espectáculo más impresionante que ver amanecer[2] desde la plaza de Armas de la antigua ciudad, cuando despuntan[3] en la imprecisa luminosidad del alba los macizos templos color ocre oscuro y los balcones coloniales, los techos de tejas[4], la erupción de campanarios[5] y torres y, en todo el rededor, el horizonte quebrado[6] de los Andes que circunda como una muralla medieval al que fue el orgulloso "ombligo[7] del mundo" en tiempo de los incas. [...]

A simple vista lo que se manifiesta por doquier[8], en las ciudades, las aldeas y el campo cusqueños, es la fusión de lo incaico y lo español. Templos, iglesias, palacios, están levantados con las piedras monumentales, rectilíneas y simétricas de las grandes construcciones incas y muchas de sus callecitas estrechas son las mismas que conducían a los grandes adoratorios del Sol y de la Luna, a las residencias imperiales o a los santuarios de las vestales[9] consagradas al culto solar. El resultado de este mestizaje, presente por todas partes, ha dado lugar a unas formas estéticas en las que es ya difícil, si no imposible, discriminar cuál es precisamente el aporte de cada civilización.

Mario Vargas Llosa (peruano), *El País*, 2015

1. Cusco = Cuzco
2. amanecer: *commencer à faire jour*
3. despuntar = *(ici)* aparecer
4. los techos de tejas: *les toits en tuiles*
5. los campanarios: *les clochers*
6. quebrado: *brisé, (ici) accidenté*
7. el ombligo: *le nombril*
8. por doquier = por todas partes
9. las vestales: conjunto de vírgenes cuya principal función era mantener vivo el Fuego Sagrado.

DATOS claves
Cuzco
(p. 212)

PÉDAGOGIE DIFFÉRENCIÉE

EVA2147

ANTICIPA. ¿Conoces ciudades que se caracterizan por la importancia de sus monumentos históricos?

LEE. (1) Haz una descripción de esta ciudad.

(2) En el texto se hace referencia a varios períodos históricos. Cítalos e indica para cada uno las marcas del pasado que lo recuerdan.

(3) ¿Qué representó Cuzco para los incas? Anota las palabras del texto que lo explican.

(4) En esta ciudad se mezclan dos culturas. Explícalo con ejemplos.

REACCIONA. ¿Cómo aparece esta ciudad en esta descripción?

Para expresarte

- arquitectónico: *architectural*
- las civilizaciones precolombinas
- una multitud
- numerosos: *nombreux*
- SUPERPONER: *superposer*
- CONSERVAR

REFLEXIONA. ***¿Cómo sigue vivo el pasado en las ciudades históricas?***

Gramática

L'imparfait [Précis, p. 230]

*Sus callecitas estrechas son las mismas que **conducían** a los grandes adoratorios del Sol y de la Luna.*
*El gran centro comercial de la ciudad **era** la Plaza de la Constitución.*

Medina Azahara: reconocimiento universal

El yacimiento[1] de Medina Azahara es desde hoy Patrimonio Mundial de la Unesco. La ciudad ideal que Abderramán III soñó para su amada, Azahara –según la leyenda de la que reniegan[2] los arqueólogos–, ha sumado a su singular historia de siglos el reconocimiento de la Unesco [...].

Abderramán III comenzó la construcción de Medina Azahara en el 936. La leyenda atribuye su origen al amor, pero la realidad es siempre más prosaica[3]. El califa quería mostrar al mundo la grandeza y superioridad de la dinastía Omeya y proyectó su deseo en esa ciudad a los pies de Sierra Morena, justo donde la montaña penetra en el valle del Guadalquivir. Abderramán III fundó una urbe[4] nueva que fue testimonio de una cultura que desapareció en su periodo de esplendor. [...]

Los salones refinados, las frágiles arquerías[5], las delicadas filigranas de sus capiteles[6] o las calles laberínticas que asoman en Medina Azahara representan solo un 10% de lo que fue esta imponente urbe. Queda un 90% de secretos por descubrir, un trabajo de generaciones que apuntalará[7] el futuro de una ciudad que fue destruida siete décadas después de su fundación, fruto de las luchas que acabaron con la dinastía Omeya, pero cuyo esplendor ha perdurado a través del tiempo y ahora ya es Patrimonio Mundial.

E. Saíz, *El País*, 02/07/2018

DATOS claves
El saber y la cultura en al-Ándalus (p. 210)

ANTICIPA. Busca dónde se sitúa Medina Azahara. ¿Qué sabes de esta región?

LEE. (1) ¿A qué corresponden los datos siguientes?

Abderramán III | 936 | 10%

(2) Destaca las grandes etapas de la historia de Medina Azahara desde su fundación hasta julio del 2018.

(3) Describe Medina Azahara en el tiempo de su esplendor.

(4) ¿Qué justifica el reconocimiento actual de Medina de Azahara y qué determina su futuro?

ACTÚA. En parejas. Elaborad y presentad a la clase una cuña radiofónica para incitar a visitar Medina Azahara.

Para expresarte

- el compromiso
- un conjunto urbano
- la conservación, la preservación
- intacto ≠ destruido
- el valor histórico
- EXCAVAR: *creuser, fouiller*
- INVESTIGAR

1. el yacimiento: *le site*
2. renegar: *nier*
3. prosaica: *banale*
4. una urbe: *une cité*
5. arquerías: *des arcades*
6. los capiteles: *les chapiteaux*
7. apuntalará = determinará

Un patrimonio vivo EVA2148

- protagonismo: *notoriété*
- trascendió: *(ici) est parvenu*
- casco histórico: *centre historique*
- vivencia: *expérience*

ANTICIPA. Observa las fotos. ¿Cuántas ciudades españolas son ciudades Patrimonio de la Humanidad?

OBSERVA. (1) ¿Qué tipo de vídeo es éste?

(2) ¿Qué ilustran las imágenes?

ESCUCHA. (3) Identifica a los tres grupos de personas que se expresan sobre las ciudades patrimonio.

(4) ¿Qué explican cada uno de ellos?

REACCIONA. Ser una ciudad patrimonio, ¿te parece una suerte o una maldición?

REFLEXIONA. *¿Por qué se debe conservar el patrimonio histórico y cultural?*

Para expresarte

- la artesanía: *l'artisanat*
- la diversidad
- una marea: *une marée*
- la masificación
- un reclamo turístico: *un atout touristique*
- un recorrido
- el testimonio
- ventajas ≠ inconvenientes
- ATRAER: *attirer*
- PONER EN PELIGRO
- PROMOVER [ue], la promoción

Gramática

Les emplois des temps du passé [p. 153]

*El califa **quería** mostrar al mundo la grandeza y superioridad de la dinastía Omeya y **proyectó** su deseo en esa ciudad.*

*Una ciudad que **fue destruida** siete décadas después de su fundación [...] pero cuyo esplendor **ha perdurado** a través del tiempo.*

EN GRUPOS

Todos juntos EVA2149

Mirad el reportaje. Vais a descubrir un lugar peruano.
¿Qué diríais de este sitio? Fijaos en lo que veis y en lo que dice la gente.

Grupo 1 **Grupo 2**

Por grupos, estudiad un documento cada uno.

DATOS claves
La civilización inca
(p. 212)

Grupo 1 Entre las nubes

Leed este texto. ¿Cuáles eran las funciones de la ciudadela de Machu Picchu?
Buscad fotos de Machu Picchu para ilustrar cada función.

Lugar sagrado y refugio del Inca Pachacútec

Se sabe que Machu Picchu fue un lugar sagrado en el que los incas rendían **culto a sus dioses**; se sabe que también fue utilizada como una especie de **retiro**[1] **para el Inca Pachacútec** y su familia. Una ciudad que debido a su ubicación poseyó un clima ideal para **cultivar una enorme variedad de plantas.**

Función agrícola

La Ciudad Inca contó con excelentes **ingenieros hidráulicos,** los cuales fueron capaces de utilizar las fuentes[3] de agua naturales, para abastecer[4] a toda la ciudad inca por canales subterráneos, que servían tanto **para el consumo humano como para la agricultura.**

Observatorio astronómico

Machu Picchu también es conocida como la ciudad entre las nubes. El Templo del Sol, el Templo de las Tres Ventanas y el Intihuatana, son solo algunas de las estructuras que los incas construyeron con **el fin de observar el cosmos.**

Principal centro urbano

Machu Picchu gozaba[2] de **total autonomía;** las terrazas produjeron suficiente comida para mantener al Inca, su familia, su corte, los sacerdotes, las vírgenes del sol, y todas las personas que estaban a su servicio.

La casa de las vírgenes del sol

En esta casa vivían las niñas vírgenes de gran belleza consagradas al dios Sol; estas eran escogidas para ser sacerdotisas[5] **al servicio del Inca y los dioses del imperio.** Algunas fueron escogidas para ser las concubinas del Inca, mientras otras eran sacrificadas para obtener el favor y la piedad de los dioses.

Fortaleza

Machu Picchu fue diseñado para ser **inaccesible,** esto en razón de proteger al Inca y su familia de posibles invasores. En su apogeo Machu Picchu estuvo cercada[6] por un muro de 6 metros de alto, por 1.80 de ancho, aunque su mayor protección tenía que ver con **su posición en la montaña.**

boletomachupicchu.com

1. un retiro: *une retraite* - 2. gozar: *jouir* - 3. fuentes: *les sources* - 4. abastecer: *fournir* - 5. las sacerdotisas: *les prêtresses* - 6. cercada: *entourée*

Grupo 2 La joya de Perú

Escuchad y presentad:
- la historia de este sitio,
- el aniversario presentado,
- la polémica alrededor de Machu Picchu.

EVA2150

Reportaje: *En días como hoy*, RNE, 2011

- una joya: *un bijou*
- veraniega: *estivale*
- le subía en volandas: *(ici) il montait en chaise à porteurs*
- estribaciones: *groupes de petites montagnes*
- entablar = iniciar

El arqueólogo Hiram Bingham en 1911

Machu Picchu,
más allá de ti no hay nada.
En ti está
la casa, el altar[1] y la morada[2]
de los dioses.
Más allá de ti ya no se sube
a ninguna parte.
Todo está en ti. Tú contienes
lo vasto y lo hondo[3].
¡Aquí –en ti– es cuándo,
dónde, qué, quién, cómo!
Nunca el hombre llegó tan alto,
vivió tan alto, murió tan alto,
sino en ti.
Nunca se respiró más profundo
que en tu transparencia. [...]
Aquí las piedras sienten,
piensan y tienen poder;
son espíritus dormidos
o despiertos,
donde la brisa tiene una voz
acumulada de milenios.

Danilo Sánchez Lihón (peruano)

1. el altar: *l'autel*
2. la morada: *la demeure*
3. hondo: *profond*

Puesta en común

1. **Cada grupo presenta su documento:**
   - **El grupo 2** empieza la presentación de Machu Picchu.
   - **El grupo 1** la completa exponiendo sus fotos y explicándolas.
2. **Explicad por qué fascina esta ciudad.**
3. **Leed ahora el poema de Danilo Sánchez Lihon. Señalad qué versos o palabras os parecen los más expresivos.** Comentadlos a la luz de lo aprendido en esta lección.

PROYECTO

EN PAREJAS

Creo un logotipo para una ciudad patrimonio de la Humanidad.

Zaragoza 2016
Candidata Capital Europea de la Cultura

LAS PALMAS DE GRAN CANARIA 2016
ASPIRANTE A CAPITAL EUROPEA DE LA CULTURA

SEGOVIA
CULTURA HABITADA

Tu logotipo debe reflejar la unión entre el pasado y el presente. Debe tener un elemento pictográfico (un símbolo) y otro textual (el nombre de la ciudad).

PREPARACIÓN

1. **Busca una ciudad española o latinoamericana patrimonio de la Humanidad.**
2. **Investiga sobre su pasado e imagina un símbolo que pueda representarla. Será el elemento pictórico del logotipo.**

REALIZACIÓN

3. **Dibuja el logotipo. Recuerda que un símbolo es eficaz si es sencillo y directo.**
4. **Acaba tu diseño escogiendo colores y el tipo de letras coherentes con tu objetivo.**
5. **Delante de la clase, haz una presentación rápida de la ciudad escogida y del logotipo diseñado.** Explica tus decisiones y la relación entre la ciudad y tu diseño.
   La clase votará por el logotipo ganador en categorías diversas (moderno/artístico/abstracto/clásico).

HAZ TU PROYECTO CON LAS TIC. EVA2151

Evaluación

EXPRESIÓN ESCRITA
(80 a 100 palabras)

Elige una ciudad entre Cuzco, Medina Azahara y México. Explica su fundación y su evolución hasta hoy.

COMPRENSIÓN ORAL

Tarragona, la huella de un imperio

01'39 *Nómadas*, RNE, 2018

1. **Identifica cuántos locutores hay y quiénes son.**
2. **Di qué es Tarraco.**
3. **Explica por qué dicen que es un "museo a cielo abierto"**
4. **La visita empieza...**
   a) en el museo.
   b) al lado del anfiteatro.
   c) delante de una maqueta de la ciudad.
5. **Da tres datos sobre cómo era la ciudad en aquellos tiempos:**
   - su tamaño,
   - sus monumentos,
   - su función.

Y ahora que has estudiado el capítulo, contesta la problemática:

¿Por qué y cómo siguen vivas las ciudades históricas?

De cine

Suite Habana, un poema musical urbano

1 ¿Qué impresiones se desprenden de este tráiler?

EVA2152

Suite Habana, una película de Fernando Pérez, 2003

2 Lee la sinopsis y la entrevista al director.

a. ¿Qué particularidad tiene esta película? ¿Te parece acertado el título de la película?

b. ¿Quiénes son los personajes?

c. ¿Cuál es el argumento de la película?

d. ¿Cómo el director nos presenta la ciudad en esta película?

La Habana no es sólo un espacio, una sonoridad, una luz; La Habana es su gente. Y *Suite* Habana* es un día cualquiera en la vida de unos cuantos habaneros corrientes. No hay entrevistas, ni diálogos ni narración; sólo imágenes, sonidos y música para expresar cinematográficamente el día a día de una realidad peculiar y única. Cada uno de los personajes representa la curiosa diversidad de los grupos sociales que se mueven en la ciudad... porque no hay una sola Habana: hay muchas Habanas invisibles y distintas para vivir.

Filmaffinity

Entrevista al director de la película

La Habana es los habaneros, sus historias individuales, los rostros de la gente que vive en su espacio. Entonces me propuse contar una o varias historias, desdramatizadas, por supuesto, pero contarlas desde la cotidianidad. Ahí fue cuando aparecieron los personajes.

Cubacine.cult.cu

* En música, una suite es una composición que reúne varias danzas.

3 Tú eres... ¡el director! Vas a dirigir una película como *Suite Habana*, pero en otra ciudad.

a. Elige una ciudad, un pueblo o un barrio y justifica tu elección.

b. Indica qué aspectos de la ciudad quieres mostrar: color, ambiente, calles, edificios, personas, historia.

c. Determina quiénes serán los protagonistas de tu película y explica por qué.

d. Busca una canción o una pieza musical para acompañar tu película.

+ d'exercices interactifs et autocorrectifs

Les comparatifs [Précis, p. 223]

- Comparatif de **supériorité** : *más ... que*
  *La plaza de España es **más** impresionante **que** la Plaza Mayor.*
- Comparatif **d'infériorité** : *menos ... que*
  *Este barrio tiene **menos** habitantes **que** antes.*
- Comparatif **d'égalité** : *tan* + adj + *como* ou *tanto/as/os/as* + nom + *como*
  *... sus vecinos, **tan** dispares [...] **como** las casas que habitan.*

Attention ! Il existe **4 comparatifs de supériorité irréguliers** en espagnol :
grande → *mayor* *bueno* → *mejor* *pequeño* → *menor* *malo* → *peor*

1 Fais des comparaisons à partir des éléments proposés.
a) Me gusta - el pueblo - la ciudad (+)
b) Los turistas - conocen - Madrid - Barcelona (-)
c) Tienes - amigos - barrio de la infancia - nuevo barrio (=)
d) Granada - ciudad - pequeña - Sevilla (+)
e) barrio de Malasaña - castizo - La Latina (=)

2 Emploie le comparatif de l'adjectif.
a) En este barrio crecieron los tres hermanos, pero el *(pequeño)* decidió mudarse a las afueras.
b) Vivir en una ciudad no me gusta: me parece *(bueno)* vivir en un pueblo.
c) Para mí no es malo vivir en una ciudad, es *(malo)* vivir en un pueblo sin ambiente.
d) El *(grande)* problema de esta ciudad es la convivencia.

EVA2153

Les superlatifs [Précis, p. 223]

- Superlatif **absolu**
  muy + adjectif
  *Las plazas son bastantes, no **muy grandes**.*
  ou adjectif + *-ísimo/a/os/as*
  *Esta plaza es **grandísima**.*
- Superlatif **relatif**
  - de **supériorité** : *el/la/los/las más* + adjectif
    *Para mí Granada es **la** ciudad **más hermosa**.*
    *La avenida Corrientes es **la** avenida **más animada** de Buenos Aires.*
  - **d'infériorité** : *el/la/los/las menos* + adjectif
    *Esta plaza es **la menos conocida** de la ciudad.*

Attention ! Certains superlatifs ont des formes irrégulières ou doubles.
grande → *máximo* *pequeño* → *mínimo*
bueno → *óptimo (buenísimo)* *malo* → *pésimo (malísimo)*

3 Transforme les phrases en utilisant le suffixe *-ísimo/a/os/as*.
a) La plaza es muy grande.
b) El barrio me parece muy interesante.
c) Los vecinos son muy amables.
d) La avenida es muy larga.
e) Hay edificios muy antiguos.
f) Esta zona de la ciudad es muy mala.

4 Réécris avec des superlatifs relatifs de supériorité.
Ex.: Paséate en el barrio *(castizo)* de Madrid.
→ Paséate en el barrio más castizo de Madrid.
a) Vivo en la ciudad *(bonita)* del país.
b) Descubrimos los barrios *(auténticos)* de la ciudad.
c) Mis recuerdos *(buenos)* son los de mi barrio de la infancia.
d) Piérdete en las calles *(pintorescas)* del barrio.
e) Es el edificio *(moderno)* de la capital.
f) Los domingos los habitantes se reúnen en el parque *(grande)* de la ciudad.

5 Traduis les phrases suivantes :
a) Le quartier le plus petit de Buenos Aires est San Telmo et le plus grand est Palermo.
b) Buenos Aires possède l'avenue la plus large du monde.
c) La place la plus pittoresque de Séville est la Plaza del Altozano.
d) Le quartier le plus multiculturel, c'est Lavapiés.

EVA2154

Capítulo 13

L'expression de la quantité [Précis, p. 227 et 238]

Mucho, *poco*, *bastante*, *demasiado* (« beaucoup », « peu », « assez », « trop »), indiquent la **quantité**.

*Había **pocos** clientes; algunos, como yo, emparejados, la mayoría solos.*

Employés avec un **nom** ou remplaçant un nom, ce sont des adjectifs ou des pronoms qui **s'accordent en genre et en nombre** avec le nom qu'ils précèdent ou remplacent.

*Es algo que sucede **bastante**.*

Employés avec un **adjectif** ou un **verbe**, ce sont des adverbes **invariables**.

6 Complète les phrases en employant *poco*, *mucho*, *demasiado*, *bastante*. Attention aux accords.

a) He caminado ... por la ciudad, ¡no puedo más!
b) ... personas conocen este lugar: acaban de inaugurarlo.
c) En España es ... habitual ir al bar en familia.
d) Me gustan ... zonas de la ciudad: es muy bonita.
e) Este barrio es ... famoso: todo el mundo quiere vivir aquí.
f) Hay ... parques para poder descansar.

7 Traduis les phrases suivantes :

a) Il y a beaucoup de personnes qui dansent le tango ici.
b) Nous avons beaucoup dansé à Buenos Aires.
c) As-tu assez visité le quartier ?
d) J'ai assez de photos pour mon reportage.
e) Nous avons vu peu de bars dans ce village.
f) Il y a trop de clients dans ce bar.

EVA2155

Capítulo 13

Les emplois des temps du passé [Précis, p. 230]

*El califa **quería** mostrar al mundo la grandeza y superioridad de la dinastía Omeya y **proyectó** su deseo en esa ciudad.*
*Una ciudad que **fue destruida** siete décadas después de su fundación [...] pero cuyo esplendor **ha perdurado** a través del tiempo.*

- L'imparfait exprime une **habitude**, une **action qui dure dans le passé** ou **qui se répète**. Il donne des éléments de **description en opposition au passé simple** qui marque l'action.
- Le passé simple exprime une **action ponctuelle, datée et terminée** dans le **passé**.
- Le passé composé exprime une **action débutée dans le passé** et qui est **encore en relation avec le présent**.

8 Utilise les verbes proposés dans le désordre au passé simple ou au passé composé.
llenaron - delimitaron - han llegado - se alzó - se han conservado
El origen romano de Tarragona explica su fisonomía urbana. Las murallas ... su forma, reconocible incluso donde no ... . Algunas calles de la Parte Alta o centro histórico de Tarragona son las que, en época medieval, ... de vida el espacio donde ... la gran plaza pública del Foro de la Provincia.
De su larga historia ... hasta nuestros días importantes edificios y material arqueológico.

9 Choisi le temps qui convient entre passé simple ou imparfait.
La leyenda del Puente de Segovia dice que esta mastodóntica obra no *(fue/era)* creada por los romanos, sino por el diablo. La chica segoviana *(estuvo/estaba)* cansada de subir el agua todos los días desde el río, por lo que el demonio le *(prometió/prometía)* construir el acueducto en un día a cambio de su alma. La joven *(accedió/accedía)*, pero al salir el sol, *(faltó/faltaba)* la última piedra, por lo que ella *(conservó / conservaba)* su alma y el acueducto *(se quedó/se quedaba)* en Segovia.

10 Emploie le temps qui convient entre imparfait, passé simple ou passé composé.
(yo-llegar) a Medina-Azahara ayer. Este año *(yo-oír)* tanto hablar de ella que, hace un mes, (decidir) descubrirla. Esta mañana, mientras *(visitar)*, nuestro guía *(explicar)* que el califa Abderramán III (erigir) Medina Azahara como símbolo de la grandeza de su reinado. Las obras *(durar)* algo más de 25 años y la ciudad *(estar)* rodeada de una imponente muralla.

EVA2156

EL PUEBLO, EL BARRIO, LA CIUDAD

EVA2158

La ciudad y el pueblo

Capítulo 13

- una acera
- una avenida
- un barrio
- el extrarradio
- la calle
- la casa
- el centro ≠ las afueras
- el ciudadano
- los espacios comunes
- el habitante
- un edificio
- una esquina
- el parque
- la plaza
- un río
- el turista
- el tráfico, la circulación
- los transportes públicos
- el urbanismo
- una zona peatonal
- amplio
- caótico
- estrecho
- ordenado
- rectilíneo
- ALOJAR(SE)
- CAMINAR
- RECORRER
- VISITAR

El barrio

Capítulo 13

- el ambiente
- el apego
- el cariño
- un lugar
- un punto de encuentro
- el vínculo
- acogedor
- arraigado
- diverso
- hospitalario
- monumental
- multicultural
- protector
- variopinto
- CONFIAR EN
- CONMOVER [ue]
- CRECER
- DEFINIR(SE)
- IMPRESIONAR
- RECORDAR [ue] ≠ OLVIDAR
- REGRESAR
- el día a día

La gente del barrio

Capítulo 13

- el camarero
- la comunidad
- el conserje
- la diversidad
- un intercambio
- una pandilla
- el portero
- un vecino
- el vecindario
- COMPARTIR
- CONOCER(SE)
- INVITAR
- RELACIONAR(SE)
- REUNIR(SE) = JUNTAR(SE)
- TOMAR algo

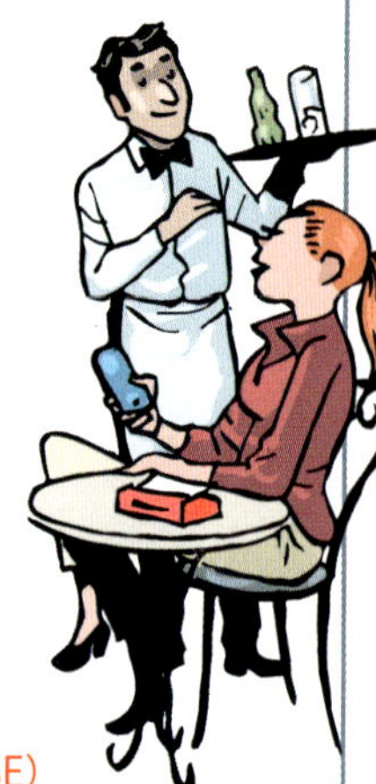

Los edificios

Capítulos 13 y 14

- el ayuntamiento
- un banco
- un bar
- una catedral
- el colegio, el instituto
- un edificio
- una iglesia
- el mercado
- un monumento
- un museo
- la oficina de correos
- un palacio
- una tienda
- un templo
- una torre

Capítulo 13

1 Utiliza siete adjetivos de la lista "El barrio" para calificar siete nombres de la lista "La ciudad y el pueblo".

2 Forma parejas con las palabras que se relacionan.
inolvidable - un edificio - destruir - relacionarse - un bar
recordar - el vínculo - tomar algo - un portero - las ruinas

3 Busca la palabra que corresponde a cada definición.
a) Barrio que está en las afueras de una gran ciudad.
b) Puerta de acceso principal de edificio, que sirve de paso a la escalera o al ascensor.
c) Usar o poseer una cosa en común o realizar algo conjuntamente.
d) Unión de dos o más personas o cosas diferentes formando una sola.

Capítulos 13 y 14

La arquitectura

- un arco
- un balcón
- una escultura
- una estatua
- una fachada
- el mármol
- un muro
- una pared
- el portal
- el techo
- el tejado
- arquitectónico
- CONSTRUIR
- DESTRUIR
- RENOVAR [ue]

Capítulo 14

Lugares emblemáticos

- **Médina Azahara (siglo X)**
  - palacio
  - Córdoba
  - al-Ándalus
- **Cuzco (siglo XI)**
  - capital del imperio inca
  - Perú
- **Tenochtitlán (siglo XIV)**
  - fundación de la Ciudad de México
  - azteca
- **Machu Picchu (siglo XV)**
  - ciudadela inca
  - santuario
  - los Andes

Capítulo 14

El patrimonio

- el aporte
- la arqueología
- un castillo
- una catedral
- el centro histórico = el casco histórico
- una civilización
- un emplazamiento
- una excavación
- una huella
- una iglesia
- el mestizaje
- un monumento
- el origen
- un palacio
- un periodo
- las piedras
- las ruinas
- un sitio arqueológico
- un templo
- un yacimiento
- antiguo
- castizo
- genuino
- BORRAR
- ESCARBAR
- CONSERVAR
- DESCUBRIR
- FUNDAR
- SUPERPONER

Capítulo **14**

❹ **Busca el intruso en cada lista y justifica.**

a) un templo - la diversidad - una fachada - las piedras
b) construir - conservar - fundar - bailar
c) el cariño - conmover - borrar - el apego

❺ **Haz cinco frases empleando una palabra de cada lista.**

Pronuncia
en voz alta

ENTONACIÓN EVA2159

❶ **Escucha este poema, léelo varias veces y declámalo con fluidez.**

Amo los bares y tabernas
junto al mar,
donde la gente charla[1] y bebe
sólo por beber y charlar.
Donde Juan Nadie llega y pide
su trago[2] elemental,
y están Juan Bronco y Juan Navaja
y Juan Narices y hasta Juan
Simple, el solo, el simplemente
Juan.

Nicolás Guillén (cubano),
La paloma de vuelo popular, 1958

1. charlar: *discuter*
2. un trago: *un verre*

SONIDOS EVA2160

❷ **Presta atención a la pronunciación de los sonidos [x] y [r] en una misma palabra.**

En la palabra "orejas": [r] se oye primero.
En la palabra "ojeras": [x] se oye primero.

Escucha las palabras y clasifícalas según el sonido que oyes primero.

se oye [x] primero	se oye [r] primero
...	...

TRABALENGUAS EVA2161

❸ **Escucha y repite respetando el ritmo.**

De Guadala**jara** vengo,
jara traigo, **jara** vendo,
a medio doy cada **jara**.
¡Qué **jara** tan cara traigo
de Guadala**jara**!

TEMA 07

CREACIÓN Y ARTE

¿Qué palabras te inspira esta foto?

10'

¡QUIZ!

Vocabulario
Gramática
Cultura

EVA2162

Capítulo 15 ARTE Y EMOCIONES

¿Cómo las artes expresan emociones?

1. APRECIAR EL ARTE
2. LITERATURA Y SENTIMIENTOS
3. EL ARTE DE DAR MIEDO

PROYECTO. Escribimos y representamos una escena teatral de amor.

Expresión guiada *Interpréter un texte.*

Capítulo 16 LAS REGLAS DEL ARTE

¿Puede el arte romper todas las reglas?

1. IMITANDO A LOS GRANDES
2. TRANSFORMANDO LA CIUDAD

PROYECTO. Creamos una mini exposición.

E. Quinn, *Picasso y su máscara de minotauro*, 1

UTILIZAR

Vocabulario

- los sentimientos y las emociones
- los estilos artísticos
- describir un cuadro
- las artes visuales
- las artes literarias
- el arte en la ciudad

Gramática

- *les adverbes de manière*
- ser *et* estar
- seguir + *gérondif*
- no ... sino... *et* no ... sino que...
- *les verbes de type* gustar

DESCUBRIR

- un caligrama de O. Girondo
- un pintor: F. de Goya
- un cuadro de B. E. Murillo y su reinterpretación
- un arquitecto boliviano: F. Mamani
- un grafitero español: Okuda
- grandes autores: F. García Lorca, J. Cortázar, B. Pérez Galdós

De cine

Un perro andaluz, **una película surrealista**

CREACIÓN Y ARTE

Calentando MOTORES

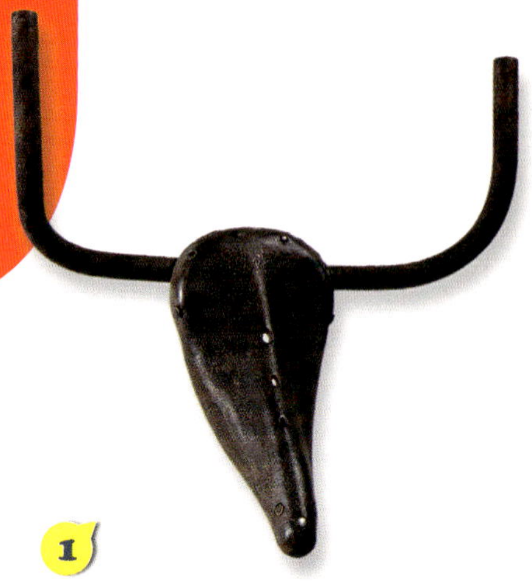
1

2

5

6

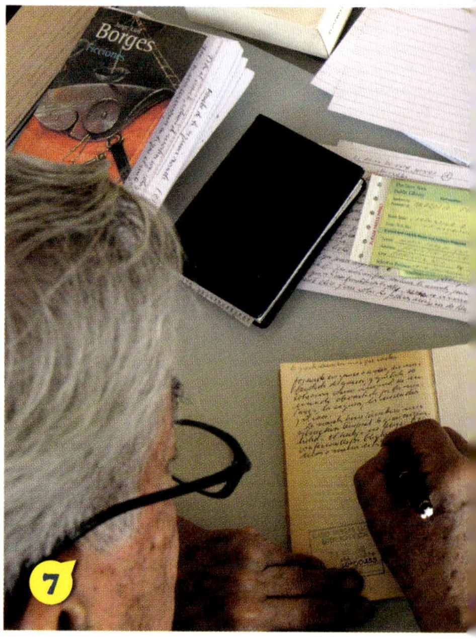

7

Veo veo... ¿Qué veis?

1 Observad las imágenes y asociad palabras.
Recordad otras que no estén en la nube de palabras.

Imagen 1 → divertido, escultura, bicicleta...

2 Cread el mapa mental CREACIÓN Y ARTE con todas las palabras que habéis citado.
Elegid bien los temas para hacer agrupaciones lógicas: clasificad las palabras por temas, subtemas, etc.

3 ¿Qué foto te atrae *(attire)* **más? Justifica.**

Prefiero ... porque ...
Dudo entre ... porque ...

¿Qué obra gusta más a la clase? Votad.

4 ¿Qué otro tipo de arte conocéis que no está representado en estas imágenes?

poético
sueño MIRAR
clásico pintor divertido
CREAR exposición
emociones impactante
moderno artista provocador
colores cuadro SORPRENDER
original composición
IMPRESIONAR abstracto obra de arte
realidad PINTAR sorprendente
interesante literatura extraño
retrato BAILAR museo
INVENTAR (ir)realista
creativo

El pasapalabra EVA2163

Escuchad estas 5 pistas e intentad adivinar de qué artista u obra representada en estas 2 páginas se trata. Aquí tenéis las leyendas que también os pueden ayudar:

1. Picasso (español), *Cabeza de Toro*, 1942. Museo Nacional Picasso (París)
2. Rufino Tamayo (mexicano), *Comedor de sandía*, 1949. Colección privada
3. Equipo Crónica (españoles), *El entierro del conde de Orgaz*, 1967. Afundación (Vigo)
4. Damián Ortega (mexicano), *Cosa cósmica*, 2002/2016 Malmö Konsthall (Suecia)
5. Pere Borrell (español), *Huyendo de la crítica*, 1874. Colección Banco de España (Madrid)
6. Exposición *Dalí y el surrealismo*, Museo Nacional Thyssen-Bornemisza (Madrid)
7. Mario Vargas Llosa (peruano) en su despacho escribiendo.
8. Eduardo Arroyo (español), *Vestido bajando una escalera*, 1976. Institut Valencià d'Art Modern
9. Chema Madoz (español), *Sin título*, 2009
10. Ballet *El Sur* (compañía de danza española), 2005. Fundación Víctor Ullate

Oigo cantar EVA2164

Mira el videoclip *Arte positivo* del cantante colombiano JHT (José Henry Tapias).

Apunta las palabras relacionadas con el arte urbano. Las imágenes del videoclip pueden también ayudarte.

Tomo la palabra

Propón un título para la fotografía de Chema Madoz (9) y explica tu elección .

El título puede ser simbólico, humorístico, enigmático, etc.
¡Pon a prueba tu imaginación!

1 • APRECIAR EL ARTE: *¿Se necesitan conocimientos?*

El arte es mi tesoro

Juanjo Sáez (español), *El arte*, 2009

Joan Miró (español), *Perro ladrando a la luna*, 1926. Museo de Arte de Filadelfia (EE. UU.)

> **Cuando el arte deja de ser comprensible, ya no es arte.**
>
> **Albert Boadella,** director teatral y dramaturgo

> **El misterio es el elemento clave en toda obra de arte.**
>
> **Luis Buñuel,** director de cine

ANTICIPA. ¿Con qué relacionas más el arte: con los conocimientos o con las emociones?

LEE. 1 Según la viñeta de J. Sáez, el arte se asocia a...

el placer | el saber | el dinero | la sensibilidad

2 ¿Cuál puede ser la intención de esta viñeta?

3 Lee ahora las citas sobre el arte y di si confirman el mensaje de la ilustración. ¿Qué afirmación prefieres?

REACCIONA. ¿Piensas que lo importante es comprender el arte o sentir emociones frente al arte? Justifica tu respuesta con ejemplos concretos (música, pintura, cine, etc.)

Para expresarte

- (in)comprensible
- (des)orientación
- (im)posible
- sentimiento

El espantapájaros EVA2165

Yo no sé nada
Tu no sabes nada
Ud. no sabe nada
El no sabe nada
Ellos no saben nada
Ellas no saben nada
Uds. no saben nada
Nosotros no sabemos nada.

La desorientación de mi generación tiene su explicación en la dirección de nuestra educación, cuya idealización de la acción, era — ¡sin discusión! — una mistificación, en contradicción con nuestra propensión a la meditación, a la contemplación y a la masturbación.

(Gutural, lo más guturalmente
que se pueda). Creo que creo
en lo que creo que no creo.
Y creo que no creo en
lo que creo que creo.

"Cantar de las ranas" *

¡Y ¡Y ¿A ¿A ¡Y ¡Y
su ba llí llá su ba
bo jo es es bo jo
las las tá? tá? las las
es es ¡A ¡A es es
ca ca quí cá ca ca
le le no no le le
ras ras es es ras ras
arri aba tá tá arri aba
ba!.. jo!.. !... !... ba!.. jo!..

02'16 Interpretación del poema: *El espantapájaros*

Oliverio Girondo (argentino), *Espantapájaros (al alcance de todos)*, 1932

* las ranas: *les grenouilles*

ANTICIPA. **a.** Mira este poema: es un caligrama. Explica qué es.
b. Busca la definición de "espantapájaros" y di cómo se relacionan la forma y el título del poema.

ESCUCHA. (1) Di lo que oyes y entiendes en este poema.

(2) ¿Qué elementos típicos de la poesía puedes encontrar? (rimas, ritmo, estrofas, imágenes...) ¿Qué te parece original en esta composición?

(3) Este poema te produce un sentimiento de...

miedo · diversión · sorpresa · incomprensión · locura · risa · ...

Justifica.

(4) ¿Qué forma prefieres, el poema escrito o el recitado?

Para expresarte

- absurdo
- en cruz
- un dibujo
- estrafalario: *extravagant, excentrique*
- un muñeco: *un bonhomme, un pantin*
- parecerse a: *ressembler à*
- raro: *étrange*
- sonidos agudos ≠ graves

ACTÚA. Crea tu propio caligrama sobre el arte y léelo en voz alta.

PRONUNCIA.
Aprende la primera estrofa del poema y recítala a tu manera para expresar una emoción.

REFLEXIONA. ***¿Se necesitan conocimientos para apreciar el arte?***

Gramática

L'obligation personnelle et impersonnelle

[Précis, p. 240]

*Para abrir la cerradura **es necesario** haber leído mucho.*
*Si quieres apreciar el arte, **tienes que** entenderlo.*

Adela está que arde

La escena tiene lugar entre una joven y su criada[1].

ADELA: [...] ¡Mi cuerpo será de quien yo quiera!
LA PONCIA: *(Con intención y en voz baja.)* De Pepe el Romano, ¿no es eso?
ADELA: *(Sobrecogida*[2]*)* ¿Qué dices?
LA PONCIA: ¡Lo que digo, Adela!
ADELA: ¡Calla!
LA PONCIA: *(Alto)* ¿Crees que no me he fijado[3]?
ADELA: ¡Baja la voz!
LA PONCIA: ¡Mata esos pensamientos!
ADELA: ¿Qué sabes tú?
LA PONCIA: Las viejas vemos a través de las paredes. ¿Dónde vas de noche cuando te levantas? [...]
ADELA: ¡Calla!
LA PONCIA: ¡No callo! [...]
ADELA: Es inútil tu consejo. Ya es tarde. No por encima de ti, que eres una criada, por encima de mi madre saltaría para apagarme este fuego que tengo levantado por piernas y boca. ¿Qué puedes decir de mí? ¿Que me encierro en mi cuarto y no abro la puerta? ¿Que no duermo? ¡Soy más lista que tú! Mira a ver si puedes agarrar la liebre[4] con tus manos. [...]
LA PONCIA: ¡Tanto te gusta ese hombre!
ADELA: ¡Tanto! Mirando sus ojos me parece que bebo su sangre lentamente.

Federico García Lorca (español), *La casa de Bernarda Alba*, 1936

DATOS claves
Federico García Lorca (p. 213)

PÉDAGOGIE DIFFÉRENCIÉE
EVA2166

ANTICIPA. EVA2167
Observa la foto y escucha la interpretación del texto. ¿Qué indicaciones nos puede dar sobre la escena? Haz hipótesis.

LEE. 1 ¿De qué están hablando Adela y La Poncia?

2 Explica qué le pasa a Adela.

3 Completa.

El tono es ...

trágico | apasionado | cómico | violento

porque ...

ACTÚA. Aprende las seis primeras réplicas y con un compañero representa la escena teatral.

Para expresarte

- el conflicto
- (ESTAR) enamorado
- el fuego
- (ESTAR) loco por
- la pasión
- DESOBEDECER
- DISCUTIR: *se disputer*
- ESCAPAR
- QUEMAR

1. criada = doméstica
2. sobrecogida: *en sursautant*
3. fijarse: *se rendre compte*
4. agarrar la liebre: *(exp.) attrape-moi si tu peux*

El beso

Toco tu boca, con un dedo toco el borde de tu boca, voy dibujándola [...] como si saliera de mi mano, como si por primera vez tu boca se entreabriera, y me basta[1] cerrar los ojos para deshacerlo[2] todo y recomenzar [...]

Me miras, de cerca me miras, cada vez más de cerca y entonces jugamos al cíclope, nos miramos cada vez más de cerca y nuestros ojos se agrandan, se acercan entre sí, se superponen y los cíclopes se miran, respirando confundidos, las bocas se encuentran y luchan tibiamente[3], mordiéndose con los labios, apoyando[4] apenas la lengua en los dientes, [...]

Entonces mis manos buscan hundirse[5] en tu pelo, acariciar lentamente la profundidad de tu pelo mientras nos besamos.

Julio Cortázar (argentino), *Rayuela*, 1963

1. me basta: *il me suffit*
2. deshacer: *défaire*
3. tibiamente: *mollement*
4. apoyar: *appuyer*
5. hundirse: *s'enfoncer*

Federico García Lorca (español), *El beso*, 1927

ANTICIPA. Lluvia de ideas. Intenta encontrar palabras que puedes relacionar con la palabra "beso".

LEE. (1) ¿A quién se dirige el narrador?

(2) ¿Qué partes del cuerpo va citando? Di con qué acciones las asocia.

(3) Indica qué efecto produce.

sensualidad | pasión | neutralidad | suspense

(4) ¿Te parece que el dibujo ilustra bien el texto? Justifica.

REACCIONA. ¿Sueles leer historias de amor? Explica por qué.

REFLEXIONA. ***Explica cómo estos dos escritores expresan la fuerza del amor.***

Para expresarte

- el deseo
- incómodo
- la lentitud
- la mirada: *le regard*
- los sentimientos
- ABRAZAR: *enlacer*
- "No hacer más que uno."

Gramática

Les adverbes de manière [p. 174]

Bebo su sangre ***lentamente****.*
Las bocas luchan ***tibiamente****.*

L'impératif [Précis, p. 233]

¡Calla! ¡Baja *la voz****!***
Bésame*.*

3 • EL ARTE DE DAR MIEDO: *¿Qué recursos emplean las artes para expresar miedo*

EN GRUPOS

▶ **En grupos, estudiad diferentes tipos de documentos.**
Indicad qué tipo de recursos pueden provocar miedo.

Grupo 1 ¿Dónde está mi cabeza?

Desperté; no osaba moverme. [...] Por fin, más pudo la curiosidad que el terror; alargué mi mano, me toqué, palpé... Imposible exponer mi angustia cuando pasé la mano de un hombro a otro sin tropezar[1] en nada... [...]

Por fin, apliqué mis dedos a la vértebra cortada como un troncho de col[2]; palpé los músculos, los tendones, los coágulos de sangre, todo seco, insensible, tendiendo a endurecerse[3] ya, como espesa papilla[4] que al contacto del aire se acartona...

Nada, no cabía dudar ya[5]. El infalible tacto daba fe[6] de aquel horroroso, inaudito hecho. Yo, yo mismo, reconociéndome vivo, pensante, y hasta en perfecto estado de salud física, no tenía cabeza. [...]

¿Había sido degollado durante la noche por mano de verdugo? Mis nervios no guardaban reminiscencia del cortante filo de la cuchilla. Busqué en ellos algún rastro de escalofrío[7] tremendo y fugaz, y no lo encontré. Sin duda mi cabeza había sido separada del tronco por medio de una preparación anatómica desconocida, y el caso era de robo más que de asesinato; una sustracción alevosa, consumada por manos hábiles, que me sorprendieron indefenso, solo y profundamente dormido.

B. Pérez Galdós (español), *¿Dónde está mi cabeza?*, 1892

1 Presentad el texto.
¿Cuándo transcurre la escena?
¿Qué ...
- ... partes del cuerpo aparecen?
- ... está haciendo el protagonista?
- ... le pasa?
- ... palabras remiten al miedo?

2 Decid qué sentimiento produce este texto y por qué.

1. tropezar: *buter*
2. un troncho de col: *un tronc de chou*
3. endurecerse: *se durcir*
4. papilla: *purée*
5. no cabía dudar ya: *il n'y avait plus de doute*
6. dar fe: *rendre compte*
7. escalofrío: *frisson*

Grupo 2 La caja del terror

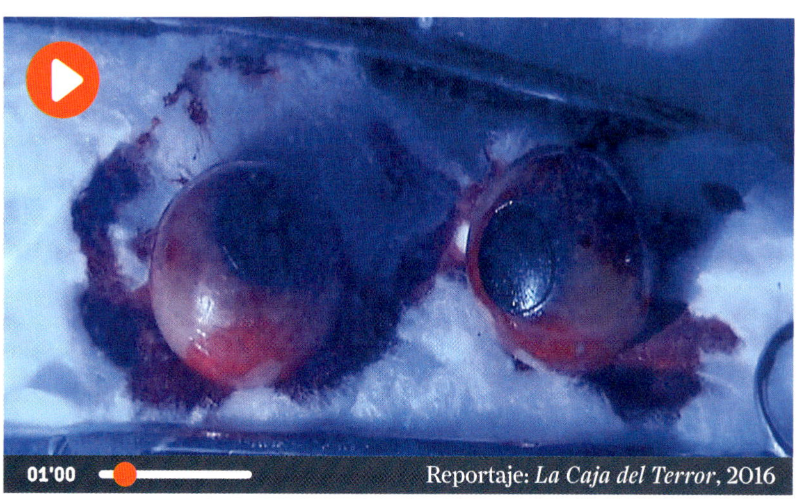

Reportaje: *La Caja del Terror*, 2016

EVA2168

1 Mirad el vídeo y presentad La Caja del Terror:
- género artístico
- originalidad
- objetivo

2 ¿Qué ingredientes contribuyen a "pasarlo bien pasándolo mal"?

- pasarlo bien: *s'amuser*
- pasarlo mal: *(ici) avoir peur*

DATOS claves
Francisco de Goya (p. 213)

Grupo 3 Criaturas horribles

1. Presentad el cartel y el cuadro:
   - composición,
   - colores,
   - planos,
   - ambiente.

2. ¿Qué impresión provoca cada uno? Justificad.

Cartel del Festival internacional de cine fantástico de Sitges, 2017

Francisco de Goya (español), *Saturno devorando a sus hijos* (143 x 81 cm), 1820-1823. Museo del Prado (Madrid)

Puesta en común

1. Cada grupo presenta a la clase su documento, el tema y los recursos utilizados para provocar miedo. Tomad notas.
   El documento que hemos estudiado es ...
   Trata de un(a) ... que ...
   Lo que contribuye aquí a transmitir miedo es ...
   También utiliza ... para ...

2. Decid de qué manera las artes emplean recursos similares y a la vez diferentes para expresar el miedo.

3. Para ti, ¿qué arte te parece más eficaz para transmitir el miedo?

Expresión guiada

Interpréter un texte

Aussi simple que cela puisse paraître, interpréter un texte ne s'improvise pas, surtout en langue étrangère ! Voici quelques conseils.

Vérifie ta compréhension du texte.

- **Pose-toi les questions habituelles :** qui, quoi, où, quand, comment, pourquoi... et vérifie que tu as bien repéré les éléments de réponse.
Entraîne-toi avec l'extrait de *La casa de Bernarda Alba*, p. 162.

Ne lis pas au kilomètre.

- **Pense à l'intention à donner au texte :** comique, dramatique, ironique, tragique, sentimentale, etc. (1)
- **Repère et travaille les différentes intonations :**
  - ascendante ↗
  - descendante ↘
  - neutre →
- **Joue avec le rythme et le ton.** Décide à quel moment le rythme sera plus lent ou plus rapide en lien avec l'intonation. (2 et 3)
- **Joue avec les sons.** Tu peux mettre l'accent sur certains mots clés et les mettre en avant en jouant sur leur sonorité. (4)
- **Mets en place des outils de codage** sur le texte à travailler, par exemple:

1. Veux-tu transmettre... **colère ? douceur ? rébellion ? moquerie ? orgueil ? autorité ?** etc.

2. **Des mots ou des phrases articulés lentement** peuvent indiquer la menace, la tristesse, la tendresse... Au contraire, **un débit rapide** pourrait indiquer l'affolement, le stress, la colère...

3. Pose-toi aussi ces questions : vais-je ajouter des **pauses ? des silences ? couper la parole ?**

4. Entraînez-vous à les dire **à haute voix** de façon exagérée : en allongeant ou en accentuant un son...

Des couleurs pour l'expression des sentiments, le ton.
Par exemple :
amour
colère
étonnement
neutre
...

↗ intonation ascendante
↘ intonation descendante
→ intonation neutre

La escena tiene lugar entre una joven y su criada[1].

ADELA: [...] ¡Mi cuerpo será de quien yo quiera!
LA PONCIA: *(Con intención y en voz baja.)* De Pepe el Romano, ¿no es eso?
ADELA: *(Sobrecogida*[2]*)* ¿Qué dices?
LA PONCIA: ¡Lo que digo, Adela!
ADELA: ¡Calla!
LA PONCIA: *(Alto)* ¿Crees que no me he fijado[3]?
ADELA: ¡Baja la voz!
LA PONCIA: ¡Mata esos pensamientos!
ADELA: ¿Qué sabes tú?
LA PONCIA: Las viejas vemos a través de las paredes. ¿Dónde vas de noche cuando te levantas? [...]
ADELA: ¡Calla!
LA PONCIA: ¡No callo! [...]
ADELA: Es inútil tu consejo. Ya es tarde. No por encima de ti, que eres una criada, por encima de mi madre saltaría para apagarme este fuego que tengo levantado por piernas y boca. ¿Qué puedes decir de mí? ¿Que me encierro en mi cuarto y no abro la puerta? ¿Que no duermo? ¡Soy más lista que tú! Mira a ver si puedes agarrar la liebre[4] con tus manos.
[...]
LA PONCIA: ¡Tanto te gusta ese hombre!
ADELA: ¡Tanto! Mirando sus ojos me parece que bebo su sangre lentamente.

Federico García Lorca (español), *La casa de Bernarda Alba*, 1936

/ (pause, respiration, mais enchaînement)

‿ (liaison)

/ + Ø (silence)

Occupe l'espace et utilise ton corps.

Pense à porter ta voix jusqu'au fond de la classe sans crier et à te tourner vers le public.
Accompagne tes répliques de déplacements et de gestes.

Interpréter un texte, c'est le comprendre et se l'approprier. Chaque représentation est unique !

PROYECTO

EN EQUIPO

Escribimos y representamos una escena teatral de amor.

Expresión guiada

Interpréter un texte

PREPARACIÓN

1. **Cada grupo elige:**
   a) un **tipo de historia** de amor diferente:
   amor imposible | amor eterno | amor recíproco | amor a primera vista | amor apasionado | ...
   b) los **personajes:**
   dos jóvenes y sus familias | un chico y su vecina | dos niños | un grupo de amigos | ...
   c) el **lugar** en donde se situará la acción:
   una casa | una clase | una calle | una fiesta | un autobús | ...
2. **Redactad los diálogos** (de 8 a 10 réplicas) **y las didascalias** (breves indicaciones para vuestra representación: lugar donde transcurre la acción, su descripción, actitudes y movimientos de los personajes, tonos de voz, vestuario, etc.)
3. **Organizad vuestra historia:** situación inicial, problema o elemento perturbador y desenlace.

REALIZACIÓN

4. **Dad voz a vuestro diálogo** siguiendo los consejos de la p. 166 ("Expresión guiada") y aprended de memoria vuestras réplicas. Representad la escena.

HAZ TU PROYECTO CON LAS TIC. EVA2169

Evaluación

COMPRENSIÓN ESCRITA

Aquella mirada

Lee el texto que te dará tu profesor.

1. **Identifica el número de personajes y el tema de la historia.**
2. **Cita al menos 3 elementos para hacer la descripción física de la chica y di qué indican sobre ella.**
3. **Citando el texto, señala qué elemento cambia positivamente la vida del protagonista.**
   Lo que cambia la vida del protagonista es ...
4. **Busca en el texto el campo léxico del cuerpo y di con qué intención aparece.**
   Las palabras ... quieren evocar un sentimiento de ...
5. **¿Verdadero o falso? Justifica tus respuestas.**
   a) Los personajes se conocen.
   b) Eliseo muere de un ataque del corazón.
   c) *La historia de un segundo* (título) es una historia de amor.

EXPRESIÓN ORAL EN INTERACCIÓN

(10 min. de preparación + 5 min. de diálogo)

¡Vamos al teatro!

Alumno A: Tienes que convencer a tu amigo para que te acompañe al teatro a ver una obra y mostrarle que ir al teatro es vivir una experiencia emocional fuerte.

Alumno B: No te interesa el teatro, nunca has asistido a una obra. Tienes que explicar a tu amigo por qué no te gusta mucho este arte.

(Pensad en reutilizar los objetivos gramaticales y lexicales del capítulo.)

Y ahora que has estudiado el capítulo, contesta la problemática:

¿Cómo las artes expresan emociones?

1 • IMITANDO A LOS GRANDES: *¿Se copia o se crea?*

A cada cual lo suyo[1]

DATOS claves
Francisco de Goya (p. 213)

Rosario Weiss. *Retrato de Goya*, 1826. Museo Lázaro Galdiano, Madrid

Rosarito muestra a su padre, el artista Goya, su cuaderno de dibujo.

—¿Qué te parece? Lo hice ayer.

Goya mira el dibujo que ha hecho Rosarito, un dibujo muy académico, pero de gran calidad, impropio de una niña. Asiente[2] aprobatorio:

—Muy bien. Estás progresando mucho. Si sigues así, serás mejor que tu padre. La niña sonríe feliz.

—Pero...

La niña espera la continuación de la frase.

Goya se vuelve hacia la niña para añadir:

—Está bien copiar, yo también lo he hecho, hice copias de Velázquez, no muy afortunadas, por cierto... ¡Como todos los grandes maestros, él es inimitable! Se aprende copiando, se suelta[3] la mano, se ve por dónde iban ellos... Tú eres todavía muy joven y no importa, pero poco a poco conviene que vayas buscando tu propio camino, un camino por donde solo tú puedes ir. Acepta las influencias de los demás; son necesarias. Pero ¡a cada cual lo suyo! Y tú, con lo tuyo[4], mejor o peor, pero con lo tuyo.

Carlos Saura (español), Guion de la película *Goya en Burdeos*, 1999

"Rosarito", Rosario Weiss (1814-1843)

La protagonista de este texto tuvo mucho talento para el dibujo desde muy pequeña y Goya le enseñó a dibujar. No está demostrado que Goya fuese su padre, lo que realmente importa es que el pintor la quiso como si fuera su hija. A pesar de haber muerto a los 28 años, realizó una gran cantidad de obras de calidad.

ANTICIPA. Di qué sabes sobre Goya y de su estilo artístico. Puedes consultar los Datos claves (p. 213) si no conoces a este artista.

LEE. 1 Presenta a los personajes y el tema de la conversación.

2 ¿Qué relaciones se establecen entre los personajes? Justifica.

3 Indica la opinión que tiene Goya sobre Velázquez.

4 Según Goya, ¿por qué etapas debe pasar un artista para ser único?

REACCIONA. Y tú, ¿qué opinas? Los grandes artistas ¿imitan o crean? Justifica con el ejemplo de uno o varios artistas.

1. a cada cual lo suyo: *à chacun son style*
2. asentir: *acquiescer*
3. soltar la mano: *(exp.) se faire la main*
4. con lo tuyo: *ta spécialité*

Para expresarte

- el aprendiz: *l'apprenti*
- un consejo
- ACONSEJAR
- ANIMAR
- ESTIMULAR
- FELICITAR = HACER elogios
- MATIZAR: *nuancer*
- SEGUIR [i]: *continuer, suivre*

Interpretando a Murillo

DATOS claves
Bartolomé Esteban Murillo
[p. 213]

Murillo (español), *Niños jugando a los dados* (140 x 108 cm), 1675. Museo Nacional Bávaro (Múnich)

Laura León y José Antonio de Lamadrid (españoles), *Generación Z*, 2018

ANTICIPA. Lee los Datos claves (p. 213) sobre Murillo. Da 3 informaciones que muestran que es una referencia del arte español.

OBSERVA. 1 Mirad la obra *Generación Z*. Libros cerrados, pregunta a los compañeros qué han observado.

2 ¿Qué diferencias y qué semejanzas observas con la obra de Murillo?

3 Di cómo se pasan el día jugando los niños en cada una de las épocas.

4 Indica qué recursos contribuyen a crear un ambiente similar al cuadro.

5 ¿Cuáles pueden ser las intenciones de los fotógrafos al recrear un cuadro clásico?

ACTÚA. Realizad el cuadro vivo de estas obras. Dad voz a la obra de Murillo y de los fotógrafos inventando diálogos para los personajes.

REFLEXIONA. ***Copiar o imitar, ¿es también crear?***

Para expresarte

- (ESTAR) atento
- la cesta: *le panier*
- (ESTAR) de pie, sentado
- las frutas
- las galletas
- los harapos: *les haillons*
- la jarra: *la cruche*
- nuevo
- la ropa
- roto: *cassé*

Gramática

Ser et estar [p. 174]

Es un cuadro *de Murillo.*
Rosarito ***está muy orgullosa*** *de su trabajo*
Estás progresando *mucho.*

Seguir + gérondif [p. 175]

La joven artista ***sigue buscando*** *su camino.*
Si sigues el camino de tu padre serás una gran artista.

Les verbes d'opinion + indicatif ou subjonctif [Précis, p. 232]

Me ***parece que*** *el fotógrafo* ***quiere*** *rendir homenaje al gran pintor.*
No ***pienso que*** *recrear un cuadro* ***sea*** *una creación original.*

Nuevo arte urbano en Bolivia EVA2170

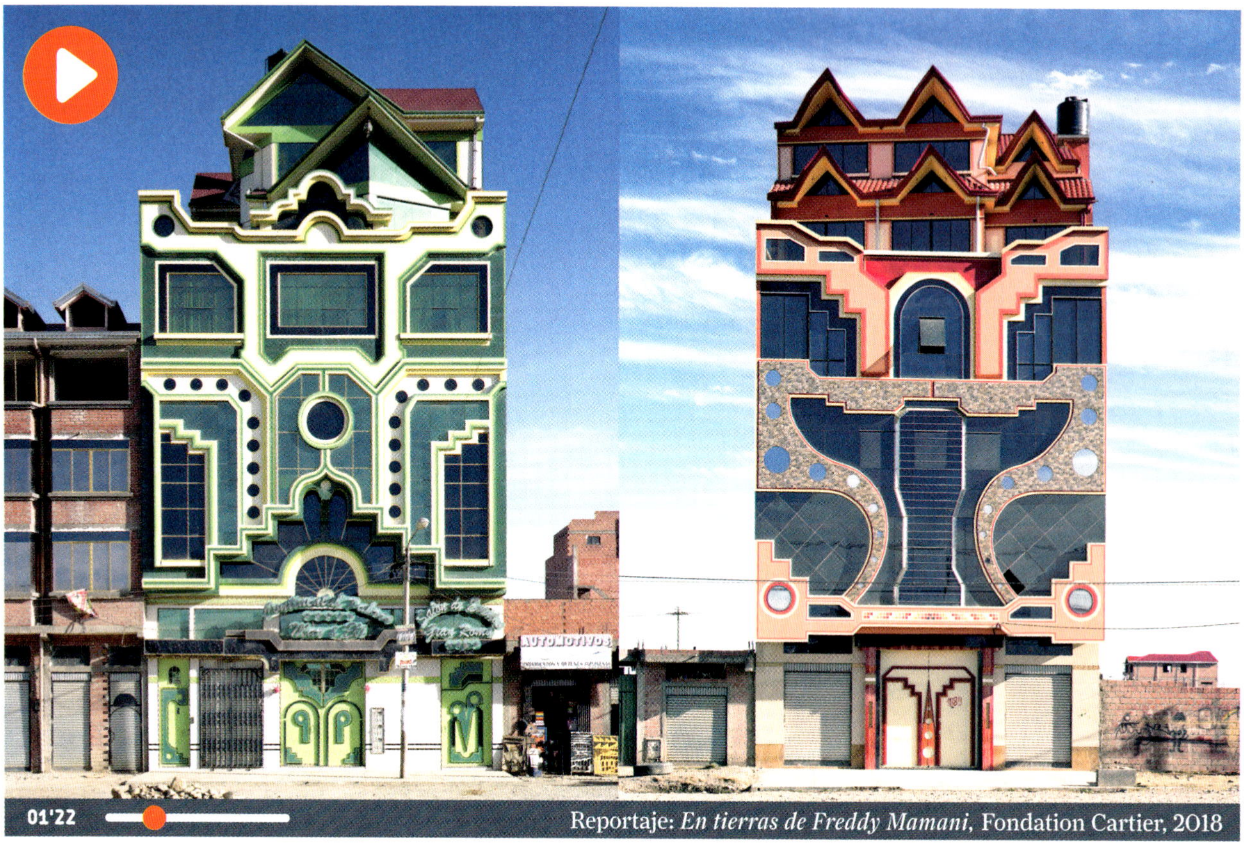

DATOS claves
El Alto (Bolivia) (p. 213)

- algo = un poco
- pujante = dinámico
- los colores chillantes: *les couleurs criardes*
- los "Quince años": *fête traditionnelle pour célébrer les 15 ans des jeunes filles*
- "ajayu" = energía cósmica

PÉDAGOGIE DIFFÉRENCIÉE
EVA2171

ANTICIPA. Fíjate en las fotos. A tu parecer, ¿de qué puede tratar el vídeo?

MIRA EL VÍDEO. (1) ¿Quién es el locutor? Justifica tu respuesta.

(2) Di qué describe y qué calificativos usa en su descripción.

(3) ¿De qué se inspiró el artista?

(4) Según el locutor, los edificios que ha creado aparecen como algo "rebelde e inaceptable". ¿Cómo lo explicas?

(5) Di para qué sirven ahora esos edificios renovados.

ACTÚA. Teniendo en cuenta lo positivo de este nuevo arte, intenta convencer al alcalde de El Alto para que siga confiando en el arquitecto Freddy Mamani.

Para expresarte

- el alcalde: *le maire*
- la alegría
- los antepasados = los ancestros
- un arquitecto, la arquitectura
- (SER) atractivo
- colorido
- las fachadas
- (SER) fascinante
- DAR vida a
- EMBELLECER
- RENOVAR [ue]
- REVITALIZAR

Un templo al arte urbano

Okuda San Miguel concibe* todos estos ejemplos como una manera no solo de preservar la historia, sino también de poder cambiarla. **"Es como darles una nueva vida, como que un elemento clásico se reencarne en otro contemporáneo."**

El Mundo, 2018

* concebir: *concevoir*

Okuda San Miguel (español), Iglesia de Santa Bárbara (Llanera, Asturias)

OBSERVA. (1) Describe las fotos: insiste en el lugar, los colores y los motivos.

(2) Imagina por qué se transformó este edificio, cómo era antes y cuáles fueron los argumentos que se avanzaron para cambiarlo.

(3) Fíjate en la frase de Okuda en el artículo de *El Mundo*. ¿Estás de acuerdo con lo que dice el artista? Justifica.

REACCIONA. Comenta estos murales. ¿Qué opinas?

Me...

chocan | sorprenden | gustan | hacen sonreír

REFLEXIONA. ***¿Te parece útil el trabajo realizado por los artistas Freddy Mamani y Okuda San Miguel?***

Para expresarte

- la calavera: *la tête de mort*
- un grafitero
- el techo: *le plafond*
- una obra maestra
- las paredes: *les murs*
- una rampa de skate
- un sacrilegio
- APROPIAR(SE) de
- MEJORAR

Gramática

No ... sino / No ... sino que... [p. 175]

*Los grafiteros **no** son vándalos **sino** artistas urbanos.*
*El arquitecto **no** quiere ser solo un decorador de exteriores, **sino que** desea realmente transformar su ciudad.*

Les verbes de type *gustar* [p. 175]

*A mí **me sorprende** la forma de pintar de Okuda.*
***Te encantan** esos grafitis pero a mí **me chocan** mucho.*

PROYECTO

EN EQUIPO

Creamos una mini exposición y la presentamos a la clase.

PREPARACIÓN

1. **Seleccionad un tema y varios artistas, o un artista con varias de sus obras.**
Elegid un(os) artista(s) del ámbito hispano.

2. **Buscad cada uno de vosotros 2 obras.**
Elegid bien las obras para que vuestro público sienta curiosidad por verlas y esté atento cuando las presentéis.

3. **Preparaos para hacer la presentación de los cuadros** (repasad el léxico de las pp. 176-177).
Explicad también por qué habéis elegido las obras.
Muchas pueden ser las razones:
   - técnica o materiales utilizados
   - forma de tratar un tema
   - colores
   - originalidad
   - composición
   - estética
   - etc.

4. **Determinad el título de vuestra exposición.**
Debe ser un título original y que, por supuesto, esté relacionado con los cuadros elegidos.

REALIZACIÓN

5. **Montad vuestra exposición y presentadla a la clase.**
a. Decid por qué habéis elegido vuestra temática.
c. Por turnos, presentad brevemente cada obra.
c. Explicad también por qué las obras expuestas responden al título de vuestra exposición.

HAZ TU PROYECTO CON LAS TIC. EVA2172

Evaluación

EXPRESIÓN ORAL (2 minutos)

Presenta a un artista que te gusta.
Tienes 2 minutos para presentarlo y decir por qué te gusta su arte.

COMPRENSIÓN ESCRITA

El secreto de Picasso
Lee el texto que te dará tu profesor.

1. **Di cómo se llaman los dos protagonistas.**
2. **Indica el tema de la conversación:**
a) un secreto
b) el talento
c) la naturaleza
d) los artistas
e) los magos
3. **Apunta las tres cualidades que debe tener un artista para los protagonistas.**
4. **Di si la afirmación es verdadera o falsa:**
Todos los artistas son genios.

Y ahora que has estudiado el capítulo, contesta la problemática:
¿Puede el arte romper todas las reglas?

De cine

Un perro andaluz, una película surrealista

DATOS claves
El surrealismo (Dalí y Buñuel) (p. 214)

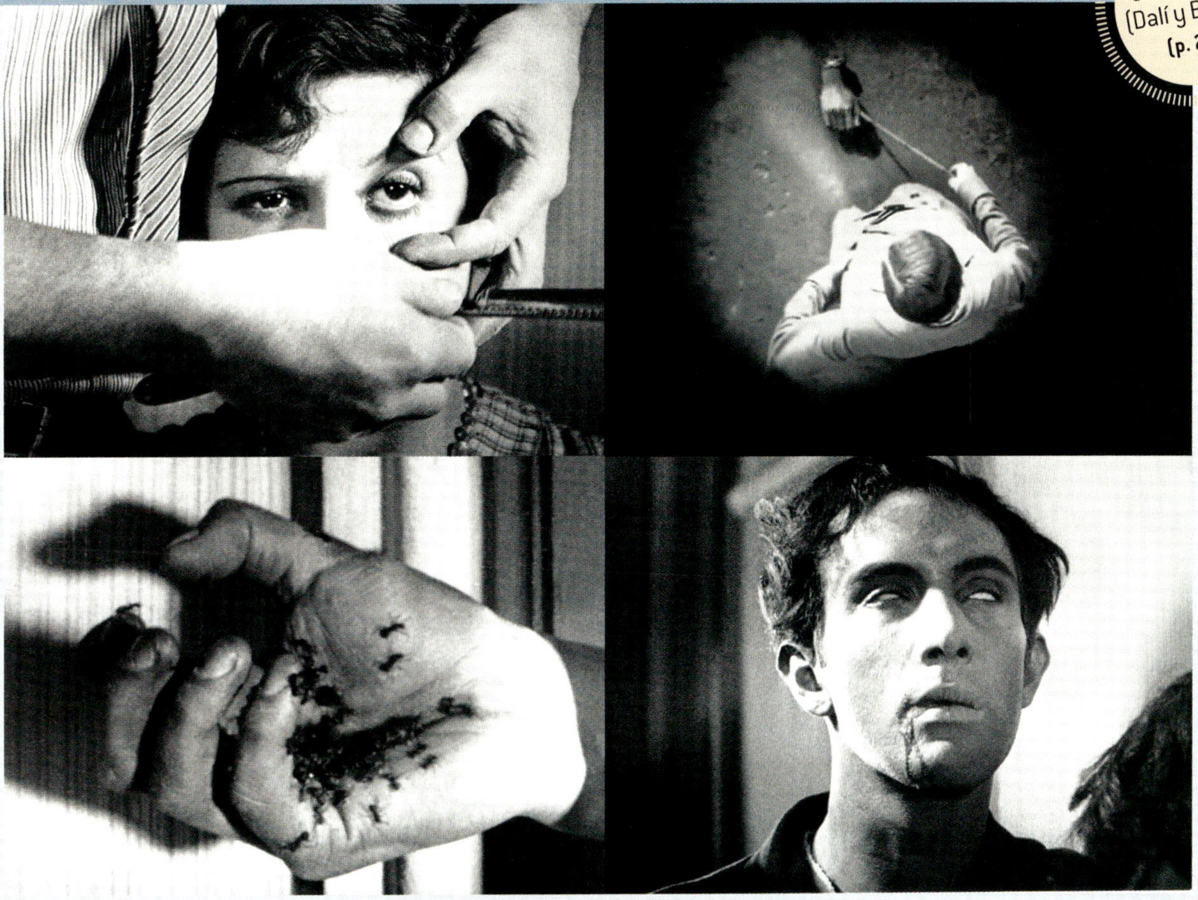

En *Un perro andaluz* (*Un chien andalou*) no aparece ningún perro ni ningún andaluz. Se cree que el título es un «homenaje» surrealista a Federico García Lorca. [...] Buñuel tenía 29 años (fue su primera peli[1]) y Dalí 25. Ambos[2] decidieron hacer un cine experimental, surgido lo más directamente posible del subconsciente. Buñuel declaró:

«Escribimos el guion en menos de una semana, siguiendo una regla muy simple: no aceptar idea ni imagen que pudiera dar lugar[3] a una explicación racional, psicológica o cultural».

Efectivamente, todo en la película escapa de la lógica. El guion, escrito en seis días, plasmaba[4] las primeras imágenes que les venían a la mente a los dos jóvenes, entre ellas la famosa navaja[5] en el ojo (que nadie se asuste... en realidad era el ojo de una vaca comprado en una carnicería). Imaginad el desconcierto de la gente cuando vio la película en el estreno[6]. No sólo por la escenita de la navaja. [...]
El caso es que *Un perro andaluz* se convirtió en una indiscutible película de culto que marcó a miles de cineastas y otros artistas posteriores.

Miguel Calvo Santos, historia-arte.com/un-perro-andaluz

1 Unos fotogramas inquietantes.
Observa los fotogramas y lee el texto.
a. ¿Qué particularidades tiene esta película?
b. ¿Por qué piensas que era poco convencional?

2 Esta película se ha vuelto un clásico del cine surrealista.
Infórmate sobre las características de este movimiento artístico.

3 Propón una corta historia a partir de estos fotogramas.
Decide el orden que quieres darles y no olvides que tu historia tiene que ser surrealista.

1. peli = película
2. ambos: *les deux*
3. que pudiera dar lugar: *qui puisse donner lieu*
4. plasmar: *refléter*
5. navaja: *couteau, canif*
6. el estreno: *la première (au cinéma)*

Capítulo 15

Les adverbes de manière [Précis, p. 238]

Bebo su sangre ***lentamente****.*

Las bocas luchan ***tibiamente****.*

Les adverbes sont **invariables**. Ils accompagnent le verbe, un autre adverbe et parfois un adjectif.

Les **adverbes de manière** se forment à partir de la forme féminine de l'adjectif + *-mente*.

loco → *loca* → *locamente*

rápido → *rápida* → *rápidamente*

1 Forme des adverbes de manière.

a) La mira de manera romántica.

b) No puede imaginar su vida sin pensar en ella de manera nostálgica.

c) Adela contesta de manera rápida.

d) Estos enamorados actúan de manera inconsciente.

2 Traduis les phrases suivantes :

a) Adela voit les choses différemment.

b) C'est vraiment une belle histoire d'amour.

c) Elle a agi individuellement.

3 Transforme la phrase en utilisant un adverbe (passe par l'adjectif). Ex. : *La besa con mucha fuerza* **(nom) →** *fuerte* **(adjectif) →** *La besa fuertemente.*

a) Vive con mucho peligro.

b) Ella lo recuerda con dificultad.

c) Se van a amar para la eternidad.

d) Se hablan con mucha violencia.

e) Se dan besos tiernos.

f) El flechazo llega de modo súbito.

g) Viven su amor con inocencia.

EVA2173

Capítulo 16

Ser et *estar* [Précis, p. 233]

Le verbe « être » se traduit en espagnol par *ser* ou *estar*.

Es un cuadro de Murillo.

El dibujo que ha hecho Rosarito es muy académico.

Ser s'emploie pour **désigner**, **caractériser**, exprimer une **qualité essentielle**, **profonde**.

Rosarito está muy orgullosa de su trabajo

Estar s'emploie pour indiquer un **état lié aux circonstances**, même durable.

Estás progresando mucho.

On emploie *estar* + gérondif pour exprimer une action en train de se faire.

4 Complète les phrases avec ***ser*** **ou** ***estar*****.**

a) Goya ... un pintor famoso.

b) Sus obras ... clásicas pero reconocibles.

c) Los fotógrafos ... organizando una exposición en Valencia.

d) El espectador ... sorprendido con esta recreación artística.

5 Traduis les phrases suivantes :

a) Les deux personnages sont en train de s'embrasser.

b) Adela est amoureuse de Pepe el Romano.

c) La Poncia est une femme très curieuse, mais Adela est maline.

d) Cette œuvre est impressionnante, je suis ému.

e) Nous sommes étonnés de lire ce texte.

f) Est-ce que tu es d'accord avec elle ?

g) Ce qu'Adela est en train de ressentir est de l'amour ; c'est un coup de foudre.

6 Forme un maximum de phrases avec les éléments suivants. Attention aux accords.

a) El artista (*ser/estar*) ... .

b) La hija de Goya (*ser/estar*) ... .

c) Este famoso cuadro (*ser/estar*) ... .

d) Los niños del cuadro (*ser/estar*) ... .

e) Tanto Murillo como Goya (*ser/estar*) ... .

- contento de su obra
- extraordinarios
- mirando el móvil
- muy ocupados jugando
- pequeño/a(s)
- siendo copiado
- un genio
- de Murillo
- lanzando los dados
- muy guapos
- original
- pintor/a
- talentuoso
- vestidos con ropa limpia

EVA2174

Capítulo 16

Seguir + gérondif [Précis, p. 231]

*La joven artista **sigue buscando** su camino.*
*Velazquez y Murillo **siguen siendo** un modelo para los pintores.*
Seguir + gérondif indique la **continuité** et signifie « continuer à ».

***Si sigues el camino** de tu padre serás una gran artista.*
Suivi d'un nom, *seguir* signifie « suivre », comme en français.

7 Traduis les phrases suivantes :
a) Todos los artistas siguen un ejemplo antes de afirmar su estilo.
b) Rosarito sigue escuchando los consejos de su maestro.
c) Para tener talento, hay que seguir pintando cada día.
d) Si no seguimos un estilo de arte, es porque seguimos dudando.

8 Reconstruis les phrases :
a) el tiempo - a videojuegos - se pasan - Los jóvenes - jugando
b) estas técnicas - tu propio estilo - Si quieres - seguir - sigue utilizando
c) vas a tener - así - Si sigues - mucho talento - rápidamente

EVA2175

Capítulo 16

No ... sino / No ... sino que ... [Précis, p. 234]

Pour exprimer **la restriction**, il existe deux structures.

*Los grafiteros **no** son vándalos **sino** artistas urbanos.*
Sino remplace *pero* **dans la phrase négative**. On emploie alors la structure *no ... sino ...*

*El arquitecto **no** quiere ser solo un decorador de exteriores, **sino que** desea realmente transformar su ciudad.*
Si le deuxième terme est une proposition, on utilise *sino que*.

9 Complète les phrases avec *sino* ou *sino que*.
a) El grafiti no solo es una forma de expresión ... es una forma de arte.
b) Pintar grafitis no es vandalizar ... mejorar la imagen de la ciudad.
c) Un arquitecto no solamente es un diseñador ... un artista.

10 Traduis les phrases suivantes :
a) Freddy Mamani n'est pas un peintre mais un architecte.
b) Certains graffeurs peignent non seulement des murs mais aussi des bâtiments.
c) L'art urbain n'est pas connu qu'en Europe, mais est aussi présent dans toute l'Amérique Latine.

EVA2176

Capítulo 16

Les verbes de type *gustar* [Précis, p. 228]

***Me sorprende** la forma de pintar de Okuda.*
***Nos gustan** los grafiteros latinoamericanos.*
Pour exprimer un **goût**, un **sentiment**, une **préférence** (tournures affectives), certains verbes **se conjuguent à la 3ᵉ personne** du singulier ou du pluriel. Le verbe **s'accorde** avec le sujet **placé après lui.**
Pour faire apparaître la **personne** qui ressent ce sentiment, le verbe est précédé des **pronoms personnels COI** correspondants (*me*, *te*, *le*, *nos*, *os*, *les*).

A ti te encantan esos grafitis pero a mí me chocan mucho.
Lorsque l'on veut insister sur **la personne,** le pronom personnel doit être précédé de *a* + *mí*, *ti*...
Suivis d'un **infinitif**, les verbes de type *gustar* se conjuguent à la **3ᵉ personne du singulier**.

11 Construis des phrases avec les éléments suivants :
a) nosotros - chocar - la arquitectura de Mamani
b) vosotros - sorprender - las iglesias revisitadas por Okuda
c) (yo) encantar - el arte urbano
d) (tú) gustar - la ciudad de El Alto

12 Utilise la tournure affective qui convient le mieux
Ex. : *Para mí, es un edificio muy bonito → ¡Me encanta este edificio!*
a) Los habitantes dicen que estos edificios son horribles.
b) Según ella, este grafiti es un escándalo.
c) Para ti, la arquitectura de Mamani es insólita.

EVA2177

Vocabulario

+ d'exercices interactifs pour mémoriser EVA2178

CREACIÓN Y ARTE

EVA2179

Los sentimientos y las emociones

Capítulo **15**

- el amor
- el deseo
- la desorientación
- la emoción
- los escalofríos
- el flechazo
- la locura
- el miedo
- la pasión
- la risa
- la sorpresa
- (ESTAR) asustado
- (lo) divertido
- (lo) excéntrico
- (lo) extraño
- (lo) incomprensible
- (lo) impresionante
- (lo) increíble
- (ESTAR) loco por
- románticamente
- ASUSTAR
- DAR miedo
- DAR un beso
- ENAMORAR(SE)
- GRITAR
- GUSTAR
- PASAR miedo

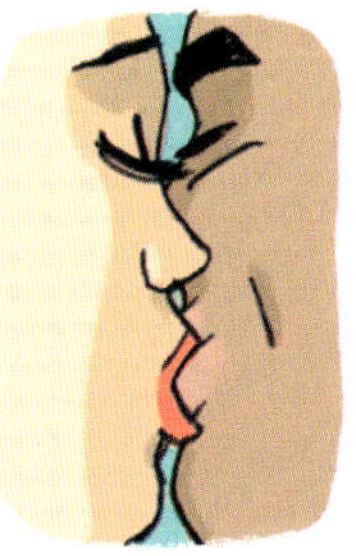

Los estilos artísticos

Capítulos **15** y **16**

- las influencias
- las reglas
- la ruptura
- abstracto
- académico
- antiguo ≠ moderno/contemporáneo
- barroco
- clásico
- figurativo
- minucioso
- realista
- surrealista
- vanguardista
- ADOPTAR
- IMPRESIONAR
- INNOVAR
- PROTESTAR
- REIVINDICAR
- REPRESENTAR
- RESPETAR
- ROMPER con
- SEGUIR [i] con

Describir un cuadro

Capítulos **15** y **16**

- un autorretrato
- los colores: azul, rojo, verde...
- un detalle
- las dimensiones
- el elemento central
- las formas geométricas, redondas, cuadradas, alargadas...
- la luz
- el movimiento
- un paisaje
- la perspectiva
- los planos
- la representación
- un retrato
- el tamaño
- en blanco y negro
- ESTAR sentado, de pie, de frente, de espaldas
- ESTAR
- REPRESENTAR
- TITULAR(SE)

Capítulo **15**

1 Busca los intrusos.

a) novela - autor - poema - teatro

b) metáfora - flechazo - miedo - pasión - sorpresa

2 Escribe 3 frases empleando las palabras de la rúbrica "Los sentimientos y las emociones" y "Las artes literarias".

Capítulos **15** y **16**

3 ¿A qué palabras corresponden estas definiciones?

a) Dimensiones físicas de una cosa material.

b) Artístico, de bello aspecto.

c) Alterar las cosas introduciendo novedades.

4 Busca los antónimos de:

a) crear - b) moderno - c) de colores

Pronuncia
en voz alta

Capítulo 16

Las artes visuales

- un actor
- un artista
- la cámara
- el cine
- un cuadro
- el director de la película
- una exposición
- la fotografía, el fotógrafo
- el guion
- un maestro
- un museo
- una obra de arte
- una obra maestra
- la pintura, el pintor
- un retrato
- comprometido
- creativo
- estético
- (SER) inimitable
- inspirado
- original
- COPIAR
- CREAR
- DIBUJAR
- FOTOGRAFIAR
- INMORTALIZAR
- MOSTRAR [ue]
- OBSERVAR
- PINTAR
- PLASMAR
- REPRESENTAR
- REPRODUCIR
- RETRATAR

Capítulo 15

Las artes literarias

- un autor
- un escritor
- una estrofa
- la literatura
- una metáfora
- una novela
- una obra de teatro
- un poema
- la poesía
- los recursos
- las rimas
- el teatro
- un verso
- ESCRIBIR
- EXPRESAR
- LEER

Capítulo 16

El arte en la ciudad

- un arquitecto
- los edificios
- las fachadas
- el grafiti, un grafitero
- un mural
- una plantilla
- arquitectónico
- (el arte) callejero
- (el arte) urbano
- CONSTRUIR
- EDIFICAR
- RENOVAR [ue]
- REVITALIZAR
- INSPIRARSE de

Capítulo **16**

5 **¿Qué nombres corresponden a los verbos siguientes?**
a) pintar - b) crear - c) exponer

6 **Busca los sinónimos de:**
a) enseñar (una foto, un cuadro...) - b) un cuadro - c) copiar

7 **Da la definición de la palabra "grafiti" usando las palabras de la rúbrica "El arte en la ciudad".**

ACENTUACIÓN EVA2180

1 **Escucha estas palabras y di qué vocal está acentuada (vocal tónica, no necesariamente con un acento escrito).**

miedo - impresionante - influencias
abstracto - minucioso - museo - grafiti
deseo - paisaje - poema - teatro

ENTONACIÓN EVA2181

2 **Escucha estas frases y di qué tipo de emoción expresa cada una.**

¿amor?	¿miedo?
¿alegría?	¿sorpresa?
¿decepción?	¿enfado?
¿tristeza?	¿aburrimiento?
¿admiración?	

3 **Elige 5 emociones del ejercicio 2, inventa una frase para cada una de ellas y léelas con el tono necesario.**

TRABALENGUAS EVA2182

4 **Escucha y repite.**

Dices que te quiero poco.
Quieres que te quiera más.
Te quiero más que me quieres.
¿Qué más quieres?
¿Quieres más?

5 **Teatraliza e interpreta este mismo trabalenguas con otras entonaciones. Fíjate en la nueva puntuación.**

¿Dices que te quiero poco?
¿Quieres que te quiera más?
¡Te quiero más que me quieres!
¿Qué más quieres?
Quieres más...

TEMA 08

EL PLANETA Y EL FUTURO

Capítulo 17 NUESTRO PLANETA HOY

¿Fuente de inquietud?

1. SEQUÍA EN ESPAÑA
2. LATINOAMÉRICA CODICIADA

PROYECTO. Creamos una campaña para la protección del medioambiente.

Expresión guiada

Élaborer une campagne de sensibilisation.

¿Qué evoca esta imagen para ti?

10'

¡QUIZ!

Vocabulario
Gramática
Cultura

EVA2183

Capítulo 18 SOLUCIONES PARA MAÑANA

¿Es posible evitar un escenario apocalíptico?

1. COSMOVISIÓN INDÍGENA

2. SOLUCIONES A LA VISTA

PROYECTO. Redacto el final de una leyenda azteca.

Expresión guiada *Rédiger la suite d'une histoire.*

Capítulo 19 NOSOTROS EN EL 2050

¿Viviremos mejor?

1. VIAJAR POR EL ESPACIO

2. LLEGAN LOS HUMANOIDES

3. NUESTRA VIDA COTIDIANA EN EL FUTURO

PROYECTO. Participo en el concurso: "Mejorar el mundo".

Proyecto turístico científico en Cantabria (España)

UTILIZAR

Vocabulario

- la naturaleza
- el impacto humano
- las catástrofes naturales
- las soluciones
- la cosmovisión indígena
- el tiempo
- el espacio
- los avances tecnológicos

Gramática

- *le conditionnel*
- *la phrase conditionnelle*
- por / para
- *la voix passive*
- *les pronoms personnels COD et COI*
- *le futur de l'indicatif*

DESCUBRIR

- la desertificación en España
- la deforestación en la Amazonia
- la cosmovisión de civilizaciones prehispánicas
- una leyenda indígena
- tecnologías del futuro
- grandes autores: A. Caso, E. Galeano

De cine

La zona,
una serie postapocalíptica

Calentando MOTORES

Veo veo... ¿Qué veis?

1 Asociad palabras con las imágenes. Recordad otras que no estén en la nube de palabras.

2 ¿Qué palabras podéis asociar a cada uno de estos temas? (Intentad encontrar un máximo de palabras.)

1) NUESTRO PLANETA HOY
2) SOLUCIONES PARA MAÑANA
3) NOSOTROS EN 2050

3 En 2050 nuestra vida habrá evolucionado. Tienes 3 minutos para imaginar un máximo de cosas. Compártelas luego con el resto de la clase. ¿Cuáles son las predicciones más comunes? ¿Y la más original? Podéis utilizar los verbos: *ir, existir, ser, hacer, tener, vivir, deber, haber.*

El ... será... / En ... habrá... / ...

solución
deforestación CUIDAR
EXPLORAR
calor CAMBIAR futuro
SUFRIR selva catástrofe natural
temperatura DESCUBRIR
población indígena contaminación
MEJORAR basura planeta
estrella naturaleza PROTEGER
medio ambiente contaminado
VIVIR ciencia-ficción
virtual INVENTAR fauna
eólicas

El pasapalabra EVA2184

Escuchad las definiciones y adivinad de qué palabras se trata.

1) la F _ _ _ _
2) el C _ _ _ _
3) C _ _ _ _ _ _ _ _ _ _
4) la P _ _ _ _ _ _ _ _
5) el F _ _ _ _ _
6) el E _ _ _ _ _ _
7) un R _ _ _ _
8) M _ _ _ _ _ _ _

Intentad dar la definición de una palabra relacionada con una de las imágenes de estas 2 páginas.

Oigo cantar EVA2185

Escucha la canción *Europa VII*, de La oreja de Van Gogh (grupo español de pop). Apunta las palabras que oyes relacionadas con un viaje por el espacio.

Tomo la palabra

¿Qué causa te gustaría defender para el futuro del planeta? Justifícalo con 2 ejemplos.

A mí gustaría defender ... porque...
Desearía defender...

1 • SEQUÍA EN ESPAÑA: *¿Fuente de inquietud?*

Peligro de desertificación EVA2186

00'50 Reportaje: *España en peligro de desertificación*, RNE radio 5, 2017

Pedro Armestre / Mario Gómez

Arriba: plantaciones de naranjos en Sumacarcer (Valencia)
Abajo: años después si no se actúa contra el cambio climático (recreación fotográfica)

- la falta: *le manque*
- grados: *degrés*
- la sequía: *la sécheresse*
- forestal: *qui concerne les forêts*
- mejorar: *améliorer*
- sobrepastoreo: *le surpâturage (exploitation excessive d'une surface par le bétail)*

PÉDAGOGIE DIFFÉRENCIÉE EVA2187

ANTICIPA. a. Observa y describe las fotos.
b. ¿Qué significa la desertificación para ti? ¿Cuáles podrían ser las causas?

ESCUCHA. 1 ¿Qué palabras reconoces?

2 Di qué superficie de España sufre desertificación y cita al menos:
a) 2 causas,
b) 2 soluciones.

3 ¿A qué parte del mundo se parece el paisaje español y por qué?

REACCIONA. Para ti, ¿cuál sería la mejor solución para luchar contra la desertificación? ¿Por qué?

Para expresarte

- el aumento de las temperaturas
- el cambio
- el peligro: *le danger*
- AMENAZAR, una amenaza: *menacer, une menace*
- CORRER el riesgo
- EVITAR
- LUCHAR contra = COMBATIR
- SOLUCIONAR = REMEDIAR

¿Predicciones?

Bernardo Vergara, eldiario.es, 2017

1. convertirse en = transformarse en
2. por = a causa de
3. un campo: *un champ*

OBSERVA Y LEE. (1) Describe la viñeta. ¿Dónde están los personajes? ¿Qué era antes este paisaje?

(2) **a.** Explica la réplica del niño.
b. Di por qué esta viñeta es humorística.

(3) ¿Cuál es la intención del dibujante? Justifica tu respuesta.

hacer gracia | denunciar | dar miedo | informar

(4) "El 80% de España podría convertirse en desierto este siglo por el cambio climático." Explica por qué se utiliza el condicional en el dibujo.

ACTÚA. Realiza una viñeta humorística sobre la desertificación (inspírate en la que acabas de ver: con dos globos y utilizando el condicional).

REFLEXIONA. *Di cuáles podrían ser las consecuencias de la sequía a largo plazo (piensa en los seres humanos, pero también en la fauna, la flora, etc.).*

Para expresarte

- el calentamiento global: *le réchauffement climatique*
- el clima
- el efecto invernadero: *l'effet de serre*
- un fenómeno climático
- el hábitat
- una hipótesis
- AGOTAR(SE): *(s')épuiser,* el agotamiento
- DESAPARECER, la desaparición

Gramática

Le conditionnel [p. 202]

El 80% de España ***podría*** *convertirse en desierto.*

La traduction de « devenir » [Précis, p. 240]

El 80% de España podría ***convertirse*** *en desierto.*

por / para [p. 202]

España es el país de la Unión Europea que más está afectado ***por*** *la desertificación.*
Podría convertirse en desierto este siglo ***por*** *el cambio climático.*
Para *mí,* ***para*** *luchar contra la desertificación, haría falta mejorar el modelo agrícola.*

Deforestación en la Amazonia EVA2188

Campaña de sensibilización: *Pueblos indígenas*, 2018

survivalinternational.org

DATOS claves
La selva amazónica y la deforestación
(p. 214)

Para expresarte

- en detrimento de
- un estilo de vida
- en nombre de
- El fin justifica los medios.: *La fin justifie les moyens.*
- CONCIENCIAR: *sensibiliser, faire prendre conscience*
- DEFENDER [ie]
- IMPONER
- TENER [ie] contacto con: *être en contact avec*

• aislados: *isolés* • arrebatadas: *arrachées*
• aniquiladas: *anéanties, exterminées* • foráneos: *étrangers*
• con éxito: *avec succès* • conseguir: *réussir*

ANTICIPA. Describe la foto de El Chaco. ¿Qué habrá pasado?

ESCUCHA. (1) Explica qué son los "pueblos indígenas aislados".

(2) Di lo que les pasa a ellos y al lugar en donde viven. Intenta explicar por qué.

(3) *Survival International* lucha por los derechos de los pueblos indígenas aislados desde hace mucho tiempo. ¿Verdadero o falso? Justifica.

(4) ¿Cuál es el objetivo de esta campaña?

REACCIONA. ¿Te gustaría unirte a esta asociación o a otra que defiende otra causa medioambiental? Di por qué.

El Chaco, Paraguay. La deforestación mata a los indígenas aislados al destruir la tierra de la que dependen para sobrevivir. Esta región está siendo devastada por una de las mayores tasas de deforestación del mundo.

¿Progreso contra Naturaleza?

Ricardo Barbetti (argentino), *Progreso suicida, hay que cambiarlo*, 1973

OBSERVA. (1) Describe este cuadro: composición, colores, etc.

(2) Dos visiones. ¿Cómo podrías calificar la visión que el artista nos ofrece sobre la naturaleza y el progreso?

mortífero | frondoso | rico | codicioso | bonito | de pesadilla | vivo | contaminado | destructor | idílico

(3) Explica cuál puede ser la intención del pintor.

(4) ¿Te parece acertada esta definición para el cuadro? Di por qué.

> **maniqueísmo** **n. m.** Tendencia a reducir la realidad a una oposición entre lo bueno y lo malo.

ACTÚA. Propón otro título para este cuadro.

REFLEXIONA. ***Basándote en los dos documentos, debate con tu compañero: En nombre del progreso, ¿debemos destruir la naturaleza?***

Para expresarte

- codicioso: *cupide*
- frondoso: *luxuriant*
- el humo: *la fumée*
- unas máquinas: *des machines*
- unos rascacielos: *des gratte-ciels*
- un recurso: *une ressource*
- el paraíso: *le paradis*
- OPONER: *opposer*
- PRODUCIR
- SAQUEAR: *piller*
- TRAGAR: *avaler*

Gramática

La voix passive [p. 203]

Muchos ven cómo sus selvas les ***son arrebatadas*** *y* ***destruidas.***

Les chiffres et les nombres [Précis, p. 220]

Hay más de ***un centenar*** *de pueblos indígenas aislados en el mundo.*
Desde ***1969*** *Survival International ha liderado la campaña global por los derechos de los pueblos indígenas aislados.*

Expresión guiada

Élaborer une campagne de sensibilisation

Élaborer une campagne de sensibilisation nécessite recherche et réflexion. Voici quelques stratégies.

Une campagne de sensibilisation doit transmettre un message clair pour informer ou alerter le public sur un sujet précis et l'amener à réfléchir.

Cherche, repère et choisis.

- **Tout d'abord, pose-toi ces 2 questions :**
  - Quel **thème** je veux traiter ?
  - Quel est l'**objectif** de ma campagne ?
- **Choisis ensuite sous quelle forme tu veux présenter ta campagne :** diaporama, affiche, vidéo, brochure, blog, site...
- **Documente-toi :** cherche des informations (articles, données, graphiques) et tout type de documents les illustrant (photos, dessins, vidéos, musique ...).

Mobilise tes connaissances !

Pour créer, par exemple, une campagne en faveur de la protection de l'environnement, pense à **ce que tu as étudié dans ce chapitre** et recherche d'autres sous-thèmes.
Choisis ensuite ce que tu préfères aborder et n'oublies pas : **on parle encore mieux de ce qui nous touche !**

Réalise ta campagne.

Ta campagne doit :

- **Informer.**
  Pour informer il faut être objectif. Fais le tri dans la documentation et l'information que tu auras réunies et rapporte **des faits** : chiffres, statistiques, graphiques...
- **Sensibiliser.**
  Ici, c'est la subjectivité qui entre en jeu.
  Donne **ton opinion** sur le thème (ce que tu penses, pourquoi tu as choisi ce sujet, ce que cela représente pour toi...).

  Pienso/Opino/Considero que...

  Cherche des **idées fortes**, frappantes et originales. Donne aussi des **arguments efficaces** que tu pourras appuyer par des faits.
- **Avoir un titre ou un slogan percutant et efficace.**
  Un slogan doit être court, simple, original, crédible, mémorisable... et peut être fait avec des jeux de mots, des rimes, sous forme de question, etc.

  Lo bueno sabe bien.

  Tómate un respiro.

Attention : l'objectif est d'informer, pas d'ennuyer !

- Sélectionne les **informations essentielles**.
- Favorise une **communication simple et directe.**

Ce type de campagne n'est pas seulement une prise de conscience, mais aussi un moyen pour faire réagir et créer l'adhésion du public.

PROYECTO

EN EQUIPO

Creamos y presentamos una campaña de sensibilización a favor del medioambiente.

Expresión guiada
Élaborer une campagne de sensibilisation

PREPARACIÓN

1 Repasad lo que habéis aprendido en este capítulo acerca de algunos medios para denunciar y luchar contra el problema medioambiental.

2 Elegid un problema medioambiental.

sequía | desertificación | deforestación | falta de agua | basura | ...

3 Pensad en un tipo de campaña para informar y sensibilizar a la gente.
Leed la p. 186 ("Expresión guiada") que os dará consejos útiles antes de realizar vuestra campaña.

REALIZACIÓN (1'30'' cada grupo como mínimo)

4 Presentad vuestro trabajo a la clase.
a. Mostrad la campaña que habéis creado y explicadla.
b. Justificad la elección de vuestro(s) tema(s) y el tipo de campaña.

HAZ TU PROYECTO CON LAS TIC. EVA2189

Evaluación

EXPRESIÓN ORAL EN INTERACCIÓN (4 a 5 minutos)

Estás con un amigo y acabas de ver un reportaje sobre el impacto del ser humano en el planeta. No estáis de acuerdo sobre las soluciones.
(5 réplicas cada uno como mínimo.)

Alumno A: Piensa que debemos aceptar el cambio climático y adaptarnos (transformando las ciudades...).

Alumno B: Opina que debemos rechazar el cambio climático y comprometernos para luchar contra él.

COMPRENSIÓN ORAL

La sequía en España

01'11 *Sequía*, RNE radio 5, 2017

1 **¿Qué tipo de documento es? ¿De qué trata?**

2 **¿Por qué hay tanta sequía en España?**
(Anota por lo menos un motivo.)

3 **Escoge las cifras según lo que oyes en el audio:**
a) el año más caluroso:
2016 | 2017 | 2020
b) cuánto tiempo hace que no ha hecho tanto calor:
127 años | 137 años
c) superficie de la península en riesgo de desertificación:
el 65% | el 75%

4 **Cita la consecuencia de la sequía evocada al final del audio.**

Y ahora que has estudiado el capítulo, contesta la problemática:
Nuestro planeta, ¿fuente de inquietud?

1 • COSMOVISIÓN INDÍGENA: *El fin del mundo, ¿profetizado por los indígenas?*

La leyenda de los cinco soles

DATOS claves La cosmovisión de las civilizaciones prehispánicas (p. 214)

Según los aztecas, los dioses crean y vuelven a crear el mundo y el hombre porque después de una creación siempre hay un cataclismo que pone fin a la vida.

El Primer Sol

Tezcatlipoca el nocturno [...] fue el primero que se hizo sol y empezó la era inicial del mundo. [...]. Cuando gobernaba el mundo [...], su enemigo Quetzalcóatl le dio un golpe[1] con un bastón y cayó al agua transformándose en tigre y se comió a los gigantes[2], quedando despoblada la tierra [...]. Esto ocurrió en el día llamado "4[3]-Tigre".

El Segundo Sol

Quetzalcóatl se hizo entonces sol y lo fue hasta que el tigre Tezcatlipoca lo derribó de un zarpazo[4]. Se levantó entonces gran viento y todos los árboles fueron derribados y la mayor parte de los hombres perecieron[5], [...]. Esto sucedió en el día "4-Viento". [...]

El Tercer Sol

Los dioses creadores pusieron entonces por sol al dios de la lluvia y el fuego celeste, Tláloc, pero Quetzalcóatl hizo que lloviera fuego y los hombres perecieron [...]. Esto sucedió en el día "4-Lluvia". [...]

El Cuarto Sol

Entonces Quetzalcóatl puso por sol a la hermana de Tláloc, la diosa Chalchiuhtlicue, [...] diosa del agua, pero fue quizá Tezcatlipoca el que hizo que lloviera con tal fuerza, que la tierra se inundó y perecieron los hombres [...]. Esto sucedió en el día llamado "4-Agua". [...]

El Quinto Sol

Después que se destruyó la última humanidad, [...] se reunieron todos los dioses en Teotihuacán[6] y determinaron que uno de ellos se sacrificara y se convirtiera en sol.

Pero [...] este quinto sol que actualmente nos alumbra[7] también ha de acabar como los otros. [...]

Alfonso Caso (mexicano), *El pueblo del sol*, 1953

1. un golpe: *un coup* - 2. los gigantes = *(ici)* los humanos - 3. *Le jour numéro Nahui (4) est associé au dieu du Soleil et est la base de toute création.* - 4. lo derribó de un zarpazo: *le renversa d'un coup de griffe* 5. perecer = morir - 6. ciudad prehispánica situada en México, considerada como el lugar de creación del universo según los aztecas - 7. alumbrar = iluminar

* asustar = dar miedo

PÉDAGOGIE DIFFÉRENCIÉE

EVA2190

ANTICIPA. ¿Sabes a qué acontecimiento hace referencia la viñeta?

LEE. 1 ¿De qué trata esta leyenda?

2 Completa la tabla para cada Sol:

nombre del dios	nombre del día	catástrofe

3 Según esta leyenda, ¿en qué periodo vivimos ahora?

4 Explica el significado de esta leyenda empleando estas palabras:

la fatalidad | el apocalipsis

REACCIONA. Y tú, ¿cómo imaginas el fin del mundo? ¿Te da miedo?

Para expresarte

- un mito
- la verdad: *la vérité*
- PREDECIR [i]
- PREOCUPARSE por
- TENER [ie] miedo = TEMER
- TRANQUILIZAR(SE): *se calmer, se rassurer*

Celebrar la Madre Tierra

DATOS claves
La Pachamama
[p. 215]

Agosto 1. Madre nuestra que estás en la tierra

En los pueblos de los Andes, la madre tierra, la Pachamama, celebra hoy su fiesta grande.

Bailan y cantan sus hijos, en esta jornada inacabable[1], y van convidando[2] a la tierra un bocado de cada uno de los manjares[3] de maíz y un sorbito de cada uno de los tragos[4] fuertes que les mojan la alegría.

Y al final, le piden perdón por tanto daño, tierra saqueada, tierra envenenada[5], y le suplican que no los castigue con terremotos, heladas, sequías, inundaciones y otras furias. Esta es la fe[6] más antigua de las Américas.

Así saludan a la madre, en Chiapas[7], los mayas tojolabales:

Vos[8] *nos das frijoles, que bien sabrosos*
son con chile, con tortilla.
Maíz nos das, y buen café.
Madre querida, cuídanos bien, bien.
Y que jamás se nos ocurra venderte a vos.

Ella no habita el Cielo. Vive en las profundidades del mundo, y allí nos espera: la tierra que nos da de comer es la tierra que nos comerá.

Eduardo Galeano (uruguayo), *Los hijos de los días*, 2012

---

1. inacabable = interminable - 2. convidando = invitando
3. un bocado de cada uno de los manjares: *une bouchée de chacun des mets* - 4. los tragos: *les gorgées* - 5. envenenada: *empoisonnée* - 6. la fe: *la foi* - 7. Chiapas: estado del sur de México
8. vos *(dans certaines régions d'Amérique Latine)* = "tú"

ANTICIPA. Describe la foto y adivina lo que se puede celebrar.

LEE. (1) ¿Qué ocurre el primero de agosto?

(2) Apunta las palabras y expresiones que se refieren a la Pachamama. ¿Cómo está presentada?

(3) Explica qué hacen los indígenas en este fragmento: "*Vos [...] venderte a vos.*" (l. 14-18).

(4) Fíjate en la última frase del texto. ¿Cómo la calificarías? Justifica.

realista | pesimista

ACTÚA. Continúa el relato imaginando cómo nos "comerá" la tierra.

Para expresarte

- un castigo: *une punition*
- un culto
- un daño: *un dommage, un dégât*
- la devoción = la veneración y el fervor religioso
- una ofrenda
- la religión, religioso
- AGRADECER: *remercier*
- RENDIR [i] homenaje
- REZAR: *prier*
- SAQUEAR: *piller*

REFLEXIONA. ***Explica cómo imaginan el fin del mundo los pueblos indígenas.***

Gramática

Les pronoms personnels COD et COI [p. 203]

***Le** suplican que no **los** castigue con terremotos.*

La traduction de « C'est ... qui » [Précis, p. 240]

***Será** una catástrofe natural **la que** acabará con nosotros.*

Le futur de l'indicatif [p. 203]

*La tierra que nos da de comer es la tierra que nos **comerá**.*

2 • SOLUCIONES A LA VISTA: *¿Qué podemos hacer para salvar el planeta?*

EN GRUPOS

Por grupos, estudiad algunos proyectos que existen actualmente para prevenir desastres naturales.

▶ Cada grupo trabaja sobre un documento y, para presentarlo, realiza las actividades siguientes:

1 ¿Cuál es el problema evocado en vuestro(s) documento(s)?

2 ¿Cómo se intenta solucionarlo?

3 A partir de vuestro documento, intentad dar una definición de:

- **Grupo 1** : "adaptarse"
- **Grupo 2** : "ecoturismo"
- **Grupo 3** : "activismo"

4 ¿Qué tipo de solución corresponde a vuestro documento? Justificad.

actuar denunciando | actuar preparándonos a las catástrofes | actuar cambiando nuestro comportamiento

Grupo 1 Zorrotzaurre, el barrio insumergible

DATOS claves
España frente a los retos ambientales (p. 215)

Las ciudades europeas se animan a incluir en sus infraestructuras nuevos sistemas para defender la seguridad de sus ciudadanos frente a los desastres naturales que se avecinan[1]. Sus respuestas [...] ante los retos[2] ambientales pasan por el establecimiento de depósitos de almacenaje[3] de agua, la construcción de estructuras para frenar inundaciones y la renaturalización del espacio urbano revistiéndolo de tejados[4] verdes, huertos[5] comunitarios y nuevas plantaciones de árboles. [...]

Bilbao ha sido la ciudad de España elegida por el organismo europeo, que ha destacado el diseño y renovación del distrito de Zorrotzaurre, un nuevo barrio a prueba de inundaciones gestionado y financiado de manera conjunta por el ayuntamiento[6] de Bilbao e inversores privados.

El distrito está situado en una península artificial que está unida a tierra firme por un puente. A día de hoy, el espacio se compone de un puerto, un pequeño barrio de entorno a trescientas viviendas y restos de industria obsoleta. [...]

La apertura del canal de Deusto costará al Ayuntamiento de Bilbao unos 20,9 millones de euros.

También se instalará una gran barrera para proteger el distrito de las inundaciones.

M. Montojo Torrente, lavanguardia.com, 2017

---

1. se avecinan = se acercan - 2. los retos = los desafíos: *les défis* - 3. el almacenaje: *le stockage*
4. los tejados: *les toits* - 5. los huertos: *les potagers* - 6. el ayuntamiento: *la mairie*

Grupo 2 — Ecoturismo en la Amazonia ecuatoriana

Las grandes riquezas que yacen en el Parque Nacional Yasuni son fuente de varios conflictos sociales, ambientales y políticos.
Las comunidades aledañas[1] están divididas. Algunas buscan negociar con las empresas petroleras, mientras las demás logran sobrevivir manteniendo proyectos de turismo ecológico.

https://ebs9015.wixsite.com

Los turistas que acuden a la comunidad de Alta Florencia se hospedan[2] en un entorno selvático y conviven con los lugareños[3].

Las comunidades que habitan en el "pulmón del mundo" utilizan los ríos como vías fluviales para desplazarse.

Para algunas comunidades aledañas al Parque Nacional Yasuní, el ecoturismo supone una alternativa a la explotación petrolera.

Miguel Ángel Coquinche da de comer a los delfines rosados.

1. aledañas: *avoisinantes* - 2. se hospedan: *sont accueillis* - 3. los lugareños = personas que viven en este lugar

Grupo 3 — Campañas de sensibilización

Peces en el mar EVA2191

00'46 Publicidad, espaciocrea.net, 2018

Greenpeace lanza la campaña "La mar salada" para concienciar de la contaminación por plásticos en los océanos.

Puesta en común

1. **Cada grupo presenta a la clase su(s) documento(s) completando un cuadro común** (problema - descripción de la actuación para solucionarlo - definición de la palabra trabajada - tipo de solución).

2. **¿Qué proyecto te parece más eficaz? Justifica. Piensa en los puntos fuertes y débiles de cada una de estas iniciativas.**

Expresión guiada

Rédiger la suite d'une histoire

Écrire la suite (et la fin) d'une histoire nécessite de l'imagination, mais aussi le respect de certains éléments.

Observe et repère.

Le contenu

Relis bien le texte de départ et repère quelques éléments.

- **L'ÉPOQUE** et **LE(S) LIEU(X)**
- **LE(S) PERSONNAGE(S)** et **LEURS CARACTÉRISTIQUES**
- **L'ACTION** Présence ou absence d'action ? Que se passe-t-il ?
- **L'ATMOSPHÈRE** Établis une liste d'adjectifs *(un ambiante: misterioso, alegre, pesado...)*

La forme

Observe !

- **LE NARRATEUR** Le texte est-il écrit à la 1re personne ? à la 3e ? Le narrateur est-il omniscient, externe, intérieur ?
- **LES TEMPS VERBAUX** Passé simple, imparfait ? Présent de narration ?
- **LE(S) REGISTRE(S) DE LANGUE** Familier, courant, soutenu...
- **LE TYPE DE TEXTE** Légende, récit, fantastique, réaliste...
- **LE STYLE DU TEXTE** Les expressions utilisées, les tournures récurrentes...

Par exemple, pour écrire la fin de la *"La leyenda de los cinco soles"* (ton projet final individuel), tu peux remarquer que la fin de chaque soleil se termine par le même type de phrase : *"Esto sucedió en el día 4-Viento"*.

Écris.

- **Lance-toi !**
  - Choisis une **trame**. Tu peux reprendre les éléments vus dans l'analyse du contenu : époque, lieux, personnages, etc.
  - Pense au **dénouement**. Il doit être en lien avec la situation de départ de l'histoire.
- **N'oublie pas...**
  - Le respect de la consigne.
  - La cohérence avec le texte initial (contenu + forme).
  - Relis ta production et vérifie que tout est en ordre !

Les meilleurs juges d'une histoire sont les lecteurs : donne à lire l'histoire et recueille les avis !

PROYECTO

INDIVIDUAL

Redacto el final de una leyenda azteca.

Expresión guiada
Rédiger la suite d'une histoire

Apoyándote en la "Leyenda de los cinco soles" (p. 188), imagina cómo acabará el Quinto sol.

PREPARACIÓN

1. Repasa lo que has aprendido en este capítulo poniendo especial atención en:
   - Los documentos de la lección 1: "La leyenda de los cinco soles" (p. 188) y "Celebrar la Madre Tierra" (p. 189).
   - Datos claves: "La cosmovisión de las civilizaciones prehispánicas" (p. 214).
2. Observa el contenido y la forma del texto "La leyenda de los cinco soles" siguiendo los consejos de la p. 192 ("Expresión guiada").

REALIZACIÓN

3. Antes de redactar, apunta en un borrador los elementos siguientes:
   a) el tipo de catástrofe natural que imaginas para tu texto,
   b) el nombre del día en que sucederá,
   c) los protagonistas y sus acciones.
4. Organiza tu historia, redáctala en unas 100 palabras y ¡manos a la obra!

HAZ TU PROYECTO CON LAS TIC. EVA2192

Evaluación

COMPRENSIÓN ESCRITA

Los tesoros que borrará el calentamiento global

Lee el texto que te dará tu profesor.

1. **Anota la frase que indica que:**
   a) El cambio climático pone en peligro la memoria del mundo.
   b) El ser humano es responsable del cambio climático.
2. **Encuentra en el texto qué sentimiento provoca el cambio climático en los seres humanos.**
3. **¿Verdadero o falso?**
   El calentamiento global es un problema que empeora.
   Justifica tu respuesta con una frase del texto.
4. **¿Cuáles son las causas de la deterioración de las estatuas moáis en Chile?** Cita dos elementos.

EXPRESIÓN ESCRITA

(80 a 100 palabras)

Redacta un texto sobre el tema siguiente: "El calentamiento global: ¿Cómo podemos actuar para intentar cambiar la situación actual?"

a. Cita las soluciones que conoces para luchar contra el calentamiento global.
b. Di cuál te parece más eficaz y explica por qué.

Y ahora que has estudiado el capítulo, contesta la problemática:

¿Es posible evitar un escenario apocalíptico el día de mañana?

1 • VIAJAR POR EL ESPACIO: *¿Por qué explorar el universo?*

En busca de las estrellas

DATOS claves
El desierto de Atacama (p. 215)

Observatorio ALMA, Atacama (Chile)

María Teresa Ruiz colabora en varios proyectos para buscar exoplanetas o planetas exosolares. Piensa que "en la próxima década habrá noticias de vida extraterrestre".

La astrónoma chilena María Teresa Ruiz, laureada con un premio de la Unesco, está convencida de que en la próxima década[1] habrá noticias de vida en otros planetas, un descubrimiento que "cambiará la mirada sobre la Humanidad". "Sería muy raro que no la hubiera, con tantas estrellas en la galaxia y tantas galaxias en el universo. Puede que sea una vida un poco distinta a la nuestra, pero yo creo que la hay", dijo la astrónoma antes de recibir este jueves en París el "Premio para las Mujeres y la Ciencia". El premio fue otorgado[2] a Ruiz por el conjunto de su trayectoria, donde destaca el descubrimiento de "Kelu 1", una "estrella enana[3] café" –similar a un exoplaneta pero más fácil de observar–, así como su trabajo con las estrellas enanas blancas, que permitió estimar la edad de la Vía Láctea en unos ocho mil millones de años.

"La gracia de Kelu es que apareció cuando no la estaba buscando" en el telescopio, explicó. Su nombre significa "rojo" en el idioma de los mapuches[4] de Chile.

[Esta científica] contribuyó además a la instalación del radiotelescopio gigante ALMA en el desierto de Atacama, en el norte del país latinoamericano.

El País, 2017

---

1. una década: *une décennie* - 2. otorgar: *attribuer* - 3. una estrella enana: *une étoile naine* - 4. Los mapuches son indios del sur y del centro de Chile y Argentina.

ANTICIPA. **a.** Lee los Datos claves (p. 215) y observa las fotos. ¿Qué representan?
b. Explica por qué en el desierto de Atacama se observan bien las estrellas.

LEE. (1) Presenta a María Teresa Ruiz y di a qué se dedica (¿cuál es su profesión y en qué consiste?).

(2) María Teresa te parece:

optimista | resignada | entusiasta | determinada | soñadora

(3) ¿De qué está convencida la astrónoma?

(4) Ahora presenta a Kelu (nombre, descubrimiento, características...).

REACCIONA. Si pudieras, ¿te gustaría descubrir otro planeta y vida extraterrestre?
Si pudiera...

Para expresarte

- un año luz: *une année-lumière*
- por casualidad: *par hasard*
- (SER) curioso
- la investigación: *la recherche*
- el más allá: *l'au-delà*
- el origen
- la pureza del aire
- DESAFIAR: *défier*

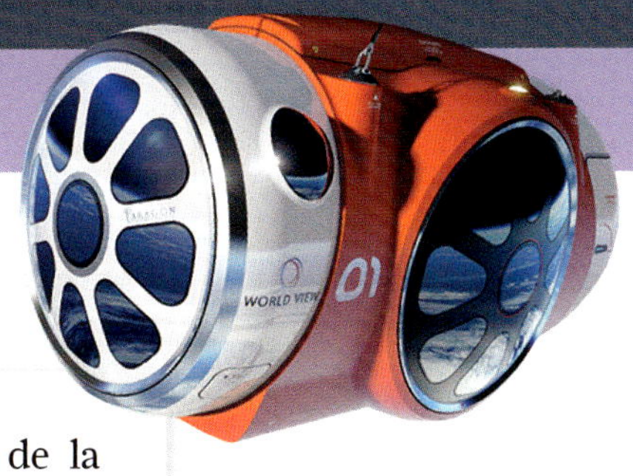

Día 148 del viaje

Yo quería alejarme lo más rápido posible de la Tierra, pero me gustó ver desde la Marco Polo esa esfera[1] azul profundo entreverada[2] de nubes y continentes.

La nave, aunque cómoda y rápida, no es un crucero[3] transgaláctico, con lo cual el viaje ha resultado largo y fatigoso, aunque hayamos tenido tiempo de sobra[4] para descansar. Las relaciones entre los pasajeros no han sido siempre fáciles: somos ciento cincuenta personas metidas en un espacio poco mayor que el de un submarino, durante cinco meses. Por fortuna, los psicólogos nos han ayudado mucho y hemos hecho buenos grupos y amistades.

De vez en cuando, y por turnos[5], podíamos mirar las estrellas. A mí me parecía hallarme[6] perdido en medio del océano, en un barco diminuto, en una noche sin luna, con todo el firmamento sobre mí. O en el desierto, tras una jornada ardiente y sin embargo ahora con frío, contemplando desde la arena el cosmos con el mismo estupor que debieron sentir los hombres primitivos en las tinieblas[7] de un mundo grande todavía sin dominar.

Cuando distinguí por primera vez Jalawdri, su perfecta esfera en la distancia, sus mares de un verde intenso, pensé también en ese mineral cristalino que se llama esmeralda, o en selvas[8] exuberantes, lujosas, o en aguas suboceánicas. Detrás del planeta aparecía un sol amarillo, resplandeciente como un escudo[9]. [...]

Pero ahora tal vez nos encontramos ante nuestra casa, nuestra tierra de promisión[10].

Lola Robles (española), *Mares que cambian*, 2014

Para expresarte

- un diario de a bordo / de viaje
- (ESTAR) harto de
- la promiscuidad
- (SER) redondo
- un relato
- una travesía

- COLONIZAR
- EXPLORAR
- HUIR de: *fuir, s'enfuir*
- PISAR: *fouler, marcher sur*
- SOBREVIVIR

---

1. una esfera: *une sphère*
2. entreverada: *entremêlée*
3. un crucero: *une croisière*
4. tiempo de sobra: *largement le temps*
5. por turnos: *à tour de rôle*
6. hallarme: *me trouver*
7. las tinieblas: *les ténèbres*
8. selvas: *forêts*
9. un escudo: *un blason*
10. tierra de promisión: *terre promise*

PÉDAGOGIE DIFFÉRENCIÉE

e EVA2193

ANTICIPA. Fíjate en el título para imaginar el tema y precisar de qué tipo de texto se trata.

LEE. (1) ¿Qué sentimientos experimenta el narrador en la primera frase? Justifica.

(2) Describe las condiciones del viaje. ¿Se trata de un viaje turístico?

(3) En el penúltimo párrafo, el narrador descubre el planeta Jalawdri. ¿Le parece muy diferente al planeta Tierra?

ACTÚA. Imagina por qué el narrador abandonó la Tierra.

REFLEXIONA. *¿Por qué crees que los hombres quieren explorar el universo?*

Gramática

La phrase conditionnelle [p. 202]

***Si pudiera**, **me gustaría** viajar a otro planeta.*
***Si estudio** astrofísica, **iré** al observatorio ALMA.*

***Aunque* + indicatif ou subjonctif**
[Précis, p. 232]

*La nave, **aunque** cómoda y rápida, no **es** un crucero transgaláctico.*
*El viaje ha resultado largo y fatigoso, **aunque hayamos** tenido tiempo de sobra para descansar.*

Los robots hiperrealistas

Los robots hiperrealistas serán parte de nuestra sociedad en un futuro cercano

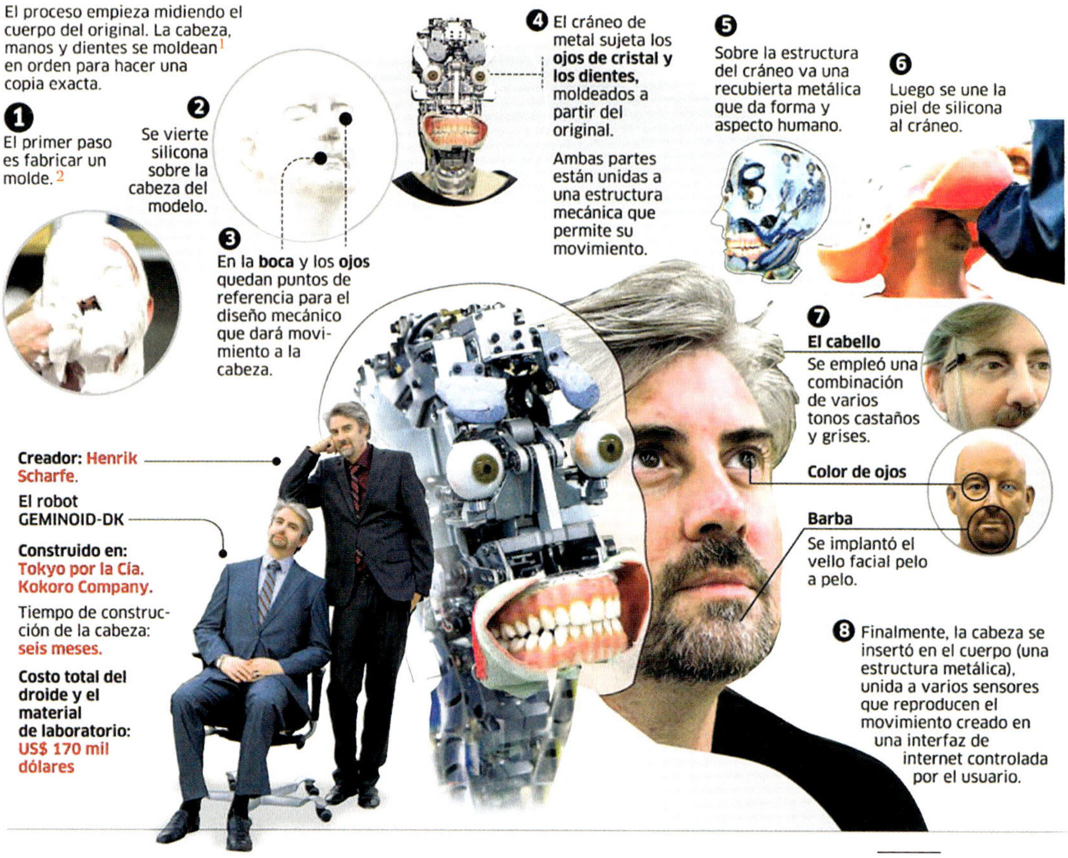

Infografía, *La república*

1. moldear: *mouler*
2. un molde: *un moule*

COMENTA. (1) Apunta las palabras de esta infografía que designan las partes del cuerpo.
¿Por qué puedes afirmar que este robot es hiperrealista?

(2) Con tus compañeros, buscad las ventajas a la existencia de robots hiperrealistas.

(3) Lee la cita de Vargas Llosa. ¿Qué más desventajas ves a la existencia de los robots?

ACTÚA. Imagina y describe tu robot ideal. ¿Cómo será? ¿Qué hará? ¿En qué pensará? ¿Existe un peligro al crear este robot?

Para expresarte

- una amenaza: *une menace*
- (SER) difícil
- las semejanzas: *les ressemblances*
- CONFUNDIR con
- DAR miedo
- DISTINGUIR
- ENGAÑAR: *tromper*
- PARECER(SE) a

> *Si las máquinas llegaran a reemplazar a los seres humanos en este antiquísimo y trascendental oficio de contar historias, probablemente una de las consecuencias sería que se apagaría el espíritu crítico.*
>
> *Mario Vargas Llosa*

El futuro de los robots EVA2194

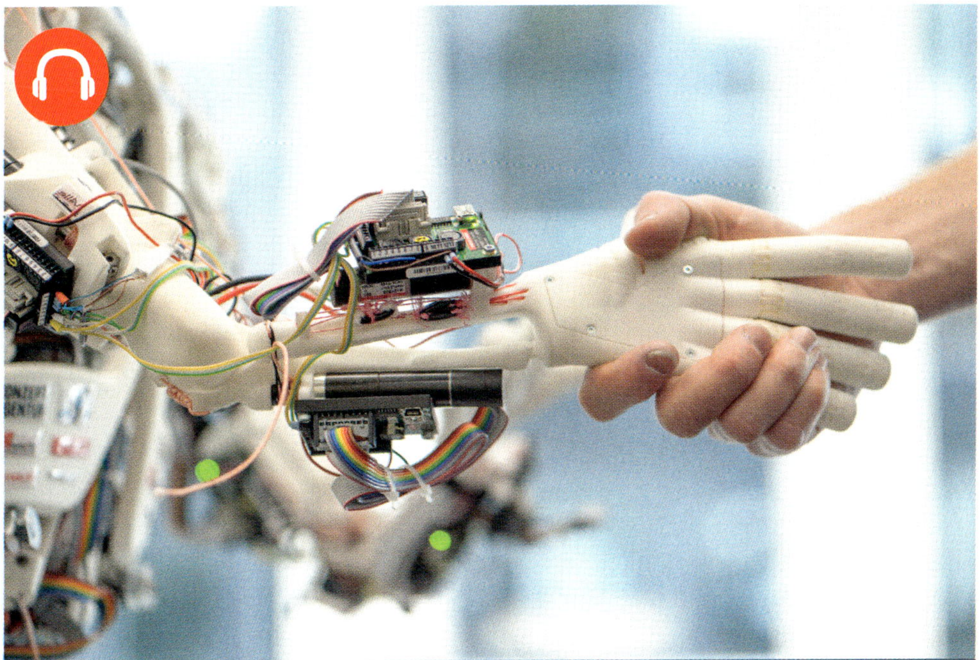

01'28 Reportaje: *El futuro de los robots*, RTVE, 2016

- una década = diez años
- el amo: *le maître*
- el entretenimiento: *le divertissement*
- la atención al cliente: *le service après-vente*
- imbatible = invencible

ANTICIPA. Fíjate en la foto. ¿Qué sugiere?

ESCUCHA. (1) Apunta de dónde vienen los robots y cuándo fueron creados.

(2) En el futuro serán nuestros...

enemigos | esclavos | ayudantes | amos

(3) Di cómo se llaman el locutor y el entrevistado.

(4) ¿Cuál es el objetivo del museo?

REACCIONA. ¿Crees que los robots nos reemplazarán?

Portada *Quo*, 2017

REFLEXIONA. ***¿Serán útiles los robots o representarán un peligro?***

Para expresarte

- los empleos
- la mano de obra
- los puestos de trabajo
- la robótica
- una tarea

- HACER(lo) todo: *tout faire*
- HACER(SE) CARGO de: *prendre en charge*
- MANDAR: *commander*
- MEJORAR
- SUSTITUIR = REEMPLAZAR

Gramática

Le futur de l'indicatif [p. 203]

Dentro de unos años, los robots ***dominarán*** *el mundo.*
Los robots hiperrealistas ***serán*** *parte de nuestra sociedad.*

La voix passive [p. 203]

¿Cuándo ***fueron creados*** *los robots?*

EN GRUPOS

El mundo avanza cada día más rápido. Los nuevos oficios, los avances tecnológicos, los cambios en la alimentación... están en plena evolución. ¿Qué tipo de vida tendremos en el futuro?

▶ **Por grupos, estudiad algunas de estas evoluciones.**

Grupo 1 Las profesiones del futuro

1 GUÍA TURÍSTICO[1] ESPACIAL

Si te gusta viajar y te fascina la astronomía esta podría ser tu carrera[2] ideal. "La órbita terrestre se convertirá en una nueva frontera para los viajeros intrépidos de mediados de la década de 2020", explican los analistas. Como resultado, "una nueva gama de puestos de trabajo surgirán para hacer sus viajes en el espacio más seguros y agradables", explican. Asimismo, su misión será encontrar y trazar la ubicación de naves[3] y equipos abandonados para crear una especie de "museo en órbita" con objetos hechos por humanos que flotan fuera de la atmósfera terrestre.

2 CREADOR DE HÁBITATS VIRTUALES

"En 2025, la realidad virtual será el espacio digital en que decenas de millones de nosotros pasaremos horas cada día trabajando, jugando y aprendiendo", dicen los expertos de Microsoft. Un mundo virtual que, aseguran, será "tan inmersivo[4], interactivo y realista que será prácticamente indistinguible del real". Nacerán nuevos puestos de trabajo y se necesitarán, sin duda, especialistas en la creación y diseño de hábitats virtuales para aplicaciones que abarcarán[5] industrias globales, desde economía hasta salud o tecnología.

3 DISEÑADOR DE CUERPO HUMANO

BBC.com, 2016

1. guía turístico: *guide touristique*
2. tu carrera: *ton cursus universitaire*
3. la ubicación de naves: *l'emplacement de vaisseaux*
4. inmersivo: *en immersion*
5. abarcar = incluir

1. **Leed y resumid estas dos profesiones del futuro.** ¿Cuándo podrán ejercerse? ¿En qué consistirán?
2. **Redactad un descriptivo para la profesión de: "Diseñador de cuerpo humano" (n° 3).**
3. **Imaginad otras profesiones del futuro.**

Grupo 2 La ropa del futuro

e EVA2195

Infobae, 29/06/2016

1. **Mirad el vídeo y apuntad:**
   a) los tipos de objetos,
   b) los materiales utilizados,
   c) las ventajas de estas invenciones,
   d) la originalidad de los productos.
2. **Imaginad otro tipo de ropa del futuro y sus ventajas.**

- andar ataviados: *être habillés*
- los monos: *les combinaisons*
- aparatosos: *tape-à-l'œil*
- sustentable: *durable*
- los chalecos: *les gilets*
- la prenda = la ropa
- los tejidos: *les tissus*
- el cuero: *le cuir*

Grupo 3 Alimentos a base de insectos

Carrefour ha lanzado en España una nueva gama de alimentos elaborados a base de insectos. El supermercado comercializa ahora grillos y gusanos[1] [...] que se pueden comprar en diferentes formatos: barritas energéticas, snacks, aperitivos, pasta y granolas.

"El lanzamiento tiene como objetivo ofrecer a los consumidores los productos más innovadores e incorporar a su surtido[2] alternativas de compra sostenibles y respetuosas con el medioambiente", explica Carrefour. Así, su producción implica la emisión de un 99% menos de gases de efecto invernadero[3] y reduce al mínimo la contaminación y el consumo de agua.

Entre los nuevos alimentos de Carrefour se encuentran los gusanos búfalo con chili picantes; gusanos Molitor, con ajo y finas hierbas; y grillos con cebolla ahumada[4] y salsa barbacoa que también se pueden encontrar en forma de barritas energéticas de chocolate negro con higos y polvo de grillo, entre otros. [...]

Carrefour recuerda que el consumo de insectos es en la actualidad una tendencia alimentaria en auge[5]. "Según la Organización para la Agricultura y la Alimentación de las Naciones Unidas (FAO), los insectos son consumidos ya por más de 2.000 millones de personas, por lo que se les considera el alimento del futuro", explica la compañía. Según este organismo, los insectos son ricos en proteínas, vitaminas B1, B2 y B3, contienen omega 3 y 6, todos los aminoácidos esenciales y son una fuente importante de minerales como el hierro[6].

N. S. Alonso, *El País*, 2018

1. **¿Cuáles son los objetivos de la marca Carrefour al comercializar insectos?**
2. **Apuntad las ventajas de estos alimentos.**
3. **Imaginad otros alimentos para el futuro.**

DATOS claves
Comer insectos
(p. 215)

1. grillos y gusanos: *des vers et des grillons*
2. el surtido: *l'assortiment*
3. gases de efecto invernadero: *gaz à effet de serre*
4. cebolla ahumada: *oignon fumé*
5. en auge: *en augmentation*
6. el hierro: *le fer*

Puesta en común

1. **Antes de empezar las presentaciones de los grupos, cada grupo pregunta a la clase las ideas que tienen acerca de su tema:**
¿Cómo creéis qué será la ropa, las profesiones y la comida del futuro?

2. **Luego, cada grupo presenta a la clase su documento:**
a) el tema,
b) el tipo de evolución previsto en el futuro,
c) los otros tipos de avances que ha imaginado sobre su tema.

3. **Según estas informaciones, da tu opinión sobre:**
a) ¿Qué futuro nos espera?
b) ¿Qué evoluciones te parecen más realistas y convenientes?

PROYECTO

INDIVIDUAL

Participo en el concurso: "Mejorar el mundo".

PREPARACIÓN

1. Elige un tema en el que puedas proponer una idea para mejorar el futuro:

2. Piensa ahora en una actividad, invención u objeto concreto dentro del tema elegido.

REALIZACIÓN

3. Dale forma a tu idea. Vas a presentarla con: ¿un audio?, ¿un vídeo?, ¿un texto?, ¿un cartel?...
4. Sea cual sea el formato que hayas elegido, presenta bien tu idea:
   a) con un título y una introducción,
   b) con una explicación:
      - descripción de tu idea
      - sus cualidades para el futuro
      - ejemplos concretos de su utilidad
   c) con una conclusión. Resume las ventajas que tu idea aportará.

HAZ TU PROYECTO CON LAS TIC. EVA2196

Evaluación

EXPRESIÓN ESCRITA
(80 a 100 palabras)

Vuelves de un viaje al futuro y cuentas cómo será el mundo a un compañero.

COMPRENSIÓN ORAL

Gafas de realidad aumentada en el dentista

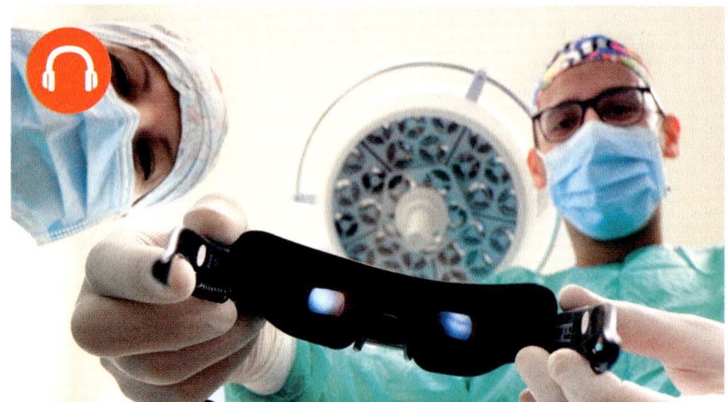

01'14 Reportaje. eitb.eus noticias, 2018

- la odontología: *l'odontologie ou médecine dentaire*
- el ocio: *le divertissement*

1. ¿Cuál es el objetivo de esta nueva técnica?
2. Entresaca tres elementos clave del dispositivo:
   una gorra conectada | un mando | los auriculares | un altavoz | un espejo
3. Apunta las dos posibilidades que ofrece este dispositivo.
4. Según el dentista, ¿cómo se siente el paciente?
   estresado | relajado | triste
5. Cita tres ventajas de este dispositivo.

Y ahora que has estudiado el capítulo, contesta la problemática:

¿Viviremos mejor en el 2050?

De cine

La zona, una serie postapocalíptica

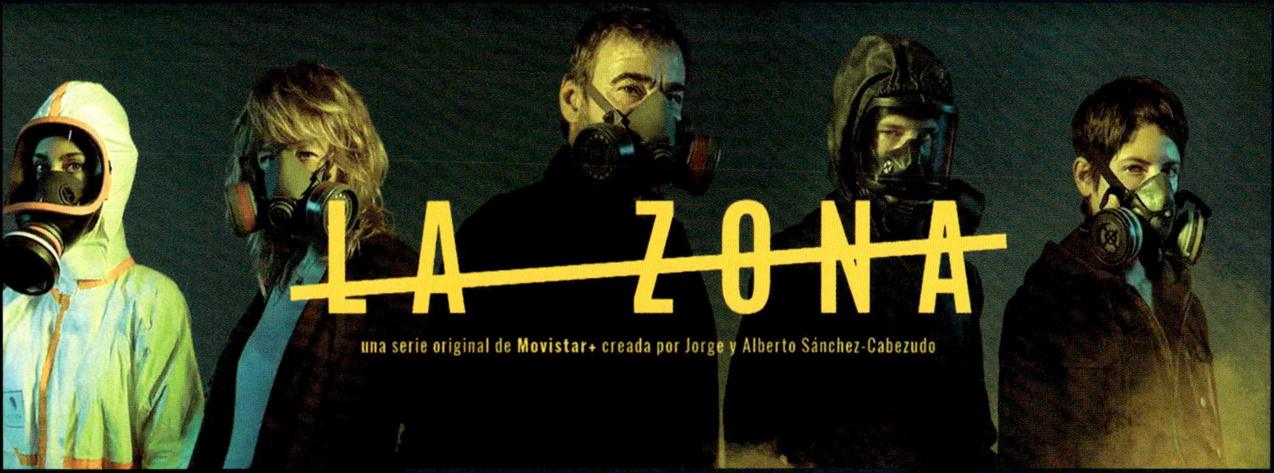

La zona, una serie de Alberto y Jorge Sánchez-Cabezudo, 2017

1 Observa el cartel y el título de la serie.
¿Por qué crees que el título está tachado?

2 Mira el tráiler.

a. ¿Cuál es la historia de esta serie?

b. Anota los ingredientes que hacen de ella una serie apocalíptica.

EVA2197

3 Tú eres... ¡el guionista!
Imagina un proyecto personal para una serie apocalíptica y anota en una ficha informaciones sobre:

- **Tipo de historia apocalíptica**
Sucedió ¿antes, durante o después del fin del mundo? Piensa también en el tipo de desastre(s) que ha(n) ocurrido y cuáles son las causas.
- **Personajes**
¿Cuáles son sus roles y objetivos en la historia? ¿Por qué sobrevivieron?
- **Lugar(es)**
Describe los escenarios, decorados, la ambientación y la estética que quieres dar a tu serie.
- **Final del capítulo**
Piensa en crear la necesidad de querer ver el capítulo siguiente.
- **¡Ideas! Anota también:**
  - los detalles que pueden dar una sensación de desesperación y angustia;
  - las amenazas y los peligros, pero también las oportunidades;
  - cómo hacen los personajes para sobrevivir y cuáles son sus habilidades;
  - etc.

Algunos temas para una serie apocalíptica:

+ d'exercices interactifs et autocorrectifs

Capítulo 17

Le conditionnel [Précis, p. 232]

*El 80% de España **podría** convertirse en desierto.*

- FORMATION

Infinitif du verbe + terminaisons de l'imparfait : *-ía*, *-ías*, *-ía*, *-íamos*, *-íais*, *-ían*.

Les **irrégularités** sont les mêmes qu'au **futur**.

- EMPLOI

Il permet d'exprimer une **hypothèse**, un **souhait**, une **éventualité**.

1 Conjugue les verbes au conditionnel.

a) Las consecuencias *(poder)* ser dramáticas.

b) Si careciéramos de comida, *(deber)* ir a otras tierras.

c) Me *(gustar)* que mejorara la situación.

2 Transforme ces phrases en utilisant le conditionnel.

Hay que defender la naturaleza contra sus opresores. Tú también puedes actuar. Pero actuar con violencia no soluciona nada.

EVA2198

Capítulos 17 y 19

La phrase conditionnelle [Précis, p. 232]

- Condition **réalisable** : *si* + indicatif (dans la proposition subordonnée et la principale).

***Si estudio** astrofísica, **iré** a uno de los observatorios de las Islas Canarias.*

- Condition irréalisable : *si* + imparfait du subjonctif **(subordonnée)** et conditionnel **(principale)**.

***Si pudiera, me gustaría** viajar a otro planeta.*

3 Traduis les phrases suivantes :

a) Si tu pouvais, tu porterais des vêtements connectés.

b) Nous mangerions des insectes s'il n'y avait plus de viande.

c) Si je peux, plus tard je serai astronome.

4 Forme des phrases conditionnelles.

Condition réalisable :

a) Vosotros *(comer)* insectos, os *(dar)* asco.

b) Tú *(querer)* observar las estrellas, yo *(poder)* ayudarte.

Condition irréalisable :

a) Usted *(tener)* dinero, *(comprarse)* un robot.

b) Yo *(poder)* viajar a Marte, creo que *(disfrutar)* mucho.

EVA2199

Capítulo 17

por / para [Précis, p. 237]

- *por* (se traduit par « par » ou « pour ») :
  - Exprime la **cause**

    *El 80% de España podría convertirse en desierto este siglo **por** el cambio climático.*
  - **Introduit le complément d'agent** dans une phrase passive

    *España es el país de la Unión Europea que más está afectado **por** la desertificación.*

- *para* (se traduit toujours par « pour ») :
  - Exprime le **but**

    ***Para** salvar las poblaciones indígenas, hay que luchar contra la deforestación.*
  - Est employé pour donner son **opinion**.

    ***Para mí,** actuar para el planeta es imprescindible.*

5 Complète par *por* ou *para* et justifie.

a) Las regiones amazónicas de Loreto, Ucayali y San Martín son las más perjudicadas ... la deforestación.

b) Debemos actuar ... luchar contra la desertificación.

c) La Amazonia está en peligro ... la codicia de algunos hombres.

d) ... los indígenas aislados, el contacto con foráneos es peligroso.

6 Traduis et justifie l'emploi de *por* ou *para*.

a) À cause du manque d'eau, l'Espagne ressemble de plus en plus à un désert.

b) Pour moi, la désertification peut être évitée par les Espagnols.

c) Pour sauver la planète, il faut réagir vite.

d) La Pachamama est considérée comme une déesse par les peuples indigènes.

EVA2200

Capítulos 17 y 19

La voix passive [Précis, p. 233]

*Muchos ven como sus selvas les **son arrebatadas y destruidas**.*

Phrase à **la voix passive** : *ser* + participe passé du verbe **accordé en genre et en nombre** avec le sujet.

*Poblaciones enteras están siendo aniquiladas **(por la deforestación)**.*

Le **complément d'agent** est **introduit par** *por* mais n'est pas toujours exprimé.

7 Indique quelles phrases sont à la forme passive.

a) La astrónoma fue laureada por la Unesco.
b) También ha colaborado en varios proyectos exoplanetas.
c) Estos pueblos son aniquilados por enfermedades.
d) Algunos pueblos luchan por sus derechos.

8 Transpose à la forme passive.

a) Una astrónoma descubrió una estrella enana.
b) Las empresas petroleras devastan los bosques de América latina.
c) Los pueblos indígenas preservan la biodiversidad.

EVA2201

Capítulo 18

Les pronoms personnels COD et COI [Précis, p. 228]

*La tierra que **nos** da de comer es la tierra que **nos** comerá. **Le** suplican que no **los** castigue y que **les** cuide bien.*

- **Place et ordre des pronoms**

  Devant le verbe conjugué et dans cet ordre : **COI puis COD**

  *Tenemos que cuidar el planeta. **Me lo** enseñan mis padres.*

  S'il y a deux **pronoms à la 3e personne consécutifs** (COI et COD), *le*/*les* → *se*.

  *Celebrar a la Pachamama es una tradición esencial para las futuras generaciones. **Se la** transmitiremos.*

- À l'infinitif, au gérondif et à l'impératif, il y a « **l'enclise** ».

  Necesito saber qué soluciones pondremos en marcha.
  *¿Puedes exponér**melas** por favor?*

	COI	COD
1re pers. sing.	*me*	*me*
2e pers. sing.	*te*	*te*
3e pers. sing.	*le*	*lo*/*la*
1re pers. pl.	*nos*	*nos*
2e pers. pl.	*os*	*os*
3e pers. pl.	*les*	*los*/*las*

9 Choisis le pronom qui convient et justifie.

a) La Pachamama es la Madre Tierra. Los pueblos indígenas (lo/le/la) hacen ofrendas.
b) (Lo/La/Le) celebran el primero de agosto.
c) (Lo/La /Le) piden que (los/las/les) cuide.

10 Remplace par les pronoms personnels.

a) Hay que preservar el planeta.
b) Para que sigan celebrando a la Pachamama en el futuro, deben contar la historia a los niños.
c) Explicarán a los niños esta tradición.

EVA2202

Capítulos 18

Le futur de l'indicatif [Précis, p. 231]

- **FORMATION**

  - **Verbes réguliers** : infinitif du verbe + terminaisons *-é*, *-ás*, *-á*, *-emos*, *-éis*, *-án*.

    *Dentro de unos años, los robots **dominarán** el mundo.*

  - Les verbes **irréguliers** se forment sur le **radical modifié** du verbe.

    *Algunos hombres quer**rán** actuar para cambiar las cosas.*

- **EMPLOI**

  Il permet d'exprimer une **action** ou une **situation future**, mais aussi la **probabilité** ou le **doute**.

  *Algunos dicen que no hay soluciones pero **habrá** una.*

11 Indique si les verbes expriment une action non réalisée ou une probabilité.

a) En el futuro existirán los cruceros galácticos.
b) El texto tendrá como objetivo llamar la atención del lector.
c) Un día podremos ejercer la profesión de guía espacial.

12 Transforme les phrases suivantes pour exprimer une action dans le futur.

a) Quizás los humanos deban huir de la tierra.
b) Tal vez los robots puedan reemplazarnos.
c) En 2050, quizás tengamos que vivir en Marte.

EVA2203

+ d'exercices interactifs pour mémoriser EVA2204

EL PLANETA Y EL FUTURO

EVA2205

El impacto humano

Capítulo 17

- las actividades agrícolas y ganaderas
- el calentamiento global
- el cambio climático
- la codicia
- la contaminación
- el cultivo
- la deforestación
- el efecto invernadero
- la explotación
- un incendio
- las máquinas
- el petróleo
- caluroso
- devastador
- AGOTAR
- DAÑAR, un daño
- DESTRUIR
- GANAR dinero
- SAQUEAR

La cosmovisión indígena

Capítulo 18

- el apocalipsis
- un culto
- la devoción
- una diosa
- el futuro = el porvenir
- un mito
- una ofrenda
- la religión, religioso
- AGRADECER
- PREDECIR [i]
- RENDIR [i] homenaje
- REZAR

Las catástrofes naturales

Capítulo 17

- una amenaza
- el aumento de las temperaturas
- la desertificación
- la falta de
- un fenómeno climático
- una inundación
- el peligro
- la sequía
- un terremoto
- CORRER el riesgo
- PREOCUPARSE por
- TENER [ie] miedo = TEMER

Las soluciones

Capítulo 18

- un activista, el activismo
- el desarrollo sostenible
- la ecología, ecológico
- el ecoturismo
- una medida
- un reto = un desafío
- ADAPTAR(SE)
- CAMBIAR
- COMPROMETER(SE)
- CONCIENCIAR
- DENUNCIAR
- EVITAR
- LUCHAR = COMBATIR
- MODIFICAR
- PROTEGER
- SOLUCIONAR
- TRANQUILIZAR(SE)

La naturaleza

Capítulos 17 y 18

- el agua
- los animales
- la biodiversidad
- el bosque
- el clima
- la fauna
- la flora
- el fuego
- la lluvia
- el medio ambiente
- el planeta, la Tierra
- un recurso
- un río
- la selva
- el viento
- frondoso

Capítulo 17

1 Busca los intrusos.

a) una inundación - la contaminación - un terremoto - la desertificación - la sequía

b) amenazar - solucionar - modificar - adaptarse - cambiar

c) el medio ambiente - la biodiversidad - la fauna - el ecoturismo - la flora

Capítulo 18

2 Busca los nombres que corresponden a los verbos siguientes.

a) contaminar - b) deforestar - c) amenazar

3 Completa este texto sobre la cosmovisión indígena.

Los indígenas consideran a la Pachamama como una... . Por eso, el primero de agosto, le rinden ... haciéndole unas... Le ... por todo lo que les ofrece y ... para que siga cuidándoles.

El tiempo

- un año luz
- el futuro **cercano ≠ lejano**
- un mes, un año, una década, un siglo
- el más allá
- la memoria
- el porvenir
- el presente, el pasado, el futuro
- un recuerdo
- antes ≠ después
- ayer, hoy, mañana
- el día de mañana

El espacio

- un astronauta
- un astrónomo
- la atmósfera
- la casualidad
- un crucero **galáctico**
- un extraterrestre
- una estrella
- una galaxia
- en órbita
- una nave **espacial**
- un planeta
- un telescopio
- VIAJAR por el espacio

Los avances tecnológicos

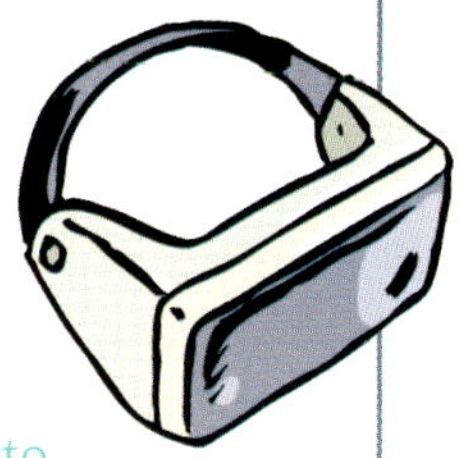

- los alimentos
- un androide
- automático
- un ayudante
- un clon
- duradero
- el entretenimiento
- las gafas **conectadas**
- un holograma
- un humanoide
- la inteligencia **artificial**
- los órganos **artificiales**
- una prótesis
- los puestos de trabajo
- la realidad **virtual**
- la ropa **sustentable**
- una tarjeta
- transgénico
- ADAPTAR
- CAMBIAR
- CONFUNDIR con
- CREAR
- DESCUBRIR
- DESARROLLAR
- ENGAÑAR
- EXPLORAR
- IMAGINAR
- INNOVAR
- INVENTAR
- INVESTIGAR
- MEJORAR
- PROFETIZAR
- PROGRESAR
- SOÑAR [ue]
- SUSTITUIR = REEMPLAZAR
- TRANSFORMAR
- VENDER ≠ COMPRAR

Capítulo 19

4 Busca los sinónimos de:
a) modificar - b) remediar - c) un riesgo

5 Escribe 3 frases empleando una palabra de cada cuadro.

Pronuncia
en voz alta

ACENTUACIÓN EVA2206

1 Escucha las palabras y clasifícalas según su acentuación.

a) •●• b) •●••
c) ••••● d) •••●•

ENTONACIÓN EVA2207

2 Escucha estas frases y repítelas completándolas con una de las palabras del ejercicio 1.

a) *La sequía amenaza la...*

b) *Con el cambio climático, el 80% de España podría convertirse en...*

c) *Es una asociación que lucha en la Amazonia por los derechos de los pueblos...*

d) *En la cosmovisión indígena, el ser humano tiene una relación armoniosa con la...*

e) *El ecoturismo en la Amazonia ecuatoriana supone una alternativa a la explotación del...*

f) *¿Serán útiles los robots o representarán un...?*

SONIDOS EVA2208

3 Escucha las palabras y apunta las que tienen el sonido [r̄] ("r" fuerte) como en "terremoto".

TRABALENGUAS EVA2209

4 Escucha y repite respetando el ritmo.

El clima está enloqueciendo.
¿Quién lo desenloquecerá?
La desenloquecedora que
lo desenloquezca,
buena desenloquecedora será.

DATOS claves

El español en el mundo

Capítulo 01

Una España plurilingüe

Capítulo 01

España es un país históricamente **plurilingüe** donde no solo se habla el español (castellano). También se habla el catalán, el vasco (o euskera) y el gallego.

Desde la Constitución de 1978, tres lenguas regionales son cooficiales con el castellano. Asimismo, la enseñanza es bilingüe en estas regiones.

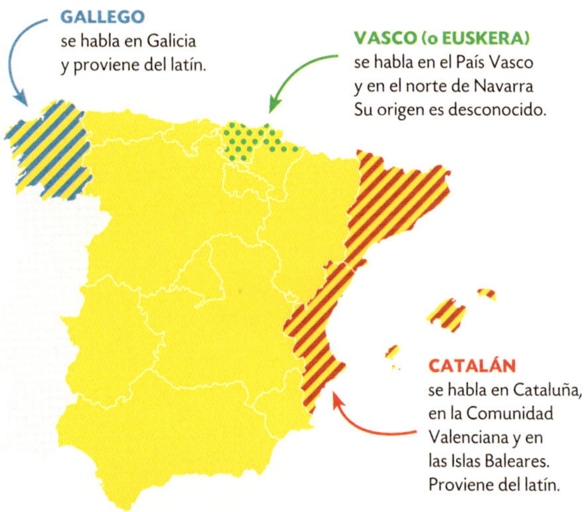

Las lenguas indígenas en Latinoamérica

Capítulo 01

Según los datos de la UNICEF, se calcula que existen unas **420 lenguas indígenas que todavía se hablan en Latinoamérica**. Se trata de lenguas que existían antes de la llegada de los conquistadores y colonos europeos. Eran habladas por los primeros habitantes del continente.

En esta región del mundo, unos 18 millones de personas hablan un idioma indígena. De las **420 lenguas indígenas**, las más habladas son el **quechua** (el idioma de los incas), el **guaraní** (hablado principalmente en Paraguay) y el **náhuatl** (hablado en México). Un 26% de estas lenguas está en peligro de extinción.

Influencers hispanohablantes

Capítulo 02

El Rubius es el youtuber más influyente de España, con más de 28 millones de suscriptores.

Los influencers utilizan las **redes sociale**s para contar sus experiencias y su día a día subiendo fotos, vídeos o poniendo comentarios. Suelen ser **bloggers, youtubers o instagramers. Al mostrar sus publicaciones y al hacer partícipes a sus seguidores** para que se sientan parte de la comunidad, consiguen tener **influencia sobre ellos.**

En los últimos años algunos youtubers hispanohablantes han adquirido una popularidad inmensa. Destacan en varios ámbitos: en los **videojuegos** (el salvadoreño Fernanfloo), en el **humor** (el chileno HolaSoyGerman), en la **belleza** y en la **cocina** (la mexicana Yuya), o en las **reseñas de libros** (la española Fly like a Butterfly).

La diversión y el botellón en España

Capítulo 02

A los españoles les encanta ir de fiesta y **salir por la noche.** Las actividades son muy variadas: música, bares, discotecas... En España existen **discotecas con "sesiones light"** por la tarde: el alcohol está prohibido y los jóvenes de 16 a 18 años pueden bailar.

Pero, generalmente, los jóvenes suelen quedar en la calle con los amigos, sin embargo, no se pueden ignorar los excesos de los que hacen botellón, de los que se reúnen y **forman grupos para consumir bebidas alcohólicas** en abundancia en espacios públicos (plazas, parques, calles...).

Para luchar contra este fenómeno que genera accidentes, comas etílicos, peleas, ruidos y suciedad, algunas Comunidades Autónomas **prohíben la venta de alcohol después de ciertas horas** y otras han creado **espacios específicos** para esta práctica.

La dieta mediterránea

Capítulo 03

La Dieta Mediterránea es una **valiosa herencia cultural**. Es una manera rica y saludable de alimentarse, practicada desde hace muchos años en los países **mediterráneos** (Grecia, Italia, España y Portugal).

Los principales ingredientes de esta "dieta" son locales: **frutas y verduras, pan, aceite de oliva, pescado...** El clima benigno de la cuenca mediterránea favorece también un **estilo de vida** que, junto con una buena alimentación, permite la prevención de enfermedades cardiovasculares y obesidad.

En 2013, la Dieta Mediterránea, fue declarada **Patrimonio Cultural Inmaterial de la Humanidad**.

El mate

Capítulo 03

El mate es una **infusión hecha con hojas secas de yerba mate**. Esta bebida tiene un efecto estimulante y un sabor amargo, por eso algunas personas la toman con azúcar o miel.

La yerba mate es originaria de América latina. Los nativos guaraníes utilizaban sus hojas para la **bebida,** como **objeto de culto y moneda de cambio** con otros pueblos.

Tomar mate forma parte de la identidad nacional de tres países: Argentina, Paraguay y Uruguay.

Su preparación y los utensilios son particulares. **El mate se "ceba"**, es decir, se prepara la hierba en un recipiente, la **calabaza** o mate, y se vuelca agua caliente. No hay que olvidar la **"bombilla"**, el objeto que sirve para absorber el mate: ¡todo el mundo comparte la misma bombilla!

Los rarámuris

Capítulo 04

Los rarámuris o tarahumaras son una **comunidad indígena del norte de México** instalada en **lugares inaccesibles de las montañas** de la Sierra Madre Occidental, donde huyeron **para escapar de la colonización española**. Al estar tan apartados de todos, la única forma de mantener comunicación entre las diferentes comunidades aborígenes es caminando y corriendo sobre difíciles terrenos.

Los **"pies ligeros"**, que es el significado de su nombre, son famosos por su **resistencia corriendo distancias de varios kilómetros**. Sin zapatillas de última generación que amortigüen los impactos, los rarámuris corren con **simples sandalias** y han conseguido imponerse como los corredores más fuertes y con las mejores técnicas del mundo.

Los rarámuris realizan ritos ancestrales y dedican sus bailes a sus dioses: el Sol, la Luna y las estrellas.

Eduardo Galeano
(1940-2015)

Capítulos 05 y 18

Escritor, periodista y dramaturgo uruguayo, es considerado como uno de **los intelectuales latinoamericanos más influyentes**. Su conocida obra ***Las venas abiertas de América Latina*** (1971) denunció las causas profundas y las raíces de la pobreza del continente.

Eduardo Galeano siempre tuvo presente su **compromiso político** y nunca dejó de lado su estima hacia **los humildes, los indígenas, los desposeídos y los oprimidos** de Latinoamérica. Las obras de Galeano se han convertido en clásicos de la **literatura política**.

El flamenco

Capítulo 07

El flamenco es una **expresión artística** que combinando **canto, música y baile** transmite con excepcional intensidad sentimientos y pasiones humanas: la pena, el sufrimiento y también la alegría.

Nació en **Andalucía** de la mezcla de las muchas culturas que ahí se implantaron: la árabe, la judía y, especialmente, la de los gitanos (en España desde el siglo XV).

El flamenco es uno de los elementos más característicos de la cultura española. Con el tiempo se ha convertido en una **manifestación artística universal.** Ha sido declarado Patrimonio Cultural Inmaterial de la Humanidad por la UNESCO y continúa muy vivo en la actualidad.

Nombres como Camarón de la Isla, Enrique Morente, Carmen Linares (cantantes de flamenco = cantaores); Paco de Lucía (músico y guitarrista); Cristina Hoyos, Antonio Gades (bailadores de música flamenca = bailaores), forman parte de los máximos representantes del arte flamenco.

Latinos en Estados Unidos

Capítulo 07

Existe una **gran comunidad de hispanoamericanos** en EE. UU. debido a las olas sucesivas de inmigración relacionadas con **factores económicos, políticos y acontecimientos históricos** (la revolución cubana, los carteles de la droga en Centroamérica...). A partir de la década de 1980 tiene lugar una de las mayores olas migratorias con la llegada de migrantes en busca del "sueño americano", con la esperanza de una vida mejor.

Hoy en día, el **18% de la población** estadounidense es de origen latino. En su mayoría está concentrada en los estados de Florida, California, Texas, Arizona, Nueva York...

El **idioma español** está muy presente en EE. UU. (en los medios y en la vida de todos los días) así como la gastronomía, la música (la salsa, el merengue), las fiestas y las tradiciones (la piñata, la quinceañera).

Los gitanos

Capítulo 08

El pueblo gitano **emigró** hacia el año 400 desde la India a Europa. Su forma libre de vivir y su apego a sus **costumbres y tradiciones**, no siempre han sido aceptados. Tópicos y falsedades se han mantenido durante siglos creando persecuciones y racismo. Hoy en día siguen existiendo los prejuicios y la discriminación en Europa.

Una parte de la cultura gitana está basada en la **transmisión oral de generación en generación**. Los gitanos poseen una lengua propia, el **romanó**. Los gitanos de España han desarrollado una variedad idiomática, llamada el caló, en el que han mezclado la gramática castellana con el vocabulario romaní.

Gabriel García Márquez (1927-2014)

Capítulo 09

Escritor y periodista colombiano, premio Nobel de literatura. **Excepcional autor** que consiguió dar a conocer mundialmente la literatura hispanoamericana con la publicación en 1967 de su novela ***Cien años de soledad.*** Esta obra es una de las novelas más emblemáticas del llamado movimiento literario **"realismo mágico"**. Crea en ella un territorio imaginario en donde lo **inverosímil y mágico** no es menos real que lo **cotidiano y lógico**. García Márquez seduce al lector mezclando la fantasía, la realidad, los sueños con sus **geniales descripciones** a lo largo de sus obras.

Sus novelas se han convertido en obras clásicas de la historia de la literatura *(Crónica de una muerte anunciada, El amor en los tiempos del cólera)*.

5 de mayo de 1862: México vs Francia

Capítulo 10

El 5 de mayo se celebra en México el día de la Batalla de Puebla.

En América latina, el siglo XIX fue la época de las independencias de las colonias españolas y del nacimiento de nuevas naciones. Sin embargo, la recién nación de **México tuvo que luchar contra otra invasión europea**: la del ejército francés.

México se encontraba sumido en una grave crisis económica y social. El gobierno mexicano decidió suspender durante 2 años los pagos de los préstamos que le habían hecho potencias extranjeras (España, Francia e Inglaterra). Ante esta situación, Francia decidió invadir México. **La victoria del ejército mexicano en la batalla de Puebla**, el 5 de mayo de 1862, contra las potentes tropas francesas de **Napoleón III**, simbolizó la resistencia del pueblo contra una nueva invasión extranjera. Pero, Francia envió refuerzos y ganó finalmente la guerra.

Las FARC en Colombia

Capítulo 10

Las Fuerzas Armadas Revolucionarias de Colombia (FARC) fue **una organización guerrillera** que nació hace **más de 50 años** como un movimiento de defensa ante la violencia gubernamental en Colombia. De pequeña guerrilla en sus inicios, pasó a tener más de 17.000 integrantes.

Con ella, Colombia conoció un conflicto armado que ha causado 200.000 muertes, 6 millones de desplazados y 160.000 desaparecidos: **una enorme herida en la sociedad colombiana** difícil de olvidar.

En el año 2016, el gobierno de Colombia y las FARC firmaron **un tratado de paz** que pretende poner un punto final a esta tragedia.

La guerra de la Independencia española (1808-1814)

Capítulo 10

La guerra de la Independencia española fue una guerra contra el Imperio francés de **Napoleón Bonaparte que había instalado en el trono español a su hermano**.

El 2 de mayo de 1808, grupos de madrileños se sublevaron **contra la invasión francesa**. Al día siguiente, el 3 de mayo de 1808, el ejército napoleónico procedió a una represión brutal y desproporcionada (reflejada en las pinturas de Francisco de Goya). Comenzó así la guerra de la Independencia **que duró seis años**. Al final, grupos de guerrilleros, junto con los ejércitos ingleses, provocaron la derrota del ejército francés.

La conquista árabe de Hispania

Capítulo 11

Aprovechando la debilidad del reino visigodo (de 416 a 711), **tropas musulmanas, compuestas por árabes y beréberes del norte de África, cruzaron el estrecho de Gibraltar en el año 711** iniciando la conquista de la Península Ibérica. Dirigidos por el beréber Tariq, los musulmanes derrotaron en la batalla de Guadalete **al último rey visigodo,** Rodrigo.

La conquista fue rápida: en menos de ocho años se extendió a toda Hispania a excepción de una pequeña franja en el Norte de la Península, donde núcleos de resistencia dieron lugar a los reinos cristianos peninsulares. Los musulmanes permanecieron en la Península Ibérica ocho siglos.

Los Reyes Católicos, Isabel y Fernando, terminaron en 1492 la Reconquista, con la toma de la ciudad de Granada, que tuvo que abandonar el sultán nazarí Boabdil.

El saber y la cultura en al-Ándalus

Capítulo 11

Los musulmanes aportaron sus costumbres, cultura e influencias. Al imponerse la lengua árabe como lengua de comunicación y de cultura, **al-Ándalus actuó como puente entre las culturas musulmana de Oriente Medio y la cristiana de Europa Occidental.** Eso favoreció un elevado desarrollo cultural y científico.

Desde el punto de vista científico, los musulmanes trajeron a la Península su sistema de numeración, sustituyendo la numeración romana. Se desarrollaron disciplinas como **las matemáticas, la astronomía, la botánica, la medicina, la historia, la geografía, la literatura...** Nuevos materiales aparecieron en occidente: el papel, la brújula, el astrolabio, el molino de viento...

Fue en el arte y sobre todo en la **arquitectura** donde el Islam dejó su huella más característica, como en la Mezquita de Córdoba y la Alhambra de Granada.

La cultura en al-Ándalus no significó una ruptura total con la cultura hispanogoda. Ambas se relacionaron dando un resultado muy característico y autóctono.

Diego Rivera y el muralismo (1886-1957)

Capítulo 12

Gran artista mexicano y uno de los representantes del **muralismo mexicano**.

Tras una estancia en Europa en donde estudió a los clásicos de la pintura y conoció a artistas de renombre (Picasso, Modigliani,...), regresó a México, para **crear un estilo nacional que reflejara la historia del pueblo mexicano, desde la época precolombina hasta la revolución mexicana.**

El muralismo mexicano fue un movimiento artístico creado después de la revolución mexicana (1910-1920). Se caracteriza por temas de **contenido político y social** representados sobre grandes paredes de edificios públicos con la idea de **acercar el arte al pueblo.** D. Rivera resaltó en su obra la corriente **indigenista** y su compromiso hacia **sus orígenes mexicanos.** Quiso **cambiar las ideas raciales preexistentes contra los indígenas,** ideas que se habían creado durante el periodo colonial. Sus murales se encuentran en diferentes edificios, como en el Palacio Nacional de México donde narran la historia de México.

La conquista de América

Capítulo 12

En el siglo XV, Cristóbal Colón creía que podía llegar hasta la India navegando hacia el oeste a través del Atlántico. Los Reyes Católicos, Isabel de Castilla y Fernando de Aragón, dieron su apoyo a la iniciativa.

Colón tomó el mando de tres pequeñas naves, dos carabelas y una nao, llamadas La Pinta, La Niña y la Santa María y después de un largo viaje desembarcó el **12 de octubre de 1492** en una isla del Caribe, Guanahani, rebautizada como San Salvador y que hoy forma parte de las Bahamas. Así comenzó la conquista española de América.

Grandes pueblos y civilizaciones (las civilizaciones precolombinas) vivían en el territorio americano antes de la llegada de los españoles: los **aztecas** en México, los **mayas** en el sur de México y parte de América central y los **incas** en Perú. Estos pueblos indígenas fueron conquistados por España en el siglo XVI (Hernán Cortés conquistó el Imperio Azteca y Francisco Pizarro el Imperio Inca).

Capítulo 12

Mario Vargas LLosa
(1936-)

Escritor peruano, naturalizado español, recibió el premio Nobel de literatura en 2010. Es considerado como **uno de los mejores escritores latinoamericanos actuales**. Novelista, pensador, periodista y político, su obra ha sido traducida a más de 30 idiomas.

Desde muy joven mostró un gran talento literario con su novela ***La ciudad y los perros***. Alcanzó la fama años después con otras novelas: *La casa verde*, *Conversación en la catedral*, etc.

Perteneció a una generación de talentosos escritores latinoamericanos –Gabriel García Márquez, Julio Cortázar, Carlos Fuentes...– que renovaron la literatura de su continente.

Muchas de sus obras tratan de la **sociedad peruana** y de la **historia latinoamericana del siglo XX**. Mezcla las técnicas de la novela histórica con las de la novela social y las de la novela realista, e incluso con las de la novela policíaca.

Capítulo 13

Madrid

Madrid, **capital de España**, tiene una población de más de 3 millones de habitantes y es la mayor ciudad del país (es aproximadamente 6 veces mayor que París).

Madrid se ha convertido en **uno de los destinos favoritos de los turistas**, particularmente en el casco histórico de la ciudad: monumentos, parques, museos como el **Museo del Prado** y el **Museo Reina Sofía**. La ciudad tiene tantos aspectos diferentes como barrios. El **barrio de los Austrias**: el más antiguo donde se encuentra el Palacio Real y la popular Plaza Mayor; el llamado **Barrio de Las Letras**, donde vivieron algunos de los escritores más famosos del siglo de Oro español; los barrios de **Malasaña y Chueca**, los más alternativos; **Lavapiés**, el más multicultural...

Madrid es una ciudad con **mucha vida durante el día y un gran ambiente por la noche**. Se dice que el deporte favorito de los madrileños es ¡salir con los amigos!

Capítulo 13

Buenos Aires y las milongas

Buenos Aires, **capital de Argentina**, está situada en el Río de la Plata. Sus orígenes se remontan al siglo XVI, época en que fue fundada por los conquistadores españoles. Hoy, Buenos Aires es una capital cosmopolita con numerosos atractivos turísticos.

El colorido y pintoresco barrio de **La Boca** atrae a turistas procedentes de todo el mundo. El **tango** es el símbolo más representativo de Buenos Aires. En el barrio de Palermo, se puede bailar en las **numerosas milongas** que existen: antiguos salones, cafés o clubes de barrio. Ofrecen cada noche una milonga en la que se baila tango y milonga, y donde todos pueden recorrer la pista girando en sentido contrario a las agujas del reloj. En las milongas se escuchan canciones modernas o clásicas de grandes cantantes como **Carlos Gardel**.

Capítulo 14

Ciudad de México

La Ciudad de México es **una de las ciudades más grandes del mundo, con 22,2 millones de habitantes**. Se encuentra a más de 2.200 m de altitud donde a veces falta aire, algo a lo que no ayuda el tráfico incesante.

La ciudad de México es **la más antigua de América** y se piensa que fue fundada en 1325. Su nombre náhuatl es Tenochtitlán y fue **la capital del Imperio Azteca**. Tenía alrededor de 300.000 habitantes, una población más grande que cualquier ciudad europea en aquella época.

Ciudad mestiza, México presenta una mezcla de **tradición y modernidad**. En su **centro histórico** se encuentran vestigios prehispánicos, elegantes edificios del pasado colonial y el moderno presente con altos rascacielos.

Ciudades precolombinas

Capítulo 14

Mayas, incas, aztecas... durante la época precolombina, diferentes pueblos crearon importantes ciudades e impresionantes monumentos que hoy en día son Patrimonio de la Humanidad de la UNESCO.

• **Teotihuacán (en México)**, fue una de las principales ciudades de la civilización maya. Sus orígenes se remontan a varios siglos antes de Cristo y su apogeo se centra entre el III d. C. y VII d. C. Entre los principales monumentos de la ciudad se encuentran la pirámide de la Luna, uno de los edificios más antiguos, la pirámide del Sol, el más grande de todos, y la de Quetzalcóatl, dedicada a este dios con forma de serpiente emplumada, una de las principales deidades de los pueblos de América Central.

• **Chichén Itzá (en México)**. Situada en la península de Yucatán, esta ciudad adquirió gran importancia en la cultura maya en torno al siglo IX. Destaca el Templo de Kukulcán, conocido como El Castillo, una enorme pirámide escalonada que fue elegida como una de las siete nuevas maravillas del mundo antiguo.

• **Tikal (en Guatemala)**, antigua ciudad maya, fue una de las mayores del mundo precolombino. Por esta razón y por sus impresionantes construcciones, el Parque Nacional de Tikal, fue declarado Patrimonio de la Humanidad. Aunque sus raíces se remontan mil años antes de Cristo, su apogeo se sitúa entre los siglos 3 d. C. y 10 d. C.

• **Machu Picchu (en Perú)** es una ciudadela inca situada a casi 2.500 metros de altitud en un santuario histórico. Se considera una obra maestra sobre la que se extiende un halo de misterio.

Cuzco (Perú)

Capítulo 14

La ciudad de Cuzco o Cusco se situa en los **Andes peruanos**, a 3.300 metros de altitud. A unos 70 km del Machu Picchu, Cuzco fue la **capital del imperio inca.**

En la época del imperio inca, Cuzco tuvo amplios **palacios**, **templos** y **viviendas**. Con la llegada de los conquistadores españoles en 1533, la mayoría de las construcciones fueron destruidas.

Convertida en una de las ciudades más atractivas para el turismo en América Latina, miles de turistas recorren sus calles. Las pizzerías, los McDonalds... reemplazan poco a poco las tabernas tradicionales. Pero la ciudad, mezcla de lo incaico y lo español, sigue fascinando a sus numerosos visitantes.

La civilización inca

Capítulo 14

Fue una de las más **grandes civilizaciones prehispánicas**. Su imperio, en su apogeo durante los siglos XV y XVI, dominó **un enorme territorio** (parte de los actuales Perú, Bolivia, Chile, Ecuador, Argentina y Colombia).

Una de sus construcciones más conocidas hoy en día es la ciudadela del **Machu Picchu fundada por el Inca Pachacútec**. El idioma de los incas era el **quechua**. Eran politeistas y su dios más importante era el Sol. El emperador de los incas vivía en Cuzco (Perú) y se le consideraba de origen divino: se creía que era hijo del Sol. Su poder era absoluto.

El fin del imperio inca se produjo con la llegada de las tropas españolas, al mando de Francisco **Pizarro**, que capturaron y ejecutaron al emperador Atahualpa en 1533. En el s. XVII apenas había sobrevivido uno de cada doce indígenas respecto al siglo anterior a causa de las enfermedades introducidas por los españoles.

Federico García Lorca
(1898-1936)

Capítulo 15

Poeta y dramaturgo español. Nació en Andalucía y viajó por toda España. Fue un gran observador de las **costumbres,** de las **duras y, a veces, crueles tradiciones de la España profunda.** Los temas centrales de la obra de Lorca son **el amor, la pasión, la frustración, la condición femenina y la muerte violenta.**

En 1931 funda el grupo teatral universitario **La Barraca,** para llevar el teatro clásico español a zonas rurales. Defendió un teatro de "acción social".

En 1936, Lorca vuelve a su Granada natal donde es detenido, víctima del fascismo. Fue ejecutado por sus ideas liberales, su condición de republicano y su homosexualidad.

Francisco de Goya
(1746-1828)

Capítulos 10, 15 y 16

Francisco de Goya (1746-1828) fue **uno de los pintores españoles más importantes** de la historia del arte.

Realizó retratos a los monarcas (*La familia de Carlos IV*) y a la aristocracia española, así como escenas de la vida social y festiva de Madrid (*La gallina ciega*). En su serie de grabados (llamados *Los Caprichos*) **critica el mundo corrupto, las supersticiones de la época y satiriza los defectos humanos.**

Con la invasión de España por las tropas napoleónicas y la Guerra de la Independencia, Goya representará *Los desastres de la guerra* en donde muestra la violencia, la crueldad y la miseria humana. De esta época son sus famosos cuadros: *El 2 de mayo* y *Los fusilamientos del 3 de mayo.*

Las llamadas *Pinturas negras* están caracterizadas por temas oscuros como **la muerte, las pesadillas y los demonios.** Entre estas pinturas se encuentra *Saturno devorando a sus hijos*.

El aquelarre,
F. de Goya, 1798

Bartolomé Esteban Murillo
(1617-1682)

Capítulo 16

Pintor barroco español del siglo XVII. Nació en Sevilla. Sus cuadros fueron, en su mayor parte, de tema religioso, con **idealizadas vírgenes** y cuadros de santos.

También se dedicó a pintar **temas relacionados con la infancia** en los que muestra **escenas de vida popular** y el vivir en los barrios pobres sevillanos (*Niños jugando a los dados, Niños comiendo melón y uvas...*). En estos cuadros evita lo trágico y muestra el lado amable de la realidad.

La influencia de Murillo en la pintura española se extendió hasta el siglo XIX. Actualmente está considerado como **uno de los grandes maestros del siglo de oro español** y sus cuadros se pueden ver en los grandes museos del mundo.

Inmaculada Concepción de los Venerables,
B. E. Murillo, 1660-1665

El Alto (Bolivia)

Capítulo 16

El nombre de Bolivia viene de Simón Bolívar: el libertador de gran parte de América del Sur. Su idioma oficial es el español, pero también se hablan más de 30 idiomas nativos, entre ellos el aimara, el quechua y el guaraní.

Entre montañas, y a 3.600 metros de altitud, se alza la ciudad de **La Paz, que es la capital administrativa.**

El Alto es otra ciudad de Bolivia. Hasta 1985 fue un antiguo barrio pobre de La Paz, pero ahora es la segunda ciudad más grande del país con casi un millón de habitantes. Se sitúa en lo alto de la capital administrativa. Conoce actualmente un periodo de fuerte crecimiento económico y es una ciudad cuya población es joven.

El surrealismo (Dalí y Buñuel)

Capítulos 15 y 16

El surrealismo es un movimiento artístico del siglo XX que abarca varias formas de expresión (poesía, teatro, pintura, música, cine…) y países diferentes como Francia, España, Bélgica…

Este movimiento artístico trata de representar el **mundo del subconsciente y de los sueños**. El arte surrealista se deja llevar por una **imaginación sin límites** y **sin utilizar un pensamiento lógico**. Quiere romper con el conformismo social y moral provocando escándalos.

Salvador Dalí fue un pintor famoso por sus obras excéntricas y surrealistas. Su amigo, **Luis Buñuel**, es considerado uno de los más importantes y originales directores de la historia del cine. En 1925, Buñuel se instala en París en donde el movimiento surrealista había nacido.

Estos dos artistas españoles crearon juntos en París el guión del cortometraje ***Un chien andalou*** que se convirtió en la película más significativa del cine surrealista. Esta obra provocó un **impacto moral** en el espectador a través del **delirio** y la **agresividad** de las imágenes. El cortometraje se proyectó en 1929 y alcanzó un gran éxito entre la intelectualidad francesa.

In Voluptas Mors.
En esta foto, Philippe Halsman representa las ideas estravagantes de Dalí que vemos en el primer plano.

La selva amazónica y la deforestación

Capítulo 17

La selva amazónica es el **bosque tropical más extenso del mundo.** Cubre más o menos el 40% de todo el territorio sudamericano y atraviesa nueve países: Perú, Colombia, Ecuador, Venezuela, Surinam, Guyana, Guyana francesa, Bolivia, y sobre todo, Brasil. Tiene una **biodiversidad** muy importante. Se la suele llamar el **pulmón del mundo,** ya que convierte el dióxido de carbono en el oxígeno vital para el planeta.

Desgraciadamente, esta zona es víctima de la codicia humana que trae como consecuencias: la deforestación (para **extraer madera** y para crear zonas de **actividades agrícolas y ganaderas**), la construcción de carreteras, la extracción del **"oro negro"** (petróleo).

Este fenómeno destruye también el **hábitat natural de las comunidades indígenas** que han vivido en armonía con la selva durante miles de años.

La cosmovisión de las civilizaciones prehispánicas

Capítulo 18

La cosmovisión es el conjunto de **creencias** que tiene un pueblo para interpretar y **explicar el origen del universo y del mundo.**

En la **civilización azteca** (México), por ejemplo, los cuatro dioses principales habían creado, alternativamente, diversas humanidades y el mundo había existido varias veces. A cada periodo le correspondía una de **las cuatro fuerzas primordiales: el agua, la tierra, el fuego y el viento.**

En las **civilizaciones andinas**, la Madre Tierra se concibe como una organización de la naturaleza. El ser humano le pertenece sin dominarla y tiene una relación armoniosa con ella. Los dioses se manifiestan en elementos naturales como el sol, la lluvia... El culto a la **Pachamama** es muy importante en los pueblos indígenas de hoy.

Los pueblos indígenas luchan por sus derechos que están íntimamente vinculados a la naturaleza.

La Pachamama

Capítulo 18

La Pachamama es una diosa adorada en los países andinos (Perú, Bolivia, Noroeste de Argentina). En la lengua quechua "**Pachamama**" significa **"Madre Tierra"**: es la madre protectora de los hombres, la que aporta el agua, los alimentos, la fertilidad y la vida. Los hombres, por lo tanto, deben cuidar a la Pachamama y rendirle tributo.

El 1 de agosto se celebra el Día de la Pachamama. Se trata del festejo más popular de los pueblos andinos. En esta fiesta se realizan ofrendas (alimentos, bebidas, etc.) para festejar la naturaleza.

España frente a los retos ambientales

Capítulo 18

España ocupa una posición de liderazgo mundial en cuanto a energías limpias: la eólica, la hidroeléctrica, la solar... Empresas españolas ocupan primeros puestos en las clasificaciones internacionales.

Segundo país europeo en producción de **energía eólica**, las empresas españolas instalan proyectos eólicos en Latinoamérica y estructuras flotantes en el primer parque eólico del mundo (en Escocia). También España fue uno de los primeros países a nivel mundial en investigar, desarrollar y aprovechar la **energía solar.** El característico sol de España, ¡no solo sirve para atraer a turistas y pasar días en la playa!

El desierto de Atacama

Capítulo 19

¿Marte? No, pero posiblemente lo más cercano en la Tierra al Planeta Rojo. Los paisajes del desierto de Atacama parecen postales de algún lejano planeta.

Situado en América del Sur, en el **norte de Chile**, abarca una superficie de unos 105.000 Km^2 y es **el desierto no polar más árido del planeta:** se han registrado periodos de hasta 300 años sin lluvias.

Gracias a la tremenda sequedad que tienen algunos sectores del desierto, la NASA se ha dedicado a buscar vida microscópica y a probar prototipos de robots que serán enviados a Marte.

Considerado el mejor lugar del planeta para observar el firmamento, a más de **5.000 metros de altitud,** se encuentra ALMA: **el mayor observatorio astronómico del mundo** y uno de los más altos de la Tierra.

Sus 66 antenas de alta precisión, exploran la historia del universo, captando imágenes del nacimiento de estrellas o de la formación de galaxias.

Comer insectos

Capítulo 19

Alimentarse con insectos es **una práctica habitual en la cuarta parte de la población del mundo,** principalmente en Asia, África y América Latina.

Hormigas, saltamontes, escarabajos...: los insectos están presentes en la mesa latinoamericana desde tiempos ancestrales. En México, el valor histórico de la comida a base de insectos ha hecho que se popularice aún más para los turistas. Muchos restaurantes proponen recetas innovadoras a base de insectos.

Hoy en día, son considerados por los expertos como una **alternativa nutricional importante para garantizar la alimentación del mundo**. Necesitan menos de la cuarta parte del alimento que consume una vaca y contribuyen a disminuir la mayor fuente de contaminación del planeta: el metano.

Por ser ricos en proteínas, calcio y hierro, existen estudios para su inclusión en los futuros viajes espaciales.

PRÉCIS **GRAMMATICAL**

Sommaire

Index

Les numéros renvoient aux fiches du précis.

01 L'alphabet

- Il comporte 27 lettres. Elles sont ici suivies, entre parenthèses, de leur nom en espagnol.

A *(a)*	**H** *(hache)*	**Ñ** *(eñe)*	**U** *(u)*
B *(be)*	**I** *(i)*	**O** *(o)*	**V** *(uve)*
C *(ce)*	**J** *(jota)*	**P** *(pe)*	**W** *(uve doble)*
D *(de)*	**K** *(ka)*	**Q** *(cu)*	**X** *(equis)*
E *(e)*	**L** *(ele)*	**R** *(erre)*	**Y** *(ye ou i griega)*
F *(efe)*	**M** *(eme)*	**S** *(ese)*	**Z** *(ceta)*
G *(ge)*	**N** *(ene)*	**T** *(te)*	

- L'espagnol possède une consonne qui lui est propre : la *ñ*.
- Les lettres sont du genre féminin : *¿Se escribe con **una be** o con **una uve**?*

02 La prononciation

- Toutes les lettres se prononcent, à l'exception du ***h***, toujours muet.
  *la **h**arina, la **a**rena* : la syllabe initiale se prononce de façon identique.
- Le ***b*** et le ***v*** se prononcent de la même façon.
  *be**ber**, vol**ver*** : la syllabe finale se prononce de façon identique.
- Le ***ch*** se prononce « tch ».
  ***ch**atear, dere**ch**o.*
- Le ***ll*** se prononce comme le son « ll » dans le mot français « famille ».
  *ca**ll**e, **ll**over.*
- Le ***ñ*** se prononce « gn » comme dans le mot français « gagner ».
  *peque**ñ**o.*
- Le ***y*** se prononce « i » quand il est seul ou à la fin d'un mot.
  y**, mu**y
  Devant une voyelle, il est proche du « j » français. *ma**y**or* [major]
- Le ***g*** devant *a, o, u, ue, ui* se prononce [ɣ] comme dans le mot français « gâteau ».
  ***g**ótico, **g**uerra.*
  Il se prononce du fond de la gorge [χ] devant *e, i.*
  ***g**ente, pá**g**ina.*
- Le ***j*** se prononce toujours du fond de la gorge [χ].
  ***j**oven, **j**irafa*
- Le ***r*** est roulé et vibrant.
  *ca**r**a, pa**r**ticula**r**.*
  Quand il est initial ou doublé, il vibre davantage. ***r**opa, ca**rr**o.*
- Le ***s*** et le ***z*** ne se prononcent jamais [z] comme dans le mot français « rose ».
  - Le *s* se prononce [s] comme dans « passer ». *televi**s**ión, pre**s**entar.*
  - Le *z* (ou le *c* devant *e* ou *i*) se prononce [θ] comme le « th » anglais. *la rique**z**a, la fuer**z**a.*
  - Dans certaines régions d'Espagne (Îles Canaries, une partie de l'Andalousie) et en Amérique latine, on prononce [s] dans tous les cas.
- Les voyelles conservent toujours le même son :
  dans le *om* et le *en* de ***comprender**,* on doit entendre le *m* et le *n* derrière le *o* et le *e*, et ne pas nasaliser comme on le fait en français pour le « om » et le « en » dans « comprendre ». *apr**en**der, c**on**curso, **An**dalucía*

03 L'accent tonique

- Il tombe sur **l'avant-dernière syllabe** des mots terminés par une voyelle ou par une marque du pluriel (*-s* : pour un nom : ***chi**cas*, *-n* pour un verbe : ***ha**cen*).
  *La mu**cha**cha **ha**bla. Las mu**cha**chas **ha**blan.*
- Il tombe sur la **dernière syllabe** des mots terminés par une consonne (y compris « *y* » qui est considéré une consonne en espagnol), sauf *-s* et *-n*.
  *ha**blar**, la ciu**dad**, es**toy***
- Lorsqu'il ne tombe **pas à sa place habituelle**, il est signalé par un accent **écrit.**
  *la **má**quina, los **jó**venes*
- L'accent écrit sert aussi à distinguer certains mots (accent diacritique).
  el (le) ≠ ***él*** (il, lui)
  ***se** (se sienta)* (se) ≠ ***sé** (saber)* (je sais)
  ***que** (lo que dice)* (que) ≠ ***qué** (¡qué dice!)*
- Les mots interrogatifs et exclamatifs portent toujours un accent écrit.
  Voir 39 et 40

04 L'intonation de la phrase

- En espagnol, le ton de la voix :
  - descend à la fin des phrases déclaratives.
    Hablo español. ↘
  - monte dans les phrases interrogatives auxquelles on peut répondre par oui ou par non.
    ¿Hablas español? ↗
  - descend dans les phrases interrogatives qui commencent par :
    qué, quién, cuál, cómo, cuánto, cuándo, dónde.
    ¿Cuántas lenguas hablas? ↘

05 Les nombres cardinaux

0 *cero*	1 *uno*	2 *dos*	3 *tres*	4 *cuatro*	5 *cinco*	6 *seis*	7 *siete*	8 *ocho*	9 *nueve*
10 *diez*	11 *once*	12 *doce*	13 *trece*	14 *catorce*	15 *quince*	16 *dieciséis*	17 *diecisiete*	18 *dieciocho*	19 *diecinueve*
20 *veinte*	21 *veintiuno*	22 *veintidós*	23 *veintitrés*	24 *veinticuatro*	25 *veinticinco*	26 *veintiséis*	27 *veintisiete*	28 *veintiocho*	29 *veintinueve*
30 *treinta*	31 *treinta **y** uno*	32 *treinta **y** dos*	33 *treinta **y** tres*	34 *treinta **y** cuatro*	35 *treinta **y** cinco*	36 *treinta **y** seis*	37 *treinta **y** siete*	38 *treinta **y** ocho*	39 *treinta **y** nueve*
40 *cuarenta*	41 *cuarenta **y** uno*	42 *cuarenta **y** dos*	43 *cuarenta **y** tres*	44 *cuarenta **y** cuatro*	45 *cuarenta **y** cinco*	46 *cuarenta **y** seis*	47 *cuarenta **y** siete*	48 *cuarenta **y** ocho*	49 *cuarenta **y** nueve*
50 *cincuenta*	...								
60 *sesenta*	...								
70 *setenta*	...								
80 *ochenta*	...								
90 *noventa*	...								
100 *cien*	101 *ciento uno*	102 *ciento dos*	...						

100 *ciento (cien)*	200 *doscientos (as)*	300 *trescientos (as)*	400 *cuatrocientos (as)*	500 *quinientos (as)*	600 *seiscientos (as)*	700 *setecientos (as)*	800 *ochocientos (as)*	900 *novecientos (as)*
1 000 *mil*	2 000 *dos mil*	3 000 *tres mil*	...					
10 000 *diez mil*	100 000 *cien mil*	1 000 000 *un millón*	100 000 000 *cien millones*	1 000 000 000 *mil millones* (un milliard)				

- On emploie *y* seulement **entre les dizaines et les unités**.
  *cuarenta **y** dos*, mais : *ciento **ø** dos*
- *uno* → ***un*** devant un nom **masculin**.
  *veinti**ún** euros, treinta y **un** años*
- *un* → ***una*** au **féminin**.
  *veinti**una** chicas*
- *ciento* → ***cien*** devant un nom et devant *mil*.
  ***cien** páginas, **cien** mil*
- À partir de 200, les centaines s'accordent avec le nom qui suit.
  *doscient**as** páginas*
  *1492: mil cuatrocient**os** noventa y dos (años)*

06 Les nombres ordinaux

le 1er	*el primero*	le 5e	*el quinto*	le 9e	*el noveno*
le 2e	*el segundo*	le 6e	*el sexto*	le 10e	*el décimo*
le 3e	*el tercero*	le 7e	*el séptimo*	le 11e	*el undécimo*
le 4e	*el cuarto*	le 8e	*el octavo*	le 12e	*el duodécimo*

primero → *primer*, *tercero* → *tercer* devant un nom **masculin singulier** : *el **primer** año*, *el **tercer** párrafo*

- À partir du 11e, on emploie de préférence les cardinaux.
  *el siglo **veinte*** (le vingtième siècle)
  *el **veinticinco** aniversario* (le vingt-cinquième anniversaire)

07 L'heure

- *la* ou *las* remplace le mot *hora*.
  *Es **la una**.* (Il est une heure.)
  *Son **las cuatro**.* (Il est quatre heures.)
  *Vendrá a **las dos**.* (Il / Elle viendra à deux heures.)

*Es **la una**.*

*Son **las tres**.*

*Son **las dos y media**.*

*Son **las cuatro menos cinco**.*

*Son **las siete y diez**.*

*Son **las cinco y cuarto**.*

08 La date

LES JOURS DE LA SEMAINE
lunes
martes
miércoles
jueves
viernes
sábado
domingo

LES MOIS DE L'ANNÉE	
enero	*julio*
febrero	*agosto*
marzo	*septiembre*
abril	*octubre*
mayo	*noviembre*
junio	*diciembre*

*Hoy es miércoles, diez **de** marzo **de** dos mil diecinueve.* (Aujourd'hui, c'est le mercredi 10 mars 2019.)

09 Les pourcentages

- Les pourcentages sont précédés d'un article masculin singulier :
  - *el* pour exprimer un **pourcentage précis**.
    ***El** 90% de los jóvenes pertenece a una red social.* (90 % des jeunes appartiennent à un réseau social.)
  - *un* pour exprimer un **pourcentage approximatif**.
    ***Un** 20% utiliza estas webs para hacer amigos.* (Environ 20 % utilisent ces sites pour se faire des amis.)

10 Le nombre des noms et des adjectifs

- **-s** : noms et adjectifs terminés par une voyelle.
  *la car**a** guap**a** → las car**as** guap**as***
  *un coch**e** roj**o** → unos coch**es** roj**os***
  *el sof**á** → los sof**ás***
- **-es** : noms et adjectifs terminés par une consonne (*y* est considéré comme une consonne) ou un *-í* accentué.
  *el móvi**l** últim**a** generació**n** → los móvi**les** últim**as** generacion**es***
  *la le**y** iran**í** → las le**yes** iran**íes***
- *-z* → **-ces**
  *la lu**z** → las lu**ces***

11 Le genre des noms et des adjectifs

- *-o* → **-a**
  *un niñ**o** buen**o** → una niñ**a** buen**a***
  Exceptions :
  ***el** testigo → **la** testig**o**, **el** reo → **la** reo*
  Mots terminant par *-ín*, *-án*, *-ón*, *-dor*, *-tor*, *-sor* et les adjectifs de nationalité : **+ -a**.
  *un hombre burl**ón** → una mujer burl**ona***
  *un doct**or** → una doct**ora***
  *un andalu**z** → una andalu**za***

Dans les autres cas, la terminaison reste inchangée.
*un niño amabl**e** → una niña amabl**e***
*un ejercicio fáci**l** → una tarea fáci**l***
*el artist**a** → la artist**a***

12 Les suffixes

Les suffixes nuancent les mots auxquels ils se rattachent (notion de **taille**, d'**affection** ou valeur **péjorative**).
*Me gusta más este coche **pequeñito** que ese **grandón**.*

12 a *-ito, -ita...* : les diminutifs

- Mots terminés par *-o*, *-a* ou une consonne autre que *-n* ou *-r* : ***-ito***, ***-ita***, ***-illo***, ***-illa***
  *casa → cas**ita***
  *árbol → arbol**illo***
- Mots terminés par *-e*, *-n*, *-r* : ***-cito***, ***-cita***
  *pobre → ¡pobre**cito**!*
  *joven → joven**cito***
  *amor → amor**cito***

12 b *-ón, -ona...* : les augmentatifs

En espagnol, les augmentatifs sont moins fréquents que les diminutifs.

- Le suffixe augmentatif le plus fréquent est *-ón*, *-ona*. Il a souvent une valeur dépréciative.
  una casa (une maison) → *un caser**ón*** (une grande maison)
  una mujer (une femme) → *una mujer**ona*** (une matrone)
  un soltero (un célibataire) → *un solter**ón*** (un vieux garçon)

13 L'adjectif qualificatif

- L'adjectif s'accorde en genre et en nombre avec le nom qu'il qualifie. (Pour la formation du féminin et du pluriel, voir 10 et 11)

13 a La position de l'adjectif qualificatif

- La position de l'adjectif par rapport au substantif peut varier. Il peut se placer :
  - avant le nom (antéposition) :
    un buen chico Voir apocope 14
  - après le nom (position post-nominale) :
    un chico bueno
- La place de l'adjectif peut changer le sens de la phrase.
  un buen padre (bon) → *un padre bueno* (gentil)
  un gran hombre (moral) → *un hombre grande* (taille)
  un mal momento (inadéquat) → *un momento malo* (difficile)

13 b Les degrés de l'adjectif

- Les comparatifs
  - **Supériorité (+) *más ... que***
    *Los españoles están **más** acostumbrados al calor **que** los franceses.* (Les Espagnols ont plus l'habitude de la chaleur que les Français.)
  - **égalité (=) *tan ... como***
    *Soy **tan** alta **como** mi madre.*
    (Je suis aussi grande que ma mère.)
  - **Infériorité (-) *menos ... que***
    *La clase de hoy me ha parecido **menos** interesante **que** la de ayer.* (Le cours d'aujourd'hui m'a semblé moins intéressant que celui d'hier.)
  - Comparatifs à forme propre :
    bueno (bon) → *mejor* (meilleur)
    malo (mauvais) → *peor* (pire)
    grande (grand) → *mayor* (majeur, plus grand)
    pequeño (petit) → *menor* (mineur, plus petit)
    *En mi equipo hay **mejores** jugadores **que** en el tuyo.*
    (Dans mon équipe il y a de meilleurs joueurs que dans la tienne.)
- Les superlatifs **relatifs**
  - **Supériorité (+) *el/la/los/las ... más*** (le/la/les ... plus)
    *Es **el** carburante **más** ecológico.*
    C'est le carburant le plus écologique.
  - **Infériorité (-) *el/la/los/las ... menos*** (le/la/les ... moins)
    *Es **la** energía **menos** utilizada.*
    (C'est l'énergie la moins utilisée.)

  Attention ! Contrairement au français, on ne répète pas l'article.
  *¿Es este **el** móvil **Ø** más barato?*
  (Est-ce que c'est le portable le moins cher ?)
- Les superlatifs **absolus**
  - **très + adj. : *muy* + *adj.***
    *El agua está **muy** limpia.* (L'eau est très propre.)
  - **très + adj. /adj. + -issime. : *adj.* + *-ísimo(a)***
    *El agua está **limpísima**.* (L'eau est très propre.)

  Attention ! Certains ont des formes irrégulières (ou doubles).
  grande → ***máximo***
  pequeño → ***mínimo***
  bueno → ***óptimo (buenísimo)***
  malo → ***pésimo (malísimo)***

  On peut également créer des superlatifs absolus grâce à certains préfixes.
  ***super**sónico, **extra**fino, **archi**sabido, **ultra**rápido...*

14 L'apocope

- L'apocope est la disparition d'une voyelle ou d'une syllabe à la fin de certains mots précédant un nom masculin singulier. Voici les plus courants :

bueno	***buen***	*un **buen** negocio* (une bonne affaire)
malo	***mal***	*un **mal** día* (une mauvaise journée)
grande	***gran***	*un **gran** hombre* (un grand homme)
primero	***primer***	*el **primer** premio* (le premier prix)
ciento	***cien***	***cien** años* (cent ans)
santo	***san***	***San** Pedro* (Saint Pierre)

15 L'article

	DÉFINI	INDÉFINI
singulier masculin	**el**	**un**
singulier féminin	**la**	**una**
pluriel masculin	**los**	**unos**
singulier féminin	**las**	**unas**
neutre	**lo**	

- *a* + *el* → ***al***, *de* + *el* → ***del***
  *Voy **al** colegio. Vengo **del** cine.*
- *la* → ***el***, *un* → ***una***
  Devant un nom féminin singulier commençant par *a* ou *ha* toniques (accentuées) :
  ***el** agua clara (las aguas claras)* mais : ***la/una** araña* (l'araignée)
  ***un** alma pura (unas almas puras)* mais : ***una** actividad*

15 a *El, la...* : articles définis

- Expression de l'heure : *Son **las** diez.* (Il est dix heures.)
- Les jours de la semaine : *Antonio llega **el** jueves.* (Antonio arrive jeudi.)
- La périodicité. On emploie le pluriel. ***Los** lunes tenemos clase.* (Le lundi, nous avons cours.)
- L'âge : *Se ha casado a **los** treinta y pico.* (Il s'est marié à plus de trente ans.)
- Celui de, ceux de, celle de, celles de : *el de*, *los de*, *la de*, *las de*
  *Esa versión, ¿es la de Alejandro Dumas o **la de** Tirso de Molina?*
  (C'est la version d'Alejandro Dumas ou celle de Tirso de Molina ?)
- Celui que, ceux que, celle que, celles que : *el que, los que, la que, las que*
  *He comprado **las que** te gustan.* (J'ai acheté celles que tu aimes.)
- Omission de l'article défini :
  - devant *casa* dans le sens de « chez » :
    *¡Otra vez a **Ø** casa de tus padres este fin de semana!* (Encore chez tes parents ce week-end !)
  - devant les noms de pays, régions ou villes non déterminés :
    ***Ø** Chile es un país en pleno desarrollo.* (Le Chili est un pays en plein développement.)
    mais : ***El** Madrid de mi niñez.* (Le Madrid de mon enfance.)

15 b *Un, una...* : articles indéfinis

- Expression de l'approximation : *Esta ciudad queda a **unos** cien kilómetros.* (Cette ville est à environ cent kilomètres.)
- Omission de l'article indéfini :
  - au pluriel : *He tenido **Ø** noticias suyas.* (J'ai eu des nouvelles de lui.)
  - devant *otro*, *otra* : *¿No se te ocurre **Ø** otra idea?* (N'as-tu pas une autre idée ?)

15 c *Lo* : article neutre

Ne s'emploie jamais devant un nom.

- « Ce qui est... » → ***lo* + adjectif ou participe passé**
  ***Lo difícil** es perder.* (Ce qui est difficile, c'est de perdre.)
- « Ce qui, ce que... » → ***lo que***
  *¿No sabes **lo que** ha hecho?* (Tu ne sais pas ce qu'il a fait ?)
- « Ce qui concerne... » → ***lo de***
  (As-tu appris pour María ?) *Supiste **lo de** Maria.*

16 Les adjectifs et pronoms démonstratifs

16 a Adjectifs démonstratifs

	SINGULIER	PLURIEL	PROXIMITÉ DANS L'ESPACE / LE TEMPS / LA PHRASE
masculin	**este**	**estos**	proche de celui qui parle (***yo, aquí, ahora***)
féminin	**esta**	**estas**	
masculin	**ese**	**esos**	proche de celui auquel on s'adresse (***tú, ahí***)
féminin	**esa**	**esas**	
masculin	**aquel**	**aquellos**	éloigné de celui qui parle (***él, allí, entonces***)
féminin	**aquella**	**aquellas**	

16 b Pronoms démonstratifs

- Les pronoms démonstratifs ont la même forme que les adjectifs, mais peuvent porter un accent écrit :
  éste (celui-ci),
  ése (celui-là),
  aquél (celui-là là-bas) ;
  sauf les trois pronoms neutres : ***esto***, ***eso***, ***aquello***.
  *¿Le gusta **este** modelo?* (*este* = adjectif : ce modèle)
  No, prefiero éste. (*éste* = pronom : celui-ci)

  Attention ! Depuis 2010, il est préconisé de ne plus les écrire avec accent. On rencontre donc de plus en plus cette forme non accentuée.
  *Vi varias películas, **esta** es la mejor.*

16 c Emploi

- Le choix du démonstratif dépend de l'éloignement
  - **dans l'espace :**
    *Quisiera ver **ese** libro, por favor. ¿**Éste**? No, **aquél**.*
    (Je voudrais voir ce livre, s'il vous plaît. Celui-ci ? Non, celui-là.)
  - **dans le temps :**
    *En 1492, Cristobal Colón descubrió América; **aquel** año fue muy importante para España.*
    (En 1492, Christophe Colomb a découvert l'Amérique, cette année-là fut très importante pour l'Espagne.)
  - **dans la phrase :**
    *Pidió ayuda a Rodrigo y a Ernesto: **este** (Ernesto) le ayudó, pero **aquel** (Rodrigo) se la negó.*
    (Il a demandé de l'aide à Rodrigo et à Ernesto : celui-ci l'a aidé, mais celui-là a refusé.)

17 Les adjectifs et pronoms possessifs

	ADJECTIFS POSSESSIFS AVANT LE NOM		ADJECTIFS POSSESSIFS APRÈS LE NOM	
	SINGULIER	PLURIEL	SINGULIER	PLURIEL
1res personnes	***mi***	***mis***	***mío*** / ***mía***	***míos*** / ***mías***
	nuestro / ***nuestra***	***nuestros*** / ***nuestras***	***nuestro*** / ***nuestra***	***nuestros*** / ***nuestras***
2^{es} personnes	***tu***	***tus***	***tuyo*** / ***tuya***	***tuyos*** / ***tuyas***
	vuestro / ***vuestra***	***vuestros*** / ***vuestras***	***vuestro*** / ***vuestra***	***vuestros*** / ***vuestras***
3es personnes	***su***	***sus***	***suyo*** / ***suya***	***suyos*** / ***suyas***

17 a L'accord des adjectifs possessifs

- Les adjectifs possessifs s'accordent en genre et en nombre avec le nom qu'ils introduisent :
  ***mi** abrigo* (mon manteau),
  ***vuestras** bufandas* (vos écharpes).

17 b La place des adjectifs possessifs

- Les adjectifs possessifs qui se placent après le nom s'accordent en genre et en nombre avec le nom qui les précède.
  *Es un amigo **mío**.* (C'est un ami à moi.)

17 c Les pronoms possessifs

- Ce sont les mêmes formes que celles des adjectifs possessifs placés après le nom, précédées de l'article défini : *el mío*, *la mía*, *los vuestros*, *las suyas*...
  *¿No has traído tu libro? Te presto **el mío**.*
  (Tu n'as pas apporté ton livre ? Je te prête le mien.)

  Attention ! Les possessifs sont beaucoup moins employés en espagnol qu'en français. Ainsi, on dit :
  Se pasa la vida en la calle. (Il passe sa vie dehors)

17 d Expressions figées avec des possessifs

- Certaines expressions figées exclamatives sont d'un usage très courant en espagnol :
  *¡Madre **mía**!*, *¡Dios **mío**!*

18 Les indéfinis

ADJECTIFS	peu de	***poco**, **a**, **os**, **as***	***pocas** calorías* (peu de calories)
	beaucoup de	***mucho**, **a**, **os**, **as***	***mucha** agua* (beaucoup d'eau)
	assez de	***bastante**, **es***	***bastante** dinero* (assez d'argent)
	trop de	***demasiado**, **a**, **os**, **as***	***demasiados** coches* (trop de voitures)
	tout, tous, toute, toutes	***todo**, **a**, **os**, **as***	***todo** el día* (toute la journée)
	plusieurs	***varios**, **as***	***varias** canciones* (plusieurs chansons)
	chaque	***cada***	***cada** lunes* (chaque lundi)
	certain, certaine, certains, certaines	***cierto**, **a**, **os**, **as***	***ciertos** días* (certains jours)
ADJECTIFS ET PRONOMS	un, une, quelques-uns, quelques-unes	***alguno**, **a**, **os**, **as***	*vinieron **algunos*** (quelques-uns sont venus)
	aucun, aucune	***ninguno**, **a***	***ninguna** amiga* (aucune amie)
	n'importe quel/quelle	***cualquiera***	***cualquiera** de ellos* (n'importe lequel d'entre eux)
	un autre, une autre, d'autres	***otro**, **a**, **os**, **as***	***otros** lugares* (d'autres lieux)
PRONOMS	quelque chose	***algo***	*hacer **algo*** (faire quelque chose)
	quelqu'un	***alguien***	*¿ha llamado **alguien**?* (quelqu'un a appelé ?)
	rien	***nada***	*no sabe **nada*** (il ne sait rien)
	personne	***nadie***	*no hay **nadie*** (il n'y a personne)

Attention !

- En espagnol, on n'emploie pas l'article indéfini devant *otro*.

  *Me gustaría oír **Ø otro** punto de vista.*

  (J'aimerais entendre un autre point de vue.)

- Les formes *alguno*, *ninguno*, *cualquiera* perdent leur voyelle finale (apocope) devant un nom masculin singulier. Voir 14

  *No hay **ningún** error.*

  (Il n'y a aucune erreur.)

- *Poco*, *mucho*, *bastante*, *demasiado*, *algo*, *nada* peuvent être aussi adverbes et donc invariables. Voir 37 d

  *Las cosas han cambiado **mucho**.*

  (Les choses ont beaucoup changé.)

19 Les pronoms personnels

	PRONOMS SUJETS	PRONOMS RÉFLÉCHIS	PRONOMS COD	PRONOMS COI	PRONOMS INTRODUITS PAR UNE PRÉPOSITION
1re pers. sing.	*yo*	*me*	*me*	*me*	*mí*
2e pers. sing.	*tú*	*te*	*te*	*te*	*ti*
3e pers. sing.	*él*, *ella*, *usted*	*se*	*lo*, *la (le)*	*le*	*él*, *ella*, *usted*
1re pers. pl.	*nosotros*, *as*	*nos*	*nos*	*nos*	*nosotros*, *as*
2e pers. pl.	*vosotros*, *as*	*os*	*os*	*os*	*vosotros*, *as*
3e pers. pl.	*ellos*, *ellas*, *ustedes*	*se*	*los*, *las*	*les*	*ellos*, *ellas*, *ustedes*

Attention ! Avec la préposition *con*, les pronoms ont une forme particulière au singulier : *conmigo*, *contigo*, *consigo*.
Quiero ir ***contigo****.* (Je veux y aller avec toi.)

19a Pronoms personnels sujets

- Ils sont moins utilisés en espagnol qu'en français puisqu'en espagnol la personne est déjà indiquée par la terminaison du verbe.
  ¿Ø Eres Pablo?
- On les emploie surtout pour insister sur la personne.
  No, Pablo es mi hermano. ***Yo*** *soy Juan.*

19b Pronoms personnels compléments

- *Le* et *les* ne peuvent pas être employés pour un objet.
  Lo *comprendo (lo que me estás explicando).*
  (Je le comprends (ce que tu m'expliques).)
  Le *comprendo (a mi amigo).* (Je le comprends (mon ami.)

19c L'ordre des pronoms compléments

- En espagnol, l'ordre est toujours : **COI puis COD**
  *¿****Nos las*** *devuelves?* (Tu nous les rends ?)
  Te lo *repito.* (Je te le répète.)
- Lorsque deux pronoms de la 3e personne se suivent, le premier → *se*
  Se lo *ha dicho.* (Elle le lui a dit.)

19d Le vouvoiement

- Pour vouvoyer, on utilise la 3e personne (plusieurs personnes → 3e personne du pluriel)
  Pase usted*, Señor, y* ***siéntese****.*
  (Entrez, Monsieur, et asseyez-vous.)
  Son ustedes los *que* ***deciden****.* (C'est vous qui décidez.)

19e L'enclise

- Les pronoms compléments employés sans préposition sont obligatoirement soudés après le verbe (enclise) aux trois formes suivantes :
  - à l'infinitif :
    *Va a llamar****la****.* (Il va l'appeler.)
    *Va a comprár****selo****.* (Il va le lui acheter.)
  - au gérondif :
    *Está llamándo****la****.* (Il est en train de l'appeler.)
    *Está comprándo****selo****.* (Il est en train de le lui acheter.)
  - à l'impératif positif :
    *Lláma****la****.* (Appelle-la.) *Cómpra****selo****.* (Achète-le lui.)

19f Construction des verbes de type *gustar*

- Les verbes de type *gustar* s'accordent avec le sujet placé après le verbe (souvent à la 3e personne du singulier ou du pluriel).
  *Me encant****a*** *este idioma.* (Cette langue m'enchante.)
  *Me gust****an*** *los idiomas.* (Les langues me plaisent.)
- ***Gustar*** a le sens de « aimer » mais s'accorde comme « plaire ». Il se construit comme ce dernier.
  *Me gust****a tu libro****.* (J'aime ton livre.)
  *Me gust****an tus libros****.* (J'aime tes livres.)
- Pour faire apparaître la personne qui ressent ce sentiment, le verbe est précédé des pronoms personnels COI correspondants (*me*, *te*, *le*, *nos*, *os*, *les*).
- Lorsque l'on veut insister sur la personne, le pronom personnel doit être précédé de la préposition « *a* » + *mí*, *ti*... ***A mí*** *me cuesta pronunciar el inglés.*
- Suivis ou précédés d'un infinitif, les verbe de type *gustar* se conjugue à la 3e personne du singulier.
- Autres verbes courants ayant une construction inversée par rapport à leur équivalent français :
  - *apetecer* (avoir envie) se construit comme « faire envie » : ***Me apetece*** *salir.* (J'ai envie de sortir.)
  - *costar* (avoir du mal à) se construit comme « coûter », « être difficile » :
    Me cuesta *creerlo.* (J'ai du mal à le croire.)
  - *doler* (avoir mal) se construit comme « faire mal » :
    Me duelen *las piernas.* (J'ai mal aux jambes.)

20 Les équivalents de « on »

- on = *se* + verbe conjugué à la 3e personne du singulier ou du pluriel (pour exprimer un fait général)
  *Aquí **se habla** español.* (Ici, on parle espagnol.)
  *Hoy **se celebran** las culturas indígenas.* (Aujourd'hui, on célèbre les cultures indigènes.)
- on = **3e personne du pluriel** (lorsque le sujet est très indéterminé)
  ***Dicen** que estaba muy enamorado.* (On dit qu'il était très amoureux.)
- on = *uno*, *una* (lorsque le « je » est sous-entendu)
  ***Uno** se siente traicionado.* (On se sent trahi.)
- on = **1re personne du pluriel** (lorsque « on » équivaut à « nous »)
  Vamos. (On y va.)

21 Les pronoms relatifs

21 a Qui, que, quoi : *que*

- C'est le pronom le plus fréquent. Il désigne une personne, un objet ou un fait dont on a parlé et introduit une proposition relative.
  *El cantante **que** prefieres.* (Le chanteur que tu préfères.)
  *El disco **que** me gusta.* (Le disque que j'aime.)
- Après une préposition, il est précédé de l'article : *el que*, *la que*, *los que*, *las que*.
  *El concierto **del que** te hablé.* (Le concert dont je t'ai parlé.)
- Pour évoquer une période de temps : *en que*.
  *El día **en que** te conocí.* (Le jour où je t'ai connu.)
- Pour traduire « ce que, ce qui » on peut employer *lo que*.
  ***Lo que** a mí me gusta es la música.*
  (Ce que j'aime c'est la musique.)

21 b Qui : *quien, quienes*

- Il désigne une personne dont on a parlé.
  *Eres tú **quien** decide.* (C'est toi qui décide.)

21 c La traduction de « dont »

- *cuyo*, *a*, *os*, *as* + substantif
  Il introduit un rapport de possession. Il est toujours suivi du nom auquel il se rapporte et auquel il s'accorde en genre et en nombre.
  *El grupo **cuyas** canciones te encantan.*
  (Le groupe dont tu adores les chansons.)
- *del que*, *de la que*, *de lo que*, *de los que*, *(de) quien*, *(de) quienes*, *(de) el cual*, *(de) la cual*, *(de) lo cual*, *(de) los cuales*, *(de) las cuales* + verbe
  L'antécédent peut être animé ou inanimé.
  *Es el futbolista **del que** te hablé.*
  (C'est le footballeur dont je t'ai parlé.)

21 d Où : *donde*

- Il désigne un lieu dont on a parlé.
  *Esa es la sala **donde** ensayan.*
  (C'est la salle où ils répètent.)

22 Le présent de l'indicatif

Voir tableaux de conjugaison p. 241.

- Formation
  - Verbes en *-AR* : radical + *-o*, *-as*, *-a*, *-amos*, *-áis*, *an*
  - Verbes en *-ER* : radical + *-o*, *-es*, *-e*, *-emos*, *-éis*, *-en*
  - Verbes en *-IR* : radical + *-o*, *-es*, *-e*, *-imos*, *-ís*, *-en*
- Comme en français, le présent de l'indicatif indique que l'action est en train de se réaliser.
  ***Leo** y **corrijo** el ejercicio.* (Je lis et je corrige l'exercice.)

23 Le passé composé

Voir tableaux de conjugaison pp. 241-244.

- Formation
  Le passé composé se forme avec l'**auxiliaire** *haber* **au présent de l'indicatif** + participe passé invariable (verbes en *-AR* : *-ado* ; verbes en *-ER*/*-IR* : *-ido*).
  *Yo **he crecido**.* (J'ai grandi).
- Il exprime une action achevée mais dont les conséquences sur le présent sont encore perceptibles.
  *Este año **he engordado** un poco.*
  (Cette année, j'ai un peu grossi.)
  Attention ! Le participe passé ne s'accorde jamais lorsqu'il est employé avec l'auxiliaire *haber*.
  *Las lecciones que hemos **estudiado**.*
  (Les leçons que nous avons étudiées.)
  En revanche, il s'accorde quand il est adjectif.
  *La directora está **enfadada**.* (La directrice est fâchée.)

Les principaux participes passés irréguliers :
abrir → *abierto* (ouvert)
morir → *muerto* (mort)
decir → *dicho* (dit)
poner → *puesto* (mis)
escribir → *escrito* (écrit)
resolver → *resuelto* (résolu)
descubrir → *descubierto* (découvert)
romper → *roto* (cassé)
freír → *frito* (frit)
ver → *visto* (vu)
hacer → *hecho* (fait)
volver → *vuelto* (revenu)
imprimir → *impreso* (imprimé)
et les dérivés de ces verbes :
describir → *descrito* (décrit), ***devolver*** → *devuelto* (rendu)

24 L'imparfait de l'indicatif

Voir tableaux de conjugaison pp. 241-244.

- Formation
  - Verbes en *-AR* : radical + *-aba*, *-abas*, *-aba*, *-ábamos*, *-abais*, *-aban*
  - Verbes en *-ER*/*-IR* : radical + *-ía*, *-ías*, *-ía*, *-íamos*, *-íais*, *-ían*

  Attention ! il existe 3 imparfaits irréguliers : ceux de *ser*, *ir* et *ver*.
- Comme en français, l'imparfait est le temps du récit. Il évoque :
  - une action **qui a duré** :
    *En esa época muchas cosas **se hacían** a mano.*
    (À cette époque, on faisait beaucoup de choses manuellement.)
  - une action **habituelle** :
    *Todos los días **escribíamos** la fecha en la pizarra.*
    (Tous les jours, nous écrivions la date au tableau.)
  - une action **qui se déroulait en même temps qu'une autre** :
    *Cuando llegó mi madre **estábamos** estudiando.*
    (Quand ma mère est arrivée, nous étions en train de travailler.)
- Il donne des éléments de description, en opposition au passé simple qui marque l'action.
  *El viento **soplaba** fuerte y tuvo miedo salir en bicicleta.*
  (Le vent soufflait fort et il eut peur de sortir à bicyclette.)
- L'**imparfait de courtoisie** : pour adresser une demande qui serait trop directe au présent.
  ***Quería** un kilo de manzanas, por favor.*
  (Je voudrais un kilo de pommes, s'il vous plaît.)

25 Le passé simple

Voir tableaux de conjugaison pp. 241-244.

- Formation
  - Verbes en *-AR* : radical + *-é*, *-aste*, *-ó*, *-amos*, *-asteis*, *-aron*
  - Verbes en *-ER*/*-IR* : radical + *-í*, *-iste*, *-ió*, *-imos*, *-isteis*, *-ieron*
- Le passé simple permet d'évoquer des **actions ponctuelles et achevées**.
  *Ayer **me caí** de la bici.* (Hier, je suis tombé de vélo.)
- Il permet d'exprimer une action ponctuelle dans le passé, en opposition à l'imparfait.
  *Esperaban llegar a la India, **llegaron** a América.*
- Il est d'un emploi plus fréquent en espagnol qu'en français ; il correspond souvent au passé composé français.
  ***Estuve** de vacaciones en Bogotá.*
  (Je suis allé en vacances à Bogota.)

26 Le plus-que-parfait

Voir tableaux de conjugaison pp. 241-244.

- Formation

Le plus-que-parfait se forme avec l'**auxiliaire** *haber* **à l'imparfait de l'indicatif** + **participe passé invariable** (verbes en *-AR* : *-ado* ; verbes en *-ER*/*-IR* : *-ido*).

*Ella **había salido.*** (Elle était sortie.)

Comme en français, il exprime une **action antérieure à un événement passé** dans un récit à l'imparfait ou au passé simple.

*Cuando llegué, ya te **habías ido**.*
(Quand je suis arrivé, tu étais déjà parti.)

27 Le futur

Voir tableaux de conjugaison pp. 241-244.

- Formation

Infinitif + *-é*, *-ás*, *-á*, *-emos*, *-éis*, *-án*

- Le futur exprime une **action**, un **événement à venir**.

*El año que viene **correré** el maratón de París.*
(L'année prochaine, je courrai le marathon de Paris.)

Il peut aussi évoquer une **incertitude**, la **probabilité** ou le **doute**.

- Dans le présent (futur simple) :

__Serán__ las tres y media.
(Il doit être trois heures et demie.)

- Dans le passé (futur antérieur) :

¿__Habrá__ llegado tu hermano?
(Crois-tu que ton frère est déjà arrivé ?)

28 Le gérondif

Voir tableaux de conjugaison pp. 241-244.

- Formation
  - Verbes en *-AR* : ***-ando***
  - Verbes en *-ER*/*-IR* : ***-iendo***

  Attention ! Le *-i-* de *-iendo* se transforme en *-y-* lorsqu'il se trouve entre deux voyelles, c'est à dire lorsque le radical du verbe se termine par une voyelle : *traer* → *trayendo*.

- Le gérondif est toujours invariable. Comme en français, il joue généralement le **rôle d'un complément de manière**. Il marque l'action dans son développement et a souvent une **valeur explicative**.

*Voy al instituto **andando**.* (Je vais au lycée à pied.)

- *estar* + gérondif : « être en train de »

__Estamos preparando__ una ensalada.
(Nous sommes en train de préparer une salade.)

- *seguir* + gérondif : exprime la continuité

__Sigo pensando__ que es la mejor.
(Je continue à penser que c'est la meilleure.)

- *acabar* + gérondif : « finir par »

__Acabaré aprobando__ las matemáticas.
(Je finirai bien par réussir en mathématiques.)

- *ir* + gérondif : « peu à peu »

*El estadio **se va llenando**.* (Le stade se remplit peu à peu.)

- *pasarse el tiempo* + gérondif : « passer son temps »

Te pasas el tiempo chateando.
(Tu passes ton temps à chatter.)

- *llevar* + complément de temps + gérondif

Llevo dos horas esperándote.
(Ça fait deux heures que je t'attends.)

29 L'emploi du subjonctif

Voir tableaux de conjugaison pp. 241-244.

Avec le subjonctif, on exprime une action éventuelle, subjective, ou non réalisée.

29 a Espagnol = français

- **But** : ***para que***
  *Te lo explico **para que lo entiendas**.*
  (Je te l'explique pour que tu comprennes.)
- **Volonté, désir, crainte** : ***querer que***, ***desear que***, ***temer que***...
  ***Quiero que vengas** conmigo.*
  (Je veux que tu viennes avec moi.)
- **Point de vue, sentiment** : ***es necesario que***, ***me gusta que***, ***prefiero que***...
  ***¿Prefieres que nos veamos** mañana?*
  (Préfères-tu que nous nous voyions demain ?)
- **Doute** : ***dudo que***, ***no creo que***...
  ***No creo que sea** una buena idea.*
  (Je ne crois pas que ce soit une bonne idée.)
- **Souhait** : ***espero que, ojalá***...
  ***Ojalá apruebe** el examen.*
  (Pourvu que je réussisse l'examen.)
- **Restriction** : ***sin que***
  *Ha salido **sin que lo sepa** su padre.*
  (Il est sorti sans que son père le sache.)

29 b Espagnol ≠ français

- Pour exprimer la **défense** : ***no*** **+ verbe au subjonctif**
  ***No pases** tanto tiempo chateando.*
  (Ne passe pas si longtemps à chatter.)
- Après « dire de », « demander de », « prier de », « interdire de »... : ***pedir que***, ***decir que***, ***mandar que***, ***aconsejar que***...
  Te pido que me obedezcas.
  (Je te demande de m'obéir.)
- Pour exprimer un **événement futur** dans une **subordonnée** de :
  - temps : introduite par ***cuando***, ***mientras***, ***en cuanto***...
    *Te lo confirmo **cuando me llames** por teléfono.*
    (Je te le confirmerai quand tu me téléphoneras.)
  - manière : introduite par ***como***...
    *Haz **como prefieras**.* (Fais comme tu préfères.)
  - lieu : introduite par ***donde***, ***en que***...
    *Quedemos **donde quieras**.*
    (Retrouvons-nous où tu voudras.)
- Pour exprimer une **condition** :
  si **+ verbe au subjonctif**
  ***Si tuviera** dinero, me compraría este ordenador.*
  (Si j'avais de l'argent, je m'achèterais cet ordinateur.)
  ***Si lo hubiera sabido**, habría venido.*
  (Si je l'avais su, je serais venu.)
- Pour exprimer une **éventualité**
  - « peut-être » → ***quizás***, ***tal vez***, ***acaso***...
    ***Quizás venga** mañana.*
    (Il viendra peut-être demain.)
  - « même si » → ***aunque***
    ***Aunque te enfades**, no salgo.*
    (Même si tu te fâches, je ne sortirai pas.)

30 Le conditionnel

Voir tableaux de conjugaison pp. 241-244.

- Formation
  Infinitif + *-ía*, *-ías*, *-ía*, *-íamos*, *-íais*, *-ían*
- Comme en français, il exprime une éventualité, une supposition.
  *Te **ayudaría** si me lo pidieras.*
  (Je t'aiderais si tu me le demandais.)

Outre sa valeur de conditionnel, il peut aussi indiquer une incertitude dans le passé.
***Serían** las nueve cuando pasó el cartero.*
(Il devait être 9 h quand le facteur est passé.)

- Il exprime également :
  - la courtoisie : *¿Me **podrías** reemplazar?*
  - la modestie, la nuance : ***Preferiría** acabar hoy.*
  - la suggestion, le conseil : ***Deberías** comer más fruta.*

31 L'impératif

Voir tableaux de conjugaison pp. 241-244.

- Formation

L'impératif a deux personnes spécifiques : la 2e du singulier et la 2e du pluriel. Les autres personnes sont issues du subjonctif présent.

Attention ! Il existe huit formes irrégulières et inclassables d'impératif à *tú*.

hacer → ***haz***

poner → ***pon***

tener → ***ten***

venir → ***ven***

salir → ***sal***

ser → ***sé***

decir → ***di***

ir → ***ve***

31 a L'impératif positif

- Il exprime un ordre.

***Ven** a buscarme a las diez.* (Viens me chercher à 10 h.)

Attention ! L'enclise du pronom est obligatoire avec l'impératif positif.

***Dímelo** todo.* (Dis-moi tout.)

Voir 19 e

31 b L'impératif négatif

- Il exprime une **défense**, une **interdiction**.

Il se construit avec *no* + présent du subjonctif.

***No vengas** esta noche.* (Ne viens pas ce soir.)

Attention ! Jamais d'enclise du pronom avec l'impératif négatif.

*No **me lo digas**.*

(Ne me le dis pas. = Je ne veux pas le savoir.)

Voir 19 e

32 Ser et estar

Voir tableaux de conjugaison pp. 241-244.

• Devant un **nom**, **pronom**, **nombre**, **infinitif** • Devant les **tournures indiquant l'origine**, **l'appartenance**, **la matière**	toujours *SER*	*Mi padre **es veterinario**.* *¿Éste de la foto **eres tú**?* *Las carabelas **eran tres**.* *Lo difícil **es ganar**.* *La paella **es de Valencia**.* *¿**Es tuyo** ese videojuego?* *Mis zapatos **son de piel**.*
• Devant un **complément de lieu** ou de **temps** • Devant un **gérondif**	toujours *ESTAR*	*La Giralda **está en** Sevilla.* ***Estamos en** abril.* *¿**Están comiendo**?*
• Devant un **participe passé**	*SER* = dans une phrase à la **voix passive** **Attention !** *ESTAR* + participe passé n'est pas le passif, mais résultat d'une action	*La comida **es preparada por** el cocinero.* *La comida **está servida**.*
• Devant un **adjectif**	*SER* = caractéristique essentielle *ESTAR* = état, même durable, lié aux circonstances	*Inés **es** encantadora.* *Mi habitación **está** desordenada.*

- Le sens d'un adjectif peut être modifié selon le verbe employé :

Ser bueno. (Être bon, gentil.) ≠ *Estar bueno.* (Être en bonne santé.)

Ser malo. (Être méchant.) ≠ *Estar malo.* (Être malade.)

Ser listo. (Être intelligent.) ≠ *Estar listo.* (Être prêt.)

Ser rico. (Être riche.) ≠ *Estar rico.* (Être délicieux.)

33 La concordance des temps

TEMPS DE LA PROPOSITION PRINCIPALE	TEMPS DE LA PROPOSITION SUBORDONNÉE
- Présent - Futur présent - Passé composé - Impératif	→ Présent du subjonctif
- Imparfait - Passé simple - Plus-que-parfait - Conditionnel	→ Imparfait ou plus-que-parfait du subjonctif

*Te **mandaré** un sms para que te **acuerdes**.* (Je t'enverrai un sms pour que tu t'en souviennes.)
futur — prés. du subj.

*Te **dejé** un mensaje para que me **contestaras**.* (Je t'ai laissé un message pour que tu me répondes.)
passé simple — imp. du subj.

34 Les conjonctions de coordination

Elles relient des éléments similaires de la phrase ou différentes phrases du même niveau entre elles. Elles sont invariables. Elles expriment :

- **l'addition, la succession :** ***y*** (et)

  *Hoy tengo clase de historia **y** de francés.*
  (Aujourd'hui j'ai cours d'histoire et de français.)

  Attention ! *y* → ***e*** devant un nom commençant par *i* ou *hi* :
  *Me pongo estas botas en otoño **e** invierno.*
  (Je mets ces bottes en automne et en hiver.)

- **l'alternative, le choix :** ***o*** (ou)

  *¿Te espero **o** me voy?* (Je t'attends ou je m'en vais ?)

  Attention ! *o* → ***u*** devant un nom commençant par *o* :
  *Elige uno **u** otro.* (Choisis l'un ou l'autre.)

- **la négation :** ***ni*** (ni). Elle remplace *y* et *o* dans les phrases négatives.

  *No quiero queso **ni** postre.* (Je ne veux pas de fromage ni de dessert.)

- **l'opposition :**

  pero (mais)
  sino (« mais » à la place de pero dans une phrasse négative)
  sin embargo (pourtant, cependant)
  más bien (plutôt)
  mientras que (alors que)
  en cambio (en revanche)

  *El profesor es simpático **pero** exigente.* (Le professeur est sympa mais exigeant.)
  *Alberto no es colombiano **sino** venezolano.* (Alberto n'est pas colombien mais vénézuélien.)
  *Son las 7h, **sin embargo** no es aún de día.* (Il est 7 h, pourtant il ne fait pas encore jour.)
  *Prefiero **más bien** ir ahora.* (Je préfère plutôt y aller maintenant.)
  *La gente se amontona en las playas **mientras que** hay tanto sitio en el campo.*
  (Les gens s'entassent dans les plages alors qu'il y a beaucoup de place à la campagne.)
  *En Madrid las tiendas están abiertas hasta muy tarde, en París **en cambio** cierran temprano.*
  (À Madrid les magasins sont ouverts jusqu'à très tard, à Paris en revanche, ils ferment tôt.)

35 Les conjonctions de subordination

Elles relient une phrase principale à une subordonnée. Elles sont invariables. Elles expriment :

- **la cause :**

 que (parce que)
 porque (parce que)
 ya que, ***puesto que*** (puisque, du moment que)
 como (comme)
 por eso (à cause de)

 *No salgo **porque** está lloviendo.*
 (Je ne sors pas parce qu'il pleut.)
 *No voy a clase **ya que/puesto que** estoy enfermo.*
 (Je ne vais pas en cours puisque je suis malade.)
 ***Como** llegué tarde, no me esperaron.*
 (Comme je suis arrivé en retard, ils ne m'ont pas attendu.)

- **la condition :**

 si (si)
 en el caso de que (au cas où)

 ***Si** tú lo dices, será verdad.* (Si tu le dis, ça doit être vrai.)

- **le but, la finalité :**

 para que (pour que)

 *Grita **para que** lo oigan.* (Il crie pour qu'on l'entende.)

- **la concession :**

 aunque **+ indicatif** ou **+ subjonctif**
 (« bien que » + subjonctif / « même si » + indicatif)

 *Te acompaño al parque **aunque** no me **apetece**.*
 (Je t'accompagne au parc, bien que je n'en aie pas envie.)
 ***Aunque** me lo **pida**, no lo haré.*
 (Même s'il me le demande, je ne le ferai pas.)

- **la conséquence :**

 que dans ***tanto***, ***-a***, ***-os***, ***-as … que*** (tant que, tellement que)
 así que (si bien que, de telle sorte que)

 *Estaba tan cansado **que** se durmió en clase.*
 (Il était si fatigué qu'il s'est endormi en classe.)
 *Está muy enfermo **así que** mañana no vendrá.*
 (Il est très malade si bien qu'il ne viendra pas demain.)

- **une valeur explicative :**

 por (lo) tanto (par conséquent)
 o sea (que) (autrement dit)
 así que (donc)

 *Tengo un examen el viernes, **o sea que** tengo que estudiar.*
 (J'ai un contrôle vendredi, autrement dit, je dois travailler.)

36 Les prépositions

Les différents mots qui composent la phrase peuvent être introduits par des prépositions.

36a a

- Indique la direction ou la situation dans l'espace :
  *Voy **al** instituto.* (Je vais au lycée.)
  *Está **a** la salida del metro **a** la izquierda.*
  (Il se trouve à la sortie du métro à gauche.)
- Indique le temps ou l'espace où un événement a lieu :
  *Te espero **a** la salida del cine **a** las tres.*
  (Je t'attends à la sortie du cinéma à trois heures.)
- Indique la manière :
  *¿Este objeto está hecho **a** mano o **a** máquina?*
  (Cet objet a été fait à la main ou à la machine ?)
- Introduit un COD de personne ou un COI :
  *Esta tarde veo **a** mi hermano.* (Ce soir, je vois mon frère.)
  *Le he comprado un regalo **a** mi abuela.*
  (J'ai acheté un cadeau à ma grand-mère.)

36b ante

- Indique la localisation spatiale dans le sens de « devant », « en présence de », au sens propre comme au sens figuré :
  ***Ante** esas acusaciones, prefiero irme.*
  (Devant ces accusations, j'ai préféré partir.)

36c bajo

- Indique la localisation spatiale dans le sens de « sous », « en dessous», au sens propre comme au sens figuré :
  *Está **bajo** una mala influencia.*
  (Il est sous une mauvaise influence.)

36d con

- Indique l'accompagnement :
  *Voy **con** mi madre a hacer las compras.*
  (Je vais faire les courses avec ma mère.)
- Indique le moyen ou la manière de faire quelque chose :
  *En Japón comen **con** palillos.*
  (Au Japon, on mange avec des baguettes.)

36e contra

- Indique l'opposition, l'affrontement :
  *Es la nueva campaña de la lucha **contra** el cáncer.*
  (C'est la nouvelle campagne de lutte contre le cancer.)
- Indique le contact, l'appui :
  *Ella me apretó **contra** su mejilla y me besó.*
  (Elle m'a serré contre sa joue et elle m'a embrassé.)
- Indique l'échange :
  *Te cambio mi camiseta **contra** tus vaqueros.*
  (J'échange mon tee-shirt contre ton jean.)

36f de

- Indique la propriété ou l'appartenance :
  *Ha venido en el coche **de** su padre.*
  (Il est venu dans la voiture de son père.)
- Indique l'origine :
  *Mi amiga **es** de Granada.*
  (Mon amie est de Grenade.)
- Indique la matière :
  *¿Te gustan las cazadoras **de** cuero?*
  (Est-ce que tu aimes les blousons en cuir ?)
- Indique une caractéristique de quelque chose ou de quelqu'un :
  *Es un hombre **de** estatura media.*
  (C'est un homme de taille moyenne.)

  Attention ! On n'emploie pas la préposition *de* après certains adjectifs et certains verbes.
  *He intentado **Ø** aprender esta regla.*
  (J'ai essayé d'apprendre cette règle.)
  *Es difícil **Ø** olvidarla.* (C'est difficile de l'oublier.)
  *Es fácil **Ø** hablar español.* (C'est facile de parler espagnol.)
  *Esta máquina **Ø** viajar en el tiempo.*
  (Cette machine permet de voyager dans le temps.)

36g desde

- Indique le point de départ dans le temps ou l'espace :
  *No he visto a Carlos **desde** el mes pasado.*
  (Je n'ai pas vu Carlos depuis le mois dernier.)
  ***Desde** mi casa al instituto hay 200 metros.*
  (Entre chez moi et le lycée il y a 200 mètres.)

  Attention ! pour exprimer une période de temps on emploie *desde hace* + complément de temps.
  *Practico el español **desde hace** quatro años.*

36h durante

- Indique la durée :
  ***Durante** mi estancia en Sevilla aprendí mucho español.*
  (Pendant mon séjour à Séville j'ai appris beaucoup d'espagnol.)

36i en

- Indique la situation dans l'espace ou dans le temps :
  *En primavera hay flores **en** los jardines del instituto.*
  (Au printemps, il y a des fleurs dans les jardins du lycée.)
- Indique le moyen :
  *Voy a ir a Barcelona **en** avión.*
  (J'irai à Barcelone en avion.)

36j *entre*

- Indique une position intermédiaire, au sens propre comme au sens figuré :
  *Me senté en la mesa **entre** mis dos hermanas.*
  (Je me suis attablée entre mes deux sœurs.)
- Indique l'appartenance à un groupe :
  ***Entre** colegas, nos llevamos bien.*
  (Entre collègues, on s'entend bien.)
- Indique la coopération :
  *Hemos limpiado toda la casa **entre** mi padre y yo.*
  (Nous avons nettoyé toute la maison entre mon père et moi.)

36k *hacia*

- Indique la direction vers un lieu :
  *Voy **hacia** el instituto.* (Je vais vers le lycée.)
- Indique le lieu ou le temps aproximatif :
  *Llegarán **hacia** las cuatro.* (Ils arriveront vers 4 h.)

36l *hasta*

- Indique la limite dans le temps ou dans l'espace :
  *Tengo clase **hasta** las cinco.* (J'ai cours jusqu'à cinq heures.)

36m *mediante*

- Indique le moyen pour arriver à un but :
  *Rodrigo se ha dado a conocer **mediante** un blog.*
  (Rodrigo s'est fait connaître grâce à un blog.)

36n *para*

- Indique le but :
  *¿**Para** qué lo necesitas?* (Pourquoi en as-tu besoin ?)
- Indique le point de vue :
  ***Para** mí lo importante es participar.*
  (Pour moi, l'important c'est de participer.)
- Indique le délai :
  *Estará preparado **para** el jueves.* (Ce sera prêt pour jeudi.)
- Indique le destinataire :
  *He reservado una plaza **para** ti.* (J'ai réservé une place pour toi.)

36o *por*

- Indique la cause :
  *No ha estudiado **por** pereza.* (Il n'a pas étudié par paresse.)
  *El ladrón fue arrestado **por** robo.* (Le voleur a été arrêté pour vol.)
- Indique le lieu par où l'on passe :
  *El tren pasa **por** mi ciudad.* (Le train passe par ma ville.)
- Indique la manière, le moyen, l'instrument :
  *Están hablando **por** teléfono.*
  (Ils sont en train de parler au téléphone.)

  Indique l'échange :
  *Hemos comprado una televisión **por** 300 euros.*
  (Nous avons acheté un téléviseur pour 300 euros.)
- Introduit un complément d'agent :
  *Ha sido seleccionado **por** el Real Madrid.*
  (Il a été sélectionné par le Real Madrid.)

36p *pro*

- Indique que l'on est pour quelqu'un ou quelque chose :
  *Es una manifestación **pro** gubernamental.*
  (C'est une manifestation pro gouvernement.)

36q *según*

- Indique le point de vue :
  *¿Quién ganará **según** tú?* (Selon toi, qui va gagner ?)

36r *sin*

- Indique le manque, la négation :
  *No se puede comprar **sin** dinero.*
  (On ne peut rien acheter sans argent.)

36s *sobre*

- Indique la localisation dans l'espace dans le sens de « su », « au-dessus de » :
  *He dejado las llaves **sobre** la mesa.*
  (J'ai laissé les clés sur la table.)
- Indique l'aproximation :
  *Volveré **sobre** las diez.*
  (Je rentrerai vers dix heures.)

36t *tras*

- Indique la postériorité dans l'espace et le temps :
  ***Tras** el verano empiezan las clases.*
  (Après l'été commencent les cours.)

36u Les locutions prépositionnelles

Il existe en espagnol un grand nombre de locutions prépositionnelles. Voici les plus fréquentes :

- relatives au lieu :
  al lado de (à côté de), *alrededor de* (autour de), *cerca de* (près de), *debajo de* (sous), *delante de* (devant), *dentro de* (dans, dedans), *detrás de* (derrière), *encima de* (sur), *enfrente de* (en face de), *fuera de* (hors), *junto a* (à côté de), *lejos de* (loin de)
- relatives au temps : *antes de* (avant), *después de* (après)
- relatives au sujet dont on parle :
  acerca de (à propos de), *a pesar de* (malgré), *en cuanto a* (quant à), *en virtud de* (en vertu de), *gracias a* (grâce à), *por culpa de* (à cause de), *respecto a* (au sujet de)

37 Les adverbes

Le sens de certains mots peut être modifié par l'ajout d'un adverbe.

37 a Adverbes de lieu

- ***aquí***, ***acá***
  Indiquent ce qui est proche de la personne qui parle.
  ***Aquí** vive mi amigo Luis.*
  (Mon ami Luis habite ici.)
- ***ahí***
  Indique ce qui est à moyenne distance de la personne qui parle.
  *Desde **ahí** veremos mejor.*
  (Depuis là-bas, nous verrons mieux.)
- ***allí***, ***allá***
  Indiquent ce qui est loin de la personne qui parle.
  *Compraré las entradas y te esperaré **allí**.*
  (J'achèterai les entrées et je t'attendrai là-bas.)

37 b Adverbes de temps

- ***ya***
  - *ya* → adverbe de temps en français
  ***Ya** he visto esa película.* (J'ai déjà vu ce film.)
  ***Ya** veremos.* (Nous verrons plus tard.)
  - *ya* → bien (nuance de renforcement)
  ***Ya** lo sé.* (Je le sais bien.)
- ***todavía***, ***aún***
  Pour dire « encore » dans le sens de « toujours ».
  *¿**Todavía** no has hecho los deberes?*
  (Tu n'as pas encore fait tes devoirs ?)
  *No, **aún** no he tenido tiempo.*
  (Non, je n'ai pas encore eu le temps.)
- ***nunca*** (jamais) Voir **38**
  ***Nunca** la he visto.* (Je ne l'ai jamais vue.)

37 c Adverbes de manière

- Adjectifs qualificatifs au féminin + *-mente*
  limpio → *limpia* → *limpiamente*
  Si l'adjectif est invariable en genre :
  libre → *libremente*, *fácil* → *fácilmente*
  Attention ! *poco*, *mucho*, *bastante*, *demasiado* peuvent aussi être des adjectifs indéfinis et s'accorder avec le nom. Voir **18**

37 d Adverbes de quantité

- ***poco*** (peu), ***mucho*** (beaucoup), ***bastante*** (assez), ***demasiado*** (trop).
  Ils sont invariables.
  *Este año ha nevado **mucho**.*
  (Cette année, il a beaucoup neigé.)

38 La phrase négative

Dans une phrase négative en espagnol, un mot négatif doit toujours précéder le verbe.

- ***no*** (non, ne ... pas), ***ni*** (ni)
  ***No** conozco a su padre **ni** a su madre.*
  (Je ne connais ni son père ni sa mère.)
- ***nada*** (rien), ***nadie*** (personne), ***ninguno*** (aucun), ***nunca*** (jamais), ***tampoco*** (non plus)

Deux constructions possibles :
- *No* + verbe + mot négatif
  *¿**No** me ha llamado **nadie**?* (Personne ne m'a appelé ?)
- Mot négatif + verbe
  *¿**Nadie** me ha llamado?* (Personne ne m'a appelé ?)

39 La phrase interrogative

- La phrase interrogative est encadrée à l'écrit par un point d'interrogation à l'envers au début et un autre à l'endroit à la fin : *¿Cómo te llamas?*
- Elle est marquée à l'oral par l'intonation de la voix. Voir **04**
- Les mots interrogatifs portent toujours un accent écrit pour les différencier des pronoms relatifs : ***qué*** (que), ***por qué*** / ***para qué*** (pourquoi), ***quién***/***quiénes*** (qui), ***dónde*** (où), ***cuándo*** (quand), ***cómo*** (comment), ***cuál***/***cuáles*** (quel/quelle/quels/quelles), ***cuánto***, ***-a***, ***-os***, ***-as*** (combien)
  ***¿Dónde** estuviste ayer?* (Où étais-tu hier ?)
- Dans les phrases interrogatives indirectes, il n'y a pas de point d'interrogation mais le mot interrogatif conserve l'accent écrit :
  *Le pregunta **dónde** vive.* (Il lui demande où il habite.)
  Attention ! Contrairement à *dónde*, *adónde* marque un mouvement, la direction vers laquelle on se dirige.
  ***¿Adónde** vais?* (Où allez-vous ?)

40 La phrase exclamative

- La phrase exclamative est encadrée à l'écrit par un point d'exclamation à l'envers au début et un autre à l'endroit à la fin.
  ¡Qué alegría verte! (Quel plaisir de te revoir !)
- Elle est marquée à l'oral par l'intonation de la voix.
- Elle est introduite par des mots exclamatifs : ***qué*** (que/comme), ***cómo*** (comme), ***cuánto*** (combien), ***vaya*** (quel/quelle)...
  ***¡Vaya** contaminación!* (Quelle pollution !)

Elle peut se construire de différentes formes :

- ¡*Qué* + adj.! *¡Qué grande!*
- ¡*Qué* + adj. + verbe + nom!
  ¡Qué grande es esta ciudad!
- ¡*Qué* + nom + *más*/*tan* + adj.!
  ¡Qué ciudad tan grande!

- Dans les exclamatives indirectes, il n'y a pas de point d'exclamation mais le mot exclamatif conserve l'accent écrit :
  *Me dijo **cuánto** me echa de menos.*
  (Il m'a dit combien je lui manquais.)

41 Les périphrases verbales

41 a Formées avec l'infinitif

- ***ir a*** **+ infinitif** : pour exprimer une action future
  ***Vamos a ver** qué nos cuenta hoy.*
  (Nous allons voir ce qu'il raconte aujourd'hui.)
  ***Voy a decirle** que no es posible.*
  (Je vais lui dire que ce n'est pas possible.)
- ***empezar a***, ***comenzar a***, ***ponerse a***, ***romper a*** **+ infinitif** : pour indiquer le début du déroulement de l'action
  *¿Cuándo **empiezas/comienzas a trabajar**?*
  (Quand commences-tu à travailler ?)
  *¿Por qué **te pones a explicarme** algo que ya sé?*
  (Pourquoi commences-tu à m'expliquer ce que je sais déjà ?)
  *Y de pronto, **rompió a llorar**.*
  (Et soudain, il commença à pleurer.)
- ***acabar de*** : pour indiquer que l'action vient de se terminer, « venir de »
  ¡Acabo de entender! (Je viens de comprendre !)
  ***Acabábamos de salir** del cine cuando empezó a llover.*
  (Nous venions de sortir du cinéma lorsqu'il commença à pleuvoir.)

41 b Formées avec le gérondif

- Indiquent une action en cours. Voir **28**

41 c La réitération

- ***volver a*** **+ infinitif** : pour exprimer la réitération de l'action exprimée par l'infinitif
  ***Vuelvo a** intentarlo.* (J'essaye à nouveau.)
  *No **vuelvas a** hacerlo.* (Ne refais pas la même chose)

42 Constructions à retenir

42 a La traduction de « c'est... que/qui »

- ***Ser*** **+** **sujet** **+** ***quien/quienes/el que/la que/ los que/las que***

  Fue *Picasso* ***quien*** *pintó el Guernica.*
  (C'est Picasso qui a peint Guernica.)

  Son *ellas* ***las que*** *han ganado.*
  (Ce sont elles qui ont gagné.)

  Attention ! Cette construction est beaucoup moins utilisée en espagnol qu'en français.

42 b La traduction de « il y a »

- Pour présenter, localiser, énumérer : ***hay***

  Hoy ***hay*** *pescado para comer.*
  (Aujourd'hui, il y a du poisson pour déjeuner.)

- Pour évoquer le temps : ***hace***

  Lo he visto ***hace*** *una semana.*
  (Il y a une semaine que je l'ai vu.)

42 c La traduction de « il faut »

- Obligation impersonnelle (= d'ordre général et qui ne concerne pas une personne en particulier) : ***hay que***, ***es necesario/importante/útil***, ***hace falta***

  Es necesario *hacer deporte.* (Il faut faire du sport.)

- Obligation personnelle (= qui concerne une personne précise) : ***tener que***, ***deber***

  Tienes que *decidirte.* (Il faut que tu te décides.)

42 d La traduction de « devenir »

- Changement passager : ***ponerse*** **+ adjectif**

  Se ha puesto *colorado.* (Il est devenu écarlate.)

- Changement progressif : ***hacerse*** **+ adjectif**

  Se ha hecho *adulta* (Elle est devenue adulte.)

- Changement radical, plus ou moins durable : ***volverse*** **+ adjectif**

  Se ha vuelto *loco* (Il est devenu fou.)

- Changement essentiel : ***convertirse en*** **+ nom**

  El renacuajo ***se ha convertido en*** *rana.*
  (Le têtard est devenu grenouille.)

- Pour traduire « rendre », on emploie *volver* + adjectif ou nom ou *hacer* + adjectif ou nom (si la transformation est volontaire).

  Mi idea era ***volvernos famosos***.
  (Mon idée était de nous rendre célèbres.)

42 e La traduction de « ne... que »

- Se traduit généralement par ***solo***, ***solamente***.

  Solo *queda un trozo de tarta.*
  (Il ne reste qu'un morceau de tarte.)

  Attention ! Jusqu'à la réforme orthographique de la Real Academia Española (2010), *sólo*, adverbe, devait porter un accent écrit quand il pouvait y avoir confusion avec l'adjectif *solo*.
  À présent, il est préconisé de l'écrire sans accent.

  Voy ***sólo*** *al cine. ≠ Voy* ***solo*** *al cine.*
  (Je vais uniquement au cinéma. ≠ Je vais seul au cinéma.)

42 f La traduction de « y compris »

- Se traduit généralement par ***incluso***.

  Es una película para todos los públicos, ***incluso*** *para los más jóvenes.*
  (C'est un film tous publics, y compris les plus jeunes.)

42 g *Soler* + infinitif

- Cette construction est utilisée pour exprimer l'habitude.

  Mis abuelos ***suelen venir*** *los domingos.*
  (Mes grands-parents ont l'habitude de venir le dimanche.)

42 h *Al* + infinitif

- Cette construction est utilisée pour indiquer que deux actions sont simultanées.

  Al llegar *al aparcamiento vi que su coche había desaparecido.*
  (En arrivant au parking j'ai vu que sa voiture avait disparu.)

42 i La traduction de « réussir »

- Se traduit par ***lograr***, ***conseguir***, ***llegar a***.

  Por fin ***he logrado*** *verla.* (Enfin, j'ai réussi à la voir.)

  ¡Lo ***he conseguido****!* (J'ai réussi !)

  No ***he llegado a*** *saber lo que pasa.*
  (Je n'ai pas réussi à savoir ce qui se passe.)

42 j *Se me*

- Dans la tournure ***se me*** (*te/le/nos/os/les*) le verbe se conjugue comme *gustar*. Voir 19 f

  Se me *ha olvidado tu nombre.* (J'ai oublié ton prénom.)

  Se me *han olvidado las gafas.* (J'ai oublié les lunettes.)

Formation

Infinitif

3 groupes : verbes en *-ar*, en *-er* et en *-ir*

Gérondif

- verbes en *-ar* : radical + *-ando*
- verbes en *-er* et en *-ir* : radical + *-iendo*

Participe passé

- verbes en *-ar* : radical + *-ado*
- verbes en *-er* et en *-ir* : radical + *-ido*

Présent de l'indicatif

- verbes en *-ar* :
  radical + *-o*, *-as*, *-a*, *-amos*, *-áis*, *-an*
- verbes en *-er* :
  radical + *-o*, *-es*, *-e*, *-emos*, *-éis*, *-en*
- verbes en *-ir* :
  radical + *-o*, *-es*, *-e*, *-imos*, *-ís*, *-en*

Présent du subjonctif

- verbes en *-ar* : *-e* à toutes les personnes
  radical + *-e*, *-es*, *-e*, *-emos*, *-éis*, *-en*
- verbes en *-er* et en *-ir* : *-a* à toutes les personnes
  radical + *-a*, *-as*, *-a*, *-amos*, *-áis*, *-an*

Impératif

Deux personnes spécifiques : la 2e du singulier et du pluriel. Les autres sont issues du subjonctif présent.

Futur

Infinitif + *-é*, *-ás*, *-á*, *-emos*, *-éis*, *-án*

Imparfait de l'indicatif

- verbes en *-ar* :
  radical + *-aba*, *-abas*, *-aba*, *-ábamos*, *-abais*, *-aban*
- verbes en *-er* et en *-ir* :
  radical + *-ía*, *-ías*, *-ía*, *-íamos*, *-íais*, *-ían*

Attention ! Il y a seulement **3 imparfaits irréguliers** : ceux de *ir*, *ser* et *ver* (voir pp. 243-244).

Passé simple

- verbes en *-ar* :
  radical + *-é*, *-aste*, *-ó*, *-amos*, *-asteis*, *-aron*
- verbes en *-er* et en *-ir* :
  radical + *-í*, *-iste*, *-ió*, *-imos*, *-isteis*, *-ieron*

Temps composés

Ils sont tous formés avec l'**auxiliaire** *haber* conjugué + le participe passé invariable.

VERBES RÉGULIERS

Infinitif Gérondif Participe passé	Présent de l'indicatif	Présent du subjonctif	Impératif	Futur	Conditionnel	Imparfait de l'indicatif	Passé simple	Imparfait du subjonctif (forme en *-ra*)
Verbes en *-ar*								
hablar (*parler*) hablando hablado	hablo hablas habla hablamos habláis hablan	hable hables hable hablemos habléis hablen	 habla hable hablemos hablad hablen	hablaré hablarás hablará hablaremos hablaréis hablarán	hablaría hablarías hablaría hablaríamos hablaríais hablarían	hablaba hablabas hablaba hablábamos hablabais hablaban	hablé hablaste habló hablamos hablasteis hablaron	hablara hablaras hablara habláramos hablarais hablaran
Verbes en *-er*								
comer (*manger*) comiendo comido	como comes come comemos coméis comen	coma comas coma comamos comáis coman	 come coma comamos comed coman	comeré comerás comerá comeremos comeréis comerán	comería comerías comería comeríamos comeríais comerían	comía comías comía comíamos comíais comían	comí comiste comió comimos comisteis comieron	comiera comieras comiera comiéramos comierais comieran
Verbes en *-ir*								
vivir (*vivre*) viviendo vivido	vivo vives vive vivimos vivís viven	viva vivas viva vivamos viváis vivan	 vive viva vivamos vivid vivan	viviré vivirás vivirá viviremos viviréis vivirán	viviría vivirías viviría viviríamos viviríais vivirían	vivía vivías vivía vivíamos vivíais vivían	viví viviste vivió vivimos vivisteis vivieron	viviera vivieras viviera viviéramos vivierais vivieran

VERBES RÉGULIERS

Infinitif Gérondif Participe passé	Présent de l'indicatif	Présent du subjonctif	Impératif	Futur	Conditionnel	Imparfait de l'indicatif	Passé simple	Imparfait du subjonctif (forme en *-ra*)
Verbes à diphtongue								
e → ie	pierdo	pierda		perderé	perdería	perdía	perdí	perdiera
perder	pierdes	pierdas	pierde	perderás	perderías	perdías	perdiste	perdieras
(perdre)	pierde	pierda	pierda	perderá	perdería	perdía	perdió	perdiera
perdiendo	perdemos	perdamos	perdamos	perderemos	perderíamos	perdíamos	perdimos	perdiéramos
perdido	perdéis	perdáis	perded	perderéis	perderíais	perdíais	perdisteis	perdierais
	pierden	pierdan	pierdan	perderán	perderían	perdían	perdieron	perdieran
o/u → ue	cuento	cuente		contaré	contaría	contaba	conté	contara
contar	cuentas	cuentes	cuenta	contarás	contarías	contabas	contaste	contaras
(raconter)	cuenta	cuente	cuente	contará	contaría	contaba	contó	contara
contando	contamos	contemos	contemos	contaremos	contaríamos	contábamos	contamos	contáramos
contado	contáis	contéis	contad	contaréis	contaríais	contabais	contasteis	contarais
	cuentan	cuenten	cuenten	contarán	contarían	contaban	contaron	contaran
Verbes à affaiblissement								
e → i	pido	pida		pediré	pediría	pedía	pedí	pidiera
pedir	pides	pidas	pide	pedirás	pedirías	pedías	pediste	pidieras
(demander)	pide	pida	pida	pedirá	pediría	pedía	pidió	pidiera
pidiendo	pedimos	pidamos	pidamos	pediremos	pediríamos	pedíamos	pedimos	pidiéramos
pedido	pedís	pidáis	pedid	pediréis	pediríais	pedíais	pedisteis	pidierais
	piden	pidan	pidan	pedirán	pedirían	pedían	pidieron	pidieran
Verbes à alternance								
e → ie/i	siento	sienta		sentiré	sentiría	sentía	sentí	sintiera
sentir	sientes	sientas	siente	sentirás	sentirías	sentías	sentiste	sintieras
(sentir)	siente	sienta	sienta	sentirá	sentiría	sentía	sintió	sintiera
sintiendo	sentimos	sintamos	sintamos	sentiremos	sentiríamos	sentíamos	sentimos	sintiéramos
sentido	sentís	sintáis	sentid	sentiréis	sentiríais	sentíais	sentisteis	sintierais
	sienten	sientan	sientan	sentirán	sentirían	sentían	sintieron	sintieran
o → ue/u	duermo	duerma		dormiré	dormiría	dormía	dormí	durmiera
dormir	duermes	duermas	duerme	dormirás	dormirías	dormías	dormiste	durmieras
(dormir)	duerme	duerma	duerma	dormirá	dormiría	dormía	durmió	durmiera
durmiendo	dormimos	durmamos	durmamos	dormiremos	dormiríamos	dormíamos	dormimos	durmiéramos
dormido	dormís	durmáis	dormid	dormiréis	dormiríais	dormíais	dormisteis	durmierais
	duermen	duerman	duerman	dormirán	dormirían	dormían	durmieron	durmieran
Verbes en -acer, -ecer, -ocer, -ucir								
c → zc	conozco	conozca		conoceré	conocería	conocía	conocí	conociera
conocer	conoces	conozcas	conoce	conocerás	conocerías	conocías	conociste	conocieras
(connaître)	conoce	conozca	conozca	conocerá	conocería	conocía	conoció	conociera
conociendo	conocemos	conozcamos	conozcamos	conoceremos	conoceríamos	conocíamos	conocimos	conociéramos
conocido	conocéis	conozcáis	conoced	conoceréis	conoceríais	conocíais	conocisteis	conocierais
	conocen	conozcan	conozcan	conocerán	conocerían	conocían	conocieron	conocieran
Verbes en -ducir								
c → zc	conduzco	conduzca		conduciré	conduciría	conducía	conduje	condujera
c → j	conduces	conduzcas	conduce	conducirás	conducirías	conducías	condujiste	condujeras
conducir	conduce	conduzca	conduzca	conducirá	conduciría	conducía	condujo	condujera
(conduire)	conducimos	conduzcamos	conduzcamos	conduciremos	conduciríamos	conducíamos	condujimos	condujéramos
conduciendo	conducís	conduzcáis	conducid	conduciréis	conduciríais	conducíais	condujisteis	condujerais
conducido	conducen	conduzcan	conduzcan	conducirán	conducirían	conducían	condujeron	condujeran

VERBES IRRÉGULIERS

Infinitif Gérondif Participe passé	Présent de l'indicatif	Présent du subjonctif	Impératif	Futur	Conditionnel	Imparfait de l'indicatif	Passé simple	Imparfait du subjonctif (forme en *-ra*)
	ando	ande		andaré	andaría	andaba	anduve	anduviera
andar	andas	andes	anda	andarás	andarías	andabas	anduviste	anduvieras
(marcher)	anda	ande	ande	andará	andaría	andaba	anduvo	anduviera
andando	andamos	andemos	andemos	andaremos	andaríamos	andábamos	anduvimos	anduviéramos
andado	andáis	andéis	andad	andaréis	andaríais	andabais	anduvisteis	anduvierais
	andan	anden	anden	andarán	andarían	andaban	anduvieron	anduvieran
	caigo	caiga		caeré	caería	caía	caí	cayera
caer	caes	caigas	cae	caerás	caerías	caías	caíste	cayera
(tomber)	cae	caiga	caiga	caerá	caería	caía	cayó	cayeras
cayendo	caemos	caigamos	caigamos	caeremos	caeríamos	caíamos	caímos	cayera
caído	caéis	caigáis	caed	caeréis	caeríais	caíais	caísteis	cayéramos
	caen	caigan	caigan	caerán	caerían	caían	cayeron	cayeran
	doy	dé		daré	daría	daba	di	diera
dar	das	des	da	darás	darías	dabas	diste	dieras
(donner)	da	dé	dé	dará	daría	daba	dio	diera
dando	damos	demos	demos	daremos	daríamos	dábamos	dimos	diéramos
dado	dais	deis	dad	daréis	daríais	dabais	disteis	dierais
	dan	den	den	darán	darían	daban	dieron	dieran
	digo	diga		diré	diría	decía	dije	dijera
decir	dices	digas	di	dirás	dirías	decías	dijiste	dijeras
(dire)	dice	diga	diga	dirá	diría	decía	dijo	dijera
diciendo	decimos	digamos	digamos	diremos	diríamos	decíamos	dijimos	dijéramos
dicho	decís	digáis	decid	diréis	diríais	decíais	dijisteis	dijerais
	dicen	digan	digan	dirán	dirían	decían	dijeron	dijeran
	estoy	esté		estaré	estaría	estaba	estuve	estuviera
estar	estás	estés	está	estarás	estarías	estabas	estuviste	estuvieras
(être)	está	esté	esté	estará	estaría	estaba	estuvo	estuviera
estando	estamos	estemos	estemos	estaremos	estaríamos	estábamos	estuvimos	estuviéramos
estado	estáis	estéis	estad	estaréis	estaríais	estabais	estuvisteis	estuvierais
	están	estén	estén	estarán	estarían	estaban	estuvieron	estuvieran
	he	haya		habré	habría	había	hube	hubiera
haber	has	hayas	he	habrás	habrías	habías	hubiste	hubieras
[auxiliaire]	ha	haya	haya	habrá	habría	había	hubo	hubiera
habiendo	hemos	hayamos	hayamos	habremos	habríamos	habíamos	hubimos	hubiéramos
habido	habéis	hayáis	habed	habréis	habríais	habíais	hubisteis	hubierais
	han	hayan	hayan	habrán	habrían	habían	hubieron	hubieran
	hago	haga		haré	haría	hacía	hice	hiciera
hacer	haces	hagas	haz	harás	harías	hacías	hiciste	hicieras
(faire)	hace	haga	haga	hará	haría	hacía	hizo	hiciera
haciendo	hacemos	hagamos	hagamos	haremos	haríamos	hacíamos	hicimos	hiciéramos
hecho	hacéis	hagáis	haced	haréis	haríais	hacíais	hicisteis	hicierais
	hacen	hagan	hagan	harán	harían	hacían	hicieron	hicieran
	voy	vaya		iré	iría	iba	fui	fuera
ir	vas	vayas	ve	irás	irías	ibas	fuiste	fueras
(aller)	va	vaya	vaya	irá	iría	iba	fue	fuera
yendo	vamos	vayamos	vayamos	iremos	iríamos	íbamos	fuimos	fuéramos
ido	vais	vayáis	id	iréis	iríais	ibais	fuisteis	fuerais
	van	vayan	vayan	irán	irían	iban	fueron	fueran
	puedo	pueda		podré	podría	podía	pude	pudiera
poder	puedes	puedas	puede	podrás	podrías	podías	pudiste	pudieras
(pouvoir)	puede	pueda	pueda	podrá	podría	podía	pudo	pudiera
pudiendo	podemos	podamos	podamos	podremos	podríamos	podíamos	pudimos	pudiéramos
podido	podéis	podáis	poded	podréis	podríais	podíais	pudisteis	pudierais
	pueden	puedan	puedan	podrán	podrían	podían	pudieron	pudieran

VERBES IRRÉGULIERS

Infinitif Gérondif Participe passé	Présent de l'indicatif	Présent du subjonctif	Impératif	Futur	Conditionnel	Imparfait de l'indicatif	Passé simple	Imparfait du subjonctif (forme en *-ra*)
oír	oigo	oiga		oiré	oiría	oía	oí	oyera
(entendre)	oyes	oigas	oye	oirás	oirías	oías	oíste	oyeras
	oye	oiga	oiga	oirá	oiría	oía	oyó	oyera
oyendo	oímos	oigamos	oigamos	oiremos	oiríamos	oíamos	oímos	oyéramos
oído	oís	oigáis	oíd	oiréis	oiríais	oíais	oísteis	oyerais
	oyen	oigan	oigan	oirán	oirían	oían	oyeron	oyeran
poner	pongo	ponga		pondré	pondría	ponía	puse	pusiera
(mettre)	pones	pongas	pon	pondrás	pondrías	ponías	pusiste	pusieras
	pone	ponga	ponga	pondrá	pondría	ponía	puso	pusiera
poniendo	ponemos	pongamos	pongamos	pondremos	pondríamos	poníamos	pusimos	pusiéramos
puesto	ponéis	pongáis	poned	pondréis	pondríais	poníais	pusisteis	pusierais
	ponen	pongan	pongan	pondrán	pondrían	ponían	pusieron	pusieran
querer	quiero	quiera		querré	querría	quería	quise	quisiera
(vouloir, aimer)	quieres	quieras	quiere	querrás	querrías	querías	quisiste	quisieras
	quiere	quiera	quiera	querrá	querría	quería	quiso	quisiera
queriendo	queremos	queramos	queramos	querremos	querríamos	queríamos	quisimos	quisiéramos
querido	queréis	queráis	quered	querréis	querríais	queríais	quisisteis	quisierais
	quieren	quieran	quieran	querrán	querrían	querían	quisieron	quisieran
saber	sé	sepa		sabré	sabría	sabía	supe	supiera
(savoir)	sabes	sepas	sabe	sabrás	sabrías	sabías	supiste	supieras
	sabe	sepa	sepa	sabrá	sabría	sabía	supo	supiera
sabiendo	sabemos	sepamos	sepamos	sabremos	sabríamos	sabíamos	supimos	supiéramos
sabido	sabéis	sepáis	sabed	sabréis	sabríais	sabíais	supisteis	supierais
	saben	sepan	sepan	sabrán	sabrían	sabían	supieron	supieran
salir	salgo	salga		saldré	saldría	salía	salí	saliera
(sortir)	sales	salgas	sal	saldrás	saldrías	salías	saliste	salieras
	sale	salga	salga	saldrá	saldría	salía	salió	saliera
saliendo	salimos	salgamos	salgamos	saldremos	saldríamos	salíamos	salimos	saliéramos
salido	salís	salgáis	salid	saldréis	saldríais	salíais	salisteis	salierais
	salen	salgan	salgan	saldrán	saldrían	salían	salieron	salieran
ser	soy	sea		seré	sería	era	fui	fuera
(être)	eres	seas	sé	serás	serías	eras	fuiste	fueras
	es	sea	sea	será	sería	era	fue	fuera
siendo	somos	seamos	seamos	seremos	seríamos	éramos	fuimos	fuéramos
sido	sois	seáis	sed	seréis	seríais	erais	fuisteis	fuerais
	son	sean	sean	serán	serían	eran	fueron	fueran
tener	tengo	tenga		tendré	tendría	tenía	tuve	tuviera
(avoir)	tienes	tengas	ten	tendrás	tendrías	tenías	tuviste	tuvieras
	tiene	tenga	tenga	tendrá	tendría	tenía	tuvo	tuviera
teniendo	tenemos	tengamos	tengamos	tendremos	tendríamos	teníamos	tuvimos	tuviéramos
tenido	tenéis	tengáis	tened	tendréis	tendríais	teníais	tuvisteis	tuvierais
	tienen	tengan	tengan	tendrán	tendrían	tenían	tuvieron	tuvieran
traer	traigo	traiga		traeré	traería	traía	traje	trajera
(apporter)	traes	traigas	trae	traerás	traerías	traías	trajiste	trajeras
	trae	traiga	traiga	traerá	traería	traía	trajo	trajera
trayendo	traemos	traigamos	traigamos	traeremos	traeríamos	traíamos	trajimos	trajéramos
traído	traéis	traigáis	traed	traeréis	traeríais	traíais	trajisteis	trajerais
	traen	traigan	traigan	traerán	traerían	traían	trajeron	trajeran
venir	vengo	venga		vendré	vendría	venía	vine	viniera
(venir)	vienes	vengas	ven	vendrás	vendrías	venías	viniste	vinieras
	viene	venga	venga	vendrá	vendría	venía	vino	viniera
viniendo	venimos	vengamos	vengamos	vendremos	vendríamos	veníamos	vinimos	viniéramos
venido	venís	vengáis	venid	vendréis	vendríais	veníais	vinisteis	vinierais
	vienen	vengan	vengan	vendrán	vendrían	venían	vinieron	vinieran
ver	veo	vea		veré	vería	veía	vi	viera
(voir)	ves	veas	ve	verás	verías	veías	viste	vieras
	ve	vea	vea	verá	vería	veía	vio	viera
viendo	vemos	veamos	veamos	veremos	veríamos	veíamos	vimos	viéramos
visto	veis	veáis	ved	veréis	veríais	veíais	visteis	vierais
	ven	vean	vean	verán	verían	veían	vieron	vieran

Espagnol - Français

Abréviations utilisées :

adj. : adjectif
adv. : adverbe
amér. : en Amérique
esp. : en Espagne
loc. : locution
n. : nom féminin et/ou masculin
n.f. : nom féminin
n.m. : nom masculin
pl. : pluriel
prép. : préposition
pron. : pronom
v. : verbe
v.irr. : verbe irrégulier

a menudo adv. souvent
abajo adv. dessous / en-dessous / en-bas
abandonar v. abandonner / quitter
abastecer v.irr. fournir
abrazar v. enlacer
abuelo,-a n. grand-père,-mère
aburrimiento n.m. ennui
acento n.m. accent
acera n.f. trottoir
acercar(se) v. (s')approcher
acertado,-a adj. bon,-ne / judicieux,-euse
acogedor,-a adj. accueillant,-e
acomplejado,-a adj. complexé,-e
aconsejar v. conseiller
acontecimiento n.m. événement
activismo n.m. activisme
actor / actriz n. acteur / actrice
actuar v. agir
adaptar(se) v. s'adapter
adoptar v. adopter
adulto,-a n. adulte
afeitar(se) v. raser (se)
afición n.f. passion / engouement, goût
agobiado,-a adj. accablé,-e
agotamiento n.m. épuisement
agotar(se) v. (s')épuiser
agradable adj. agréable
agradecer v.irr. remercier
agua n.f. eau
aguantar v. supporter
aire n.m. air
aislado,-a adj. isolé,-e
ajedrez n.m. échecs (jeu)
alcalde,-desa n.m. / n.f. maire
alcanzar v. atteindre
aldea n.f. petit village, hameau
alegre adj. joyeux
alegría n.f. joie
alemán,-a n. / adj. allemand,-e
algo adv. quelque chose / un peu
alimento n.m. aliment
almorzar [ue] (amér.) v. déjeuner
alquiler n.m. loyer / location
altar n.m. autel
alto,-a adj. haut,-e, grand,-e
amado,-a adj. aimé,-e
amanecer n.m. aube / nouvelle ère
amanecer v.irr. commencer à faire jour
amarillo,-a adj. jaune
ambiente n.m. ambiance, atmosphère
ámbito n.m. domaine / secteur
ambos,-as adj. les deux
amenaza n.f. menace
amenazar v. menacer
amo,-a n. maître / maîtresse
amor n.m. amour
ampliar v. agrandir / élargir
amplio,-a adj. large
anciano,-a n.m. personne âgée
ancho,-a adj. large
androide n.m. androïde
angustia n.f. angoisse
animar v. encourage / soutenir
antaño adv. autrefois
antepasado n.m. ancêtre
antiguo,-a adj. ancien,-ienne, vieux / vieille
antiguo,-a adj. ancien,-ienne
antipático,-a adj. antipathique
apacible adj. paisible
apagar v. éteindre
apasionado,-a adj. passionné,-e
apasionar(se) v. se passionner
apego n.m. attachement
apenas adv. à peine
apetecer v.irr. plaire
aplicación n.f. application
apocalipsis n.m. apocalypse
aporte n.m. apport
apoyar v. appuyer / soutenir
apoyar(se) v. s'appuyer
apoyo n.m. soutien, appui
aprender v. apprendre (recevoir un enseignement)
aprendiz n.m. apprenti
aprobar [ue] v. réussir (un examen)
aprovechar v. profiter, tirer profit
apuntar v. relever / noter
apuntes (tomar) n.m. notes (prendre des)
árabe n. / adj. arabe
árbitro n.m. arbitre
árbol n.m. arbre
arder v. brûler
arena n.f. sable
arma n.f. arme
armadura n.f. armure
arquitecto,-a n.m. / n.f. architecte
arquitectura n.f. architecture
arraigado,-a adj. enraciné,-e
arrancar v. arracher
arrasar v. raser / détruire
arriba adv. en-haut / là-haut
arriesgado,-a adj. risqué,-e
arroz n.m. riz
arte n.m. art
artesanía n.f. artisanat
artista n.m. / n.f. artiste
artístico,-a adj. artistique

ascenso n.m. promotion
asomar v. apparaître / dépasser
astronauta n.m. / n.f. astronaute
astronomía n.f. astronomie
astrónomo,-a n.m. / n.f. astronome
asustar v. effrayer
atadura n.f. attache
atento,-a adj. attentif,-ve
atmósfera n.f. atmosphère
atractivo,-a adj. attirant,-e / intéressant,-e
atraer v.irr. attirer
atrevido,-a adj. audacieux,-euse
atribuir v.irr. attribuer
aula n.f. salle de cours
auriculares n.m.pl. écouteurs
ausencia n.f. absence
autoestima n.f. estime de soi
autonomía n.f. autonomie
autorretrato n.m. autoportrait
avergonzado,-a adj. honteux, -euse, gêné,-e
avergonzar(se) [ue] v. avoir honte
averiguar v. vérifier
ayer adv. hier
ayudante n.m. / n.f. assistant,-e
ayudar v. aider
ayuntamiento n.m. mairie
azteca adj. aztèque
azúcar n.m. sucre
azul adj. bleu,-e
bailaor,-a n. danseur,-euse de flamenco
bailar v. danser
baile n.m. danse
bajo,-a adj. petit,-e / bas,-se
balance n.m. bilan
balbucear v. balbutier / bafouiller
baloncesto n.m. basketball
balonmano n.m. handball
banco n.m. banc
bando n.m. camp
barrera n.f. barrière
barrio n.m. quartier
basura n.f. déchets / poubelle
basuras n.f. pl. ordures
beber v. boire
bebida n.f. boisson
bebido,-a adj. saoul,-e
becario,-a n. boursier,-ère
becas n.f. plr bourses (études)
béisbol n.m. base-ball
bélico,-a adj. guerrier,-ère
belleza n.f. beauté
bello,-a adj. beau / belle
beneficio n.m. bénéfice / bienfait
bilingüe adj. bilingue
bilingüismo n.m. bilinguisme
biodiversidad n.f. biodiversité
bisabuelo,-a n.m. arrière-grand-père,-mère
bisnieto,-a n. arrière-petit-fils, -petite-fille
blanco y negro (en) loc. noir et blanc (en)
blanco,-a adj. blanc,-che
bocadillo n.m. sandwich
bolsillo n.m. poche (vêtement)
bolso n.m. sac
bonito,-a adj. beau, belle / joli,-e
borrar v. effacer
borroso,-a adj. flou,-e
bosque n.m. bois / forêt
braceo n.m. mouvement des bras du danseur de flamenco
bufanda n.f. écharpe
burlar(se) v. se moquer
buscar v. chercher
caballo n.m. cheval
caja n.f. boîte / caisse
calavera n.f. tête de mort
calcetín n.m. chaussette
calentamiento n.m. réchauffement
calidad n.f. qualité
calor n.m. chaleur
callar(se) v. taire / se taire
cámara n.f. caméra / appareil-photo
camarero n.m. serveur / garçon de café
cambiar v. changer
cambio n.m. changement
camino n.m. chemin
camiseta n.f. tee-shirt, maillot
campanario n.m. clocher
campaña n.f. campagne (publicitaire)
campo n.m. campagne / champ
canal n.m. chaîne (TV)
candidatar v. candidater
cantaor,-a n. chanteur,-euse de flamenco
cantar v. chanter
capa n.f. couche
capaz adj. capable
capítulo n.m. chapitre
carecer (de) v.irr. manquer (de)
carga n.f. charge
cariño n.m. tendresse / affection
carne n.f. viande
carrera n.f. parcours / études universitaires
carretera n.f. route
carta (de motivación) n.f lettre (de motivation)
cartel n.m. affiche
casado,-a [estar] adj. marié,-e
casco histórico n.m. vieille ville
castellano,-a n. / adj. castillan,-e
castizo adj. pur / authentique
catalán,-a n. / adj. catalan,-e
catástrofe n.f. catastrophe
causa n.f. cause
cebolla n.f. oignon
celebrar v. célébrer / fêter
cenar v. dîner
cercado,-a adj. entouré,-é
cesta n.f. panier
chándal n.m. survêtement
chino,-a n. / adj. chinois,-e
chocar v. choquer / heurter
ciego,-a n.m. / adj. aveugle
ciencia-ficción n.f. science-fiction
cine n.m. cinéma
circundar v. entourer
ciudad n.f. ville
ciudadano,-a n. / adj. citoyen, -enne
civilización n.f. civilisation
clásico,-a adj. classique
clave n.f. clé (élément) / essentiel
cliché n.m. cliché
clima n.m. climat
clon n.m. clone
cocina n.f. cuisine
codicia n.f. convoitise / cupidité
codiciado,-a adj. convoité,-e
codicioso,-a adj. avide
cohesión n.f. cohésion
color n.m. couleur
columna n.f. colonne
combatir v. combattre
comer v. manger
comida n.f. nourriture
comida basura loc. malbouffe
cómodo,-a adj. confortable
compañerismo n.m. camaraderie
compañero,-a n. camarade / collègue
compartir v. partager
competir [i] v. être en compétition
complicado,-a adj. compliqué,-e, complexe
cómplice adj. complice
complicidad n.f. complicité
comprar v. acheter
comprometer(se) v. s'engager
compromiso n.m. engagement
comunicar(se) v. communiquer
concienciar v. faire prendre conscience / sensibiliser
concordar [ue] **(con)** v. accorder (s')
condenado,-a n. / adj. condamné,-e
confianza n.f. confiance

confiar (en) v. faire confiance à / avoir confiance en
conflicto n.m. conflit
confundir v. confondre
conjugación n.f. conjugaison
conjunto n.m. ensemble
conmemorar v. commémorer
conmovedor,-a adj. émouvant,-e
conmover [ue] v. émouvoir / toucher
conocimiento n.m. connaissance
conquistador n.m. conquistador
conquistar v. conquérir
consagrar v. consacrer
conseguir [i] v. réussir / obtenir / parvenir à
consejo n.m. conseil
conservar v. conserver
construir v. irr construire
consumidor,-a n.m. / n.f. consommateur, -trice
consumir v. consommer
consumo n.m. consommation
contaminación n.f. pollution
contaminado,-a adj. pollué,-e
contaminar v. polluer
contemporáneo,-a adj. contemporain,-e
contestar v. répondre
contratación n.f recrutement
contratar v. embaucher
contribuir v.irr. contribuer
convencer v. convaincre
convertir(se) [ie] **(en)** v. devenir / se transformer en
convincente adj. convainquant,-e
convivencia n.f. vie en commun / cohabitation
convivir v. cohabiter / coexister / vivre avec
copiar v. copier / recopier
corrupción n.f. corruption
cosmovisión n.f. cosmovision / vision du monde
costar [ue] v. coûter
costarle [ue] **a uno** loc. avoir du mal
costumbre n.f. habitude / coutume
cotidiano n.m. / adj. quotidien
crear v. créer
creativo,-a adj. créatif,-ve
crecer v.irr. grandir
creencia n.f. croyance
crisis n.f. crise
crucero n.m. croisière
crueldad n.f. cruauté
cruz n.f. croix
cuadro n.m. tableau
cualidad n.f. qualité (personne)
cualquier(a) adj. / pron. n'importe quel,-elle
cuerpo n.m. corps
cuestionar v. remettre en cause, en question
cuidar v. prendre soin de / s'occuper de
culpable n.m. / adj. coupable
cultivo n.m. culture (agriculture)
culto n.m. culte
currículum n.m. C.V
curro n.m. job
cursar v. faire des études de
dañar v. endommager / abîmer
daño n.m. dommage / dégât
dar asco loc. écœurer
dar miedo loc. faire peur
dar un beso loc. embrasser / donner un baiser
dar(se) cuenta de loc. se rendre compte de
de espaldas [estar] loc. de dos
de pie [estar] loc. debout
debajo adv. sous / dessous
debajo de loc. en-dessous de / sous / dessous
década n.f. décennie
decorado n.m. décor
dedicar v. consacrer / dédier
dedicar(se) v. se consacrer
defecto n.m. défaut
defender [ie] v. défendre
deforestación n.f. déforestation
dejar v. laisser / abandonner
dejar de v. arrêter de
delante de loc. devant
delgado,-a adj. maigre
demanda n.f demande
demitir v. démissionner
dentista n. dentiste
denunciar v. dénoncer
deporte n.m. sport
deportista n. sportif,-ve
deportivo,-a adj. sportif,-ve
derecha n.f. droite
derecha (a la) loc. à droite
derecho n.m. droit
derecho,-a adj. droit,-e
derrota n.f. défaite
derruido,-a adj. détruit,-e
desafío n.m. défi
desaparecer v.irr. disparaître
desaparición n.f. disparition
desarrollar v. développer
desarrollo n.m. développement
desayunar v. prendre le petit-déjeuner
descendiente n.m. / n.f. descendant / descendante
desconocer v.irr. ne pas connaître / ignorer
desconocido,-a adj. inconnu,-e
describir v. décrire
descubrimiento n.m. découverte
descubrir v. découvrir
desear v. désirer
desembarco n.m. débarquement
desempleo n.m. chômage
deseo n.m. désir / souhait
desértico,-a adj. désertique
desertificación n.f. désertification
desertización n.f. désertification
desesperación n.f. désespoir
desfile n.m. défilé
desgracia n.f. malheur
desierto n.m. désert
despedir [i] **a alguién** v. renvoyer quelqu'un
despedir(se) [i] v. prendre congé / dire au revoir
despilfarrar v. gaspiller
desplazar(se) v. se déplacer
despreciar v. mépriser
destacar(se) v. sortir du lot
destrozar v. détruire
destruir v.irr. détruire
desventaja n.f. inconvénient
detener v.irr. arrêter
determinado,-a adj. déterminé,-e
detrás de loc. derrière
devoción n.f. dévotion
día a día n.m. loc quotidien
diario de a bordo loc. journal de bord
dibujar v. dessiner
difícil adj. difficile
dificultad n.f. difficulté
dinámico,-a adj. dynamique
dinero n.m. argent
dios n.m. dieu
diosa n.f. déesse
diploma n.m. diplôme
discapacidad n.f. handicap
discapacitado,-a adj. / n. handicapé,-e
discriminación n.f. discrimination
discutir v. se disputer
diseñar v. concevoir
disfraz n.m. déguisement
dispar adj. dissemblable
disparo n.m. coup de feu
distanciamiento n.m. éloignement
distinguir v. distinguer
diversidad n.f. diversité
divorciado,-a [estar] adj. divorcé,-e

doler [ue] v. faire mal
dolor n.m. douleur
dominar v. maîtriser
dudar v. hésiter
duración n.f. durée
duradero,-a adj. durable
ecoturismo n.m. écotourisme / tourisme écologique
echar v. jeter / expulser / renvoyer
edad n.f. âge
edificio n.m. édifice / bâtiment
ejecutivo n.m. cadre (entreprise)
ejercer v. exercer
elegido,-a adj. choisi,-e / élu,-e
elegir [i] v. choisir
emancipación n.f. émancipation
embarazada [estar] adj. enceinte
emoción n.f. émotion
emocionado,-a adj. ému,-e
emocionar(se) v. s'émouvoir / être ému,-e
empeorar v. empirer
empezar [ie] v. commencer
empresa n.f entreprise
empresario n.m. chef d'entreprise
empuje n.m. audace / résolution
en busca de loc. à la recherche de
en órbita [estar] loc. en orbite
en voz alta loc. à voix haute
enamorar(se) v. tomber amoureux,-euse
encantar v. adorer
encerrar [ie] v. enfermer
encima adv. sur / dessus
encima de loc. au-dessus de / sur
encontrar [ue] v. trouver
encuentro n.m. rencontre
enemigo,-a n. ennemi,-e
energía n.f. énergie
enfado n.m. mécontentement / irritation
enfrentamiento n.m. affrontement / face à face
enfrentar(se) (con) v. affronter / faire face (à)
enfrente adv. en face
engañar v. tromper
enriquecer v.irr. enrichir
enseñar v. apprendre (transmettre)
entender [ie] v. comprendre
entorno n.m. environnement (ce qui nous entoure)
entresacar v. relever
entrevista n.f entretien
entrevistar v. interviewer
entusiasmo n.m. enthousiasme
entusiasta adj. enthousiaste
eólica adj. éolienne
equipo n.m. équipe
equivocar(se) v. se tromper
escalón n.m. marche / échelon
escarbar v. fouiller
escenario n.m. scène / décor
esclavitud n.f. esclavage
esclavizar v. réduire en esclavage
escoger v. choisir
escribir v. écrire
escritor,-a n.m. / n.f. écrivain,-e
esfera n.f. sphère
esforzarse [ue] v. faire des efforts / s'efforcer
esfuerzo n.m. effort
eslogan n.m. slogan
espacial adj. spatial,-e
espacio n.m. espace
espada n.f. épée
espantapájaros n.m. épouvantail
especia n.f. épice
especialista n.m. / n.f. spécialiste
espectáculo n.m. spectacle
espejo n.m. miroir
esperanza n.f. espoir
espíritu n.m. esprit
esplendor n.m. splendeur
esquina n.f. coin
estadio n.m. stade
estancia n.f. séjour
estar de baja loc. être en arrêt (de travail)
estar de prácticas v. faire un stage
estatua n.f. statue
estereotipo n.m. stéréotype
estética n.f. esthétique
estético,-a adj. esthétique
estrecho,-a adj. étroit
estrella n.f. étoile
estrofa n.f. strophe
estudiante n.m. étudiant
estudiar v. étudier / faire des études
estupor n.m. stupeur
euskera n.m. basque (langue)
evitar v. éviter
evolucionar v. évoluer
excavación n.f. fouille archéologique
excavar v. creuser / fouiller
exceso n.m. excès
existencia n.f. existence
éxito n.m. succès / réussite
experiencia n.f. expérience
experimentar v. connaître / sentir
explorar v. explorer
explotación n.f. exploitation
exponer v. irr exposer
exposición n.f. exposition
expresar v. exprimer
extendido,-a adj. nombreuse (famille) / élargi,-e
extranjero,-a n. / adj. étranger,-ère
extraño,-a adj. étrange
extrarradio n.m. périphérie
fábrica n.f. usine
fácil adj. facile
facilidad n.f. facilité
fachada n.f. façade
falda n.f. jupe
falta n.f. manque / faute
fama n.f. célébrité / renommée
familia n.f. famille
familiar adj. familier,-ère
famoso,-a n.m. / adj. célébrité / célèbre
fauna n.f. faune
favorecer v.irr. favoriser
fe n.f. foi
feliz adj. heureux, heureuse
fenómeno n.m. phénomène
feo,-a adj. laid,-e
fervor n.m. ferveur
festejar v. fêter
festejo n.m. festivité
fichaje n.m. recrutement / transfert (d'un sportif)
fichar v. recruter (un sportif)
fiel adj. fidèle
fiesta n.f. fête
flechazo n.m. coup de foudre
flora n.f. flore
foráneo,-a adj. étranger,-ère
forjar v. forger
formación n.f. formation
formar parte de loc faire partie de
fortaleza n.f. forteresse
forzar [ue] v. forcer
fotografía n.f. photographie
fotografiar v. photographier
fotógrafo,-a n.m. / n.f. photographe
fotograma n.m. photogramme
fracaso n.m. échec
fragmento n.m. extrait
francés,-esa n. / adj. français,-e
frialdad n.f. froideur
friki n.m. geek
frondoso,-a adj. luxuriant,-e
fruto n.m. fruit
fuego n.m. feu
fuente n.f. source / fontaine
fuera adv. hors / en-dehors de / dehors
fuerte adj. fort,-e
fuerza n.f. force
función n.f. fonction

fundar v. fonder
futbolista n. footballeur / footballeuse
futuro n.m. futur
gafas n.f.pl. lunettes
galaxia n.f. galaxie
gallego,-a n. / adj. galicien,-ienne
ganar v. gagner
ganar(se) la vida v. gagner sa vie
ganas n.f.pl. envie
gas n.m. gaz
generación n.f. génération
gente n.f. gens
genuino adj. authentique / véritable
gigante adj. géant,-e
gitano,-a adj. gitan,-e
globo n.m. bulle (de B.D.)
golpe n.m. coup
gorra n.f. casquette
gozar v. jouir
grabar v. enregistrer
gracia n.f. allure
gracia (tener / hacer) loc. être drôle
gradas n.f. gradins
grado n.m. degré
graduar(se) v. être diplômé / obtenir un diplôme
grafitero,-a n.m. / n.f. tagueur,-se / graffeur,-se
grafiti n.m. tag / graffiti
grandeza n.f. grandeur
gritar v. crier
guardar v. ranger
guía n.m. / n.f. guide
guiar v. guider
guion n.m. script
guionista n.m. / n.f. scénariste
guitarra n.f. guitare
gustar v. aimer, plaire
habilidad n.f. habileté / aptitude
hábitat n.m. habitat
hábito n.m. habitude
hablar v. parler
hacer gracia loc. faire rire
hallar v. trouver
harapos n.m.pl. haillons
harto,-a (estar) loc. en avoir marre
hecho n.m. fait
heredar v. hériter
herencia n.f. héritage
herir [ie] v. blesser
hermanastro,-a n. demi-frère,-sœur
hermano,-a n. frère, sœur
hermoso,-a adj. beau, belle
hierro n.m. fer
hijo,-a n. fils, fille
hijos n.m.pl. enfants (générique)
hincha n.m. supporter
hipótesis n.f. hypothèse
hogar n.m. foyer
holograma n.m. hologramme
hombre n.m. homme
homenaje n.m. hommage
hondo,-a adj. profond,-e
honrar v. honorer
hooligan n.m. hooligan
horas extras n.f.pl. heures supplémentaires
hoy adv. aujourd'hui
huella n.f. trace
huir (de) v. fuir
humilde adj. humble
humo n.m. fumée
identidad n.f. identité
identificación n.f. identification
identificar(se) (con) v. s'identifier (à)
idílico adj. idyllique
idioma n.m. langue
iglesia n.f. église
ilusionar(se) v. enthousiasmer (s')
imagen n.f. / pl. image
imborrable adj. ineffaçable / indélébile
impacto n.m. impact
implicado,-a adj. impliqué,-e
implicar(se) v. s'impliquer
imponente adj. imposant,-e
imponer v.irr. imposer
imprescindible adj. indispensable
impresionante adj. impressionnant,-e
inaceptable adj. inacceptable
incendio n.m. incendie
incluir v. inclure
incomprensible adj. incompréhensible
inconveniente n.m. inconvénient
increíble adj. incroyable
independencia n.f. indépendance
independizarse v. devenir indépendant
indiferencia n.f. indifférence
indígena adj. / n. indigène / indien,-ne
infierno n.m. enfer
influencia n.f. influence
informar v. informer
ingeniero,-a n. ingénieur,-e
inglés,-esa n. / adj. anglais,-e
innovar v. innover
inolvidable adj. inoubliable
inquietud n.f. inquiétude
insecto n.m. insecte
insertar v. insérer
instituto (esp.) n.m. lycée
insulto n.m. insulte
inteligencia n.f. intelligence
intensidad n.f. intensité
intentar v. essayer
intento n.m. essai
intercambio n.m. échange
intimidado,-a adj. intimidé,-e
inundación n.f. inondation
invadir v. envahir
invasor n.m. envahisseur
invento n.m. invention
invernadero n.m. serre
investigar v. rechercher / enquêter
ir de compras loc. faire du shopping
ir de viaje loc. partir en voyage
izquierda n.f. / adj. gauche
izquierda (a la) loc. à gauche
jarra n.f. cruche
jefe n.m. chef
joven n.m. jeune
joya n.f. joyau
jubilación n.f. retraite
jubilar(se) v. prendre sa retraite
judío,-a n. / adj juif,-ve
jugar [ue] v. jouer
juntar(se) v. se rassembler, se réunir
justificar v. justifier
juzgar v. juger
lado n.m. côté
largo,-a adj. long,-ue
látigo n.m. fouet
lazo n.m. lien (affectif)
leer v. lire
legado n.m. héritage
lejano,-a adj. lointain,-ne
letra n.f. paroles (de chanson)
leyenda n.f. légende
libertad n.f. liberté
liceo (amér.) n.m. lycée
lienzo n.m. toile
limpio adj. propre
llamativo,-a adj. voyant,-e / tape- à-l'œil
llave n.f. clé
llegada n.f. arrivée
llevarse bien / mal loc bien / mal s'entendre
lluvia n.f. pluie
loco,-a adj. fou / folle
locura n.f. folie
luchar (por) v. lutter / se battre
lugar n.m. lieu / place
luz n.f. lumière
madera n.f. bois (matériau)

madrastra n.f. belle-mère (par remariage)
madre n.f. mère
madrina n.f. marraine
madrugada (de) n.f. à l'aube / très tôt
maleta n.f. valise
mandar v. commander
mando n.m. télécommande
manipular v. manipuler
mano de obra loc. main d'œuvre
mañana adv. / n.f demain / matin
máquina n.f. machine
maquinilla n.f. rasoir
mar n.m.f. mer
maratón n.f. marathon
marea n.f. marée
masacre n.f. massacre
matar v. tuer
matizar v. nuancer
matriarcado n.m. matriarcat
matricular(se) v. s'inscrire
medalla n.f. médaille
medida n.f. mesure
medio n.m. moyen
medioambiente n.m. environnement (nature)
medir [i] v. mesurer
mejor adj. / adv. mieux, meilleur
mejorar v. améliorer
memoria n.f. mémoire
menospreciar v. mépriser / sous- estimer
mercado n.m. marché
mercado laboral n.m. marché du travail
merendar [ie] v goûter (prendre son)
mes n.m. mois
mesa n.f. table
mestizaje n.m. métissage
mestizo n.m. métis
metáfora n.f. métaphore
mezclar v. mélanger / mêler
mezquita n.f. mosquée
miedo n.m. peur
miembro n.m. membre
milenio n.m. millénaire
mirada n.f. regard
mirar v. regarder
mito n.m. mythe
modernizar v. moderniser
moderno,-a adj. moderne
modificar v. modifier
molestar v. déranger, gêner
molestar(se) v. se vexer
molesto,-a adj. gêné,-e
monoparental adj. monoparental
monopatín n.m. skate
mostrar [ue] v. montrer
motivo (con – de) loc. à l'occasion de
movimiento n.m. mouvement
mudar(se) v. déménager
muerte n.f. mort
muñeco n.m. poupon / pantin
mural n.m. / adj. fresque / mural,-e
música n.f. musique
nacionalidad n.f. nationalité
nadar v. nager
naturaleza n.f. nature
nave n.f. vaisseau / navette
navegar v. naviguer
necesidad n.f. nécessité / besoin
necesitar v. avoir besoin de
negar [ie] v. refuser / nier
negocio n.m. affaire / business
negro,-a adj. noir,-e
niebla n.f. brouillard
nieto,-a n. petit-fils,-fille
ninguno,-a adj. / pron. aucun,-e
niño n.m. enfant (générique)
no cabe duda loc. sans aucun doute
noticia n.f. nouvelle
novedad n.f. nouveauté
novela n.f. roman
novio,-a n. petit,-e ami,-e / fiancé,-e
nube n.f. nuage
nuclear adj. nucléaire
núcleo n.m. noyau
numeroso,-a adj. nombreux,-euse
obedecer v. irr obéir
objetivo n.m. objectif / but
obligar v. obliger
obra maestra n.f. chef-d'œuvre
observatorio n.m. observatoire
ocio n.m. loisir
ocurrir v. se passer / se produire / arriver
oferta n.f. offre
oficina n.f. bureau
oficio n.m. métier
ofrenda n.f. offrande
oír v.irr. entendre
ojo n.m. œil
olvidar v. oublier
ombligo n.m. nombril
opinar v. penser
oponer v.irr. opposer
oponer(se) v.irr. s'opposer
optimista adj. optimiste
orden n.f / n.m. ordre (consigne) / ordre (rangement)
orgullo n.m. fierté
orgulloso,-a adj. fier,-ère / orgueilleux,-euse
origen n.m. origine
oro n.m. or
oscuro,-a adj. sombre, obscur,-e
otorgar v. attribuer / accorder
paciente n.m. / n.f. patient,-e
padrastro n.m. beau-père (par remariage)
padre n.m. père
padres n.m.pl. parents
padrino n.m. parrain
paisaje n.m. paysage
palabra n.f. mot
palabrotas n.f.pl. gros mots
palacio n.m. palais
palmas n.f.pl. claquements de mains
pandilla n.f. bande (d'amis)
papel n.m. papier, rôle (théâtre)
papel (desempeñar un) n.m. / loc rôle (jouer un)
parado,-a adj. / n. chômeur,-euse
paraíso n.m. paradis
parar v. arrêter
parecer v.irr. sembler
parecer(se) v. irr ressembler
pared n.f. mur
pareja n.f. couple
parentesco n.m. lien de parenté
paro n.m. chômage
participar (en) v. participer
partido n.m. match
pasar lista loc. faire l'appel
pasar(lo) bien loc. s'amuser
pasar(lo) mal loc. s'ennuyer / avoir peur
pasión n.f. passion
pasta n.f. pâtes
patrimonio n.m. patrimoine
patrón n.m. patron
paz n.f. paix
peatonal adj. piéton,-onne
peculiar adj. particulier,-ère
pelea n.f. dispute / bagarre
película n.f. film
peligro n.m. danger
peligroso,-a adj. dangereux,-euse
peor adj. / adv. pire
perder [ie] v. perdre
pérdida n.f. perte
periodo n.m. période
perjudicado,-a adj. lésé,-e
persona con discapacidad loc. handicapé,-e
pertenecer v.irr. appartenir
pertenencia n.f. appartenance
pesadilla n.f. cauchemar

pesar v. peser
pesimista adj. pessimiste
petróleo n.m. pétrole
piedra n.f. pierre
pilar n.m. pilier
pillaje n.m. pillage
pintada n.f. tag / graffiti
pintar v. peindre
pintor,-a n.m. / n.f. peintre
pisar v. marcher sur / fouler
piso n.m. étage, appartement
placer n.m. plaisir
plaga n.f. fléau
planeta n.m. planète
plano n.m. plan
plástico n.m. plastique
plástico,-a adj. plastique
plato n.m. assiette, plat
plaza n.f. place
plazo n.m. délai
plusmarca n.f. record
plusmarquista n. recordman, recordwoman
población n.f. population
pobre adj. pauvre
poema n.m. poème
poesía n.f. poésie
polvo n.m. poudre / poussière
popular adj. populaire
por casualidad loc. par hasard
portada n.f. couverture / première page
portal n.m. portal
portugués,-esa n. / adj. portugais,-e
porvenir n.m. avenir
post-grado n.m. supérieur (enseignement)
potencia n.f. puissance
precio n.m. prix
predecir v.irr. prédire
predicción n.f. prédiction
preguntar v. poser une question
premio n.m. prix / récompense
preocupar(se) v. se préoccuper / s'inquiéter
preservar v. préserver
primo,-a n. cousin,-e
probar [ue] v. goûter / essayer
proceder v. provenir, venir de
producir v.irr. produire
producto n.m. produit
profesión n.f. profession
profundo,-a adj. profond,-e
progreso n.m. progrès
promover [ue] v. promouvoir
pronunciación n.f. prononciation
protección n.f. protection
protector,-a adj. protecteur,-trice
proteger v. protéger
protestar v. protester
provecho n.m. profit
provocar v. provoquer
proyectar v. projeter
proyecto n.m. projet
puente n.m. pont
puesto n.m. poste
puesto de trabajo loc. emploi
pureza n.f. pureté
quedar(se) v. rester
querer [ie] v. aimer / vouloir
quitar v. enlever / ôter
racismo n.m. racisme
raíz n.f. racine
rapidez n.f. rapidité
raro,-a adj. bizarre / étrange
rascacielos n.m. gratte-ciel
rasgo n.m. trait
rato n.m. moment
razón n.f. raison
realidad n.f. réalité
realista adj. réaliste
realizar(se) v. s'épanouir
reaparecer v.irr. réapparaître
recado n.m. course
receta n.f. recette
reclamo n.m. atout / attrait
recompuesto,-a adj. recomposé,-a
reconocer v.irr. reconnaître
reconocimiento n.m. reconnaissance
récord n.m. record
recordar [ue] v. se souvenir / se rappeler
recorrer v. parcourir
recorrido n.m. parcours / itinéraire
recuerdo n.m. souvenir
recurso n.m. recours / moyen
rechazar v. rejeter
redondo,-a adj. rond,-e
reducir v.irr. réduire
reemplazar v. remplacer
refinado,-a adj. raffiné,-e
reflejar v. refléter
reflejo n.m. reflet
regadío n.m. irrigation
regalo n.m. cadeau
regla n.f. règle
regresar v. revenir
reivindicar v. revendiquer
relato n.m. récit
religión n.f. religion
religioso adj. religieux
remediar v. remédier
renegar [ie] v. renier
renovable adj. renouvelable
renovar [ue] v. rénover
representar v. représenter
resaltar v. ressortir, / faire ressortir
residencia de tercera edad, de ancianos n.f. maison de retraite
residuo n.m. déchet
respecto a loc. au sujet de
respetar v. respecter
respeto n.m. respect
reto n.m. défi
retratar v. faire le portrait / photographier
retrato n.m. portrait
retroceder v. reculer
reunir(se) v. se réunir
rey n.m. roi
rezar v. prier
rico,-a adj. riche
riesgo n.m. risque
rima n.f. rime
río n.m. fleuve / rivière
risa n.f. rire
rito n.m. rituel
robar v. voler
robo n.m. vol
robot n.m. robot
rojo,-a adj. rouge
rol n.m. rôle
romántico,-a adj. romantique
ropa n.f. habits / linge
rostro n.m. visage
roto,-a adj. cassé,-e
ruina n.f. ruine
ruptura n.f. rupture
saber v.irr savoir / avoir le goût
sabor n.m. goût
sacrificar v. sacrifier
sacrilegio n.m. sacrilège
saga n.f. lignée
sagrado,-a adj. sacré,-e
salario n.m. salaire
salero n.m. allure
salida n.f débouché
salir adelante loc s'en sortir / aller de l'avant
salsa n.f. sauce
salud n.f. santé
saludable adj. sain,-e
salvaje adj. sauvage
salvar v. sauver
sangre n.m. sang
sano,-a adj. sain,-e
saquear v. piller
saqueo n. m. pillage
secreto n.m. secret
seda n.f. soie
seguir [i] v. continuer / suivre

seguridad n.f. sécurité
seguro,-a adj. sûr,-e
selva n.f. jungle / forêt
semejanza n.f. ressemblance
sencillez n.f. simplicité
sencillo,-a adj. simple
sensibilizar v. sensibiliser
sentado,-a adj. assis,-e
sentido n.m. sens
sentimiento n.m. sentiment
sentir [ie] v. sentir / ressentir
separado,-a [estar] adj. séparé,-e
sequía n.f. sécheresse
ser humano n.m. être humain
serie n.f. série
serpiente n.f. serpent
siglo n.m. siècle
símbolo n.m. symbole
sitio n.m. lieu
sobrevivir v. survivre
sobrino,-a n. neveu, nièce
socio n.m. membre / associé
sol n.m. soleil
solar adj. solaire
soledad n.f. solitude
soler [ue] v. avoir l'habitude
solidaridad n.f. solidarité
solidario,-a adj. solidaire
soltero,-a [estar] adj. célibataire
solución n.f. solution
solucionar v. solutionner
sonar [ue] v. sonner
sonido n.m. son
sonreír [i] v. sourire
soñar [ue] v. rêver
soñar [ue] **(con)** v. rêver (de)
sorprendente adj. surprenant
sorprender v. surprendre
sorprendido,-a adj. surpris,-e
sorpresa n.f. surprise
sostenible adj. durable
subir v. monter
subterráneo,-a adj. souterrain,-aine
suceder v. arriver / se passer
sueldo n.m. salaire
sueño n.m. sommeil / rêve
suerte n.f. chance
sufrimiento n.m. souffrance
sufrir v. souffrir / subir
sumar v. additionner / ajouter
superación n.f. dépassement
superar(se) v. se dépasser
superioridad n.f. supériorité
supermercado n.m. supermarché
superponer v.irr. superposer
suscribir(se) v. s'abonner
suspender v. rater (un examen)
sustentable adj. durable
sustituir v. irr. remplacer / substituer
susto n.m. frayeur
taconeo n.m. claquettes / travail du danseur avec ses pieds
tachar v. barrer
tamaño n.m. taille
tarea n.f. travail / tâche
tarjeta n.f. carte
tatarabuelo,-a n. arrière-arrière-grand-père,-mère
tataranieto,-a n. arrière-arrière-petit-fils, -petite-fille
teatro n.m. théâtre
tecnología n.f. technologie
techo n.m. toit
teja n.f. tuile
tejido n.m. tissu
telescopio n.m. télescope
temer v. craindre
temperatura n.f. température
templo n.m. temple
temporada n.f. saison
tercera edad n.f. troisième âge
terremoto n.m. tremblement de terre
tesoro n.m. trésor
testigo n.m. témoin
testimonio n.m. témoignage
tiempo n.m. temps
tienda n.f. boutique / magasin
tierra n.f. terre
tímido,-a adj. timide
tío / tía n. oncle / tante
tirar v. jeter
tocar un instrumento loc. jouer d'un instrument
tolerancia n.f. tolérance
tomar v. prendre
tontería n.f. bêtise
tópico n.m. cliché / stéréotype
tormenta n.f. orage
torre n.f. tour
traba n.f. obstacle
trabajar v. travailler
trabalenguas n.m. vire-langue
traducir v.irr. traduire
tragar v. avaler
traicionar v. trahir
tráiler n.m. bande-annonce
tranquilizar(se) v. se calmer / se rassurer
transmisión n.f. transmission
transmitir v. transmettre
transmitir(se) v. (se) transmettre
travesía n.f. traversée
trayectoria n.f. trajectoire
tribu n.f. tribu
triste adj. triste
trozo n.m. morceau / bout
turista n.m. / n.f. touriste
turístico,-a adj. touristique
ubicación n.f. emplacement
último,-a adj. dernier,-ère
unido,-a adj. uni,-e
unión n.f. union
universidad n.f. université
universo n.m. univers
urbe n.f. cité (ville)
útil adj. utile
vacilar v. hésiter
valentía n.f. courage
valiente adj. courageux,-euse
valioso,-a adj. précieux,-ieuse
valor n.m. valeur / courage
valorar v. apprécier / évaluer
variopinto,-a adj. bigarré,-e
vecino n.m. voisin
velocidad n.f. vitesse
vencer v. vaincre
vender v. vendre
ventaja n.f. avantage
verdad n.f. vérité
vergonzoso,-a adj. honteux,-euse
verosímil adj. vraisemblable
verso n.m. vers
vestimenta n.f. vêtements
vestir [i] v. porter
vestir(se) [i] v. s'habiller
viajar v. voyager
viaje n.m. voyage
victoria n.f. victoire
vida n.f. vie
viejo,-a n. / adj. vieux, vieille / âgé,-e
viento n.m. vent
vigilar v. surveiller
vinculado,-a adj. (re)lié,-e
vínculo n.m. lien
violencia n.f. violence
violento,-a adj. violent,-e
virtual adj. virtuel,-le
vista n.f. vue
vivienda n.f. logement
vivo,-a adj. vivant,-e
vocación n.f. vocation
volar del nido loc quitter le nid
volver(se) [ue] v. se retourner / devenir
voz n.f. voix
vuelta (dar la) n.f. loc. renverser
xenofobia n.f. xénophobie
xenófobo,-a adj. xénophobe
yacimiento n.m. site archéologique

Français - Espagnol

Abréviations utilisées :

adj. : adjectif
adv. : adverbe
amér. : en Amérique
esp. : en Espagne
loc. : locution
n. : nom féminin et/ou masculin
n.f. : nom féminin
n.m. : nom masculin
pl. : pluriel
prép. : préposition
pron. : pronom
v. : verbe
v.irr. : verbe irrégulier

à droite a la derecha loc.
à gauche a la izquierda loc.
à la recherche de en busca de loc.
à peine apenas adv.
à voix haute en voz alta loc
abandonner abandonar v.
abîmer dañar v.
abonné,-e (à un club) socio,-a n.
abonner (s') suscribir(se) v.
absence ausencia n.f.
accablé,-e agobiado,-a adj.
accent acento n.m.
accorder (s') concordar [ue] (con) v.
accueillant,-e acogedor,-a adj.
acheter comprar v.
acteur / actrice actor / actriz n.
activisme activismo n.m.
adapter (s') adaptar(se) v.
additionner sumar v.
adopter adoptar v.
adorer encantar v.
adulte adulto,-a n.
affaire negocio n.m.
affiche cartel n.m.
affrontement enfrentamiento n.m.
affronter enfrentar(se) (con) v.
âge edad n.f.
âgé,-e viejo,-a / antiguo,-a / adj.
agir actuar v.
agrandir ampliar v.
agréable agradable adj.
aider ayudar v.
aimé,-e amado,-a adj.
aimer querer [ie] / amar v.
aimer (plaire) gustar v.
air aire n.m.
ajouter sumar v.
aliment alimento n.m.
aller de l'avant salir adelante loc. / v.irr.
allure salero / gracia n.m. / n.f.
ambiance (atmosphère) ambiente n.m.
améliorer mejorar v.
amour amor n.m.
amoureux,-euse enamorado,-a adj.
amusant,-e divertido,-a adj.
ancêtre antepasado n.m.
ancien,-ne antiguo,-a adj.
androïde androide n.m.
angoisse angustia n.f.
antipathique antipático,-a adj.
apocalypse apocalipsis n.m.
apparaître asomar v.
appareil-photo cámara n.f.
appartement piso n.m.
appartenance pertenencia n.f.
appartenir pertenecer v.irr.
application aplicación n.f.
apport aporte n.m.
apprécier valorar v.
apprendre aprender (recibir) / enseñar (dar) v.
apprenti aprendiz n.m.
apprentissage aprendizaje n.m.
approcher (s') acercar(se) v.
appui apoyo n.m.
appuyer (s') apoyar(se) v.
aptitude habilidad n.f.
arabe árabe n. / adj.
arbitre árbitro n.m.
arbre árbol n.m.
architecte arquitecto,-a n.m. / n.f.
architecture arquitectura n.f.
argent dinero n.m.
arme arma n.f.
armure armadura n.f.
arracher arrancar v.
arrêter detener / parar v.irr. / v.
arrêter de dejar de v.
arrière-arrière-grand-mère tatarabuela n.f.
arrière-arrière-grand-père tatarabuelo n.m.
arrière-arrière-petit-fils tataranieto n.m.
arrière-arrière-petite-fille tataranieta n.f.
arrière-grand-père,-mère bisabuelo,-a n.
arrière-petit-fils,-fille bisnieto,-a n.
arrivée llegada n.f.
arriver (à faire qq chose) conseguir [i] (hacer algo) loc.
arriver (se passer) suceder / ocurrir v.
art arte n.m.
artisanat artesanía n.f.
artiste artista n.
artistique artístico,-a adj.
assassinat asesinato n.m.
assiette plato n.m.
assis sentado adj.
assistant,-e ayudante n.
associé socio n.m.
assoir (s') sentar(se) [ie] v.
astronaute astronauta n.
astronome astrónomo,-a n.
astronomie astronomía n.f.
atmosphère atmósfera n.f.
atout reclamo n.m.
attache atadura n.f.
attachement apego n.m.
atteindre alcanzar v.

attentif,-ve atento,-a adj.
attirant,-e atractivo,-a adj.
attirer atraer v.irr.
attrait reclamo n.m.
attribuer otorgar v.
au-dessus de encima de loc.
aube amanecer n.m.
aube (très tôt) madrugada (de) n.f.
aucun,-e ninguno,-a adj. / pron.
audace empuje n.m.
audacieux,-ieuse atrevido,-a n.m.
augmenter aumentar v.
aujourd'hui hoy adv.
autel altar n.m.
authentique genuino,-a / castizo,-a adj.
autonomie autonomía n.f.
autoportrait autorretrato n.m.
autrefois antaño adv.
avaler tragar v.
avantage ventaja n.f.
avenir futuro / porvenir n.m.
aveugle ciego,-a n. / adj.
avide codicioso,-a adj.
avoir besoin de necesitar v.
avoir confiance en confiar (en) v.
avoir du mal costarle [ue] a uno loc.
avoir honte avergonzar(se) [ue] v.
avoir l'habitude soler [ue] v.
aztèque azteca n. / adj.
bafouiller balbucear v.
banc banco n.m.
bande (d'amis) pandilla (de amigos) n.f.
bande dessinée cómic n.m.
bande-annonce tráiler n.m.
baragouiner chapurrear v.
barrer tachar v.
barrière barrera n.f.
base-ball béisbol n.m.
basketball baloncesto n.m.
basque (langue) euskera n.m.
basque (nationalité) vasco / vasco,-a n. / adj.
bâtiment edificio n.m.
beau-père (par remariage) padrastro n.m.
beau / belle bonito,-a / bello,-a / hermoso,-a adj.
beauté belleza n.f.
belle-mère (remariage) madrastra n.f.
bénéfice beneficio n.m.
besoin necesidad n.f.
bêtise tontería n.f.
bien s'amuser pasárlo bien loc.
bien / mal s'entendre llevar(se) bien / mal v.
bienfait beneficio n.m.
bigarré,-e variopinto,-a adj.
bilan balance n.m.
bilingue bilingüe adj.
bilinguisme bilingüismo n.m.
biodiversité biodiversidad n.f.
bizarre raro,-a adj.
blanc,-che blanco,-a adj.
blesser herir [ie] v.
bleu,-e azul adj.
blond,-e rubio,-a adj.
blouson cazadora n.f.
boire beber v.
bois (forêt) bosque n.m.
bois (matériau) madera n.f.
boisson bebida n.f.
boîte caja n.f.
bon,-ne acertado,-a adj.
boulot curro n.m.
bourses (études) becas n.f.pl.
boursier,-ère becario,-a adj.
bout trozo n.m.
boutique tienda n.f.
brouillard niebla n.f.
brûler quemar / arder v.
brun,-e moreno,-a adj.
bulle (de B.D.) globo n.m.
bureau oficina n.f
business negocio n.m.
but meta / objetivo n.f. / n.m.
C.V currículum n.m.
cadeau regalo n.m.
cadre (entreprise) ejecutivo n.m.
cahier cuaderno n.m.
calmer (se) tranquilizar(se) v.
camarade compañero,-a n.
camaraderie compañerismo n.m.
caméra cámara n.f.
camp bando n.m.
campagne campo n.m.
campagne (publicitaire) campaña n.f.
candidater candidatar v.
capable capaz adj.
carte tarjeta n.f.
casquette gorra n.f.
cassé,-e roto,-a adj.
castillan,-ne castellano,-a n. / adj.
catalan,-e catalán / catalana n. / adj.
catastrophe catástrofe n.f.
cauchemar pesadilla n.f.
cause causa n.f.
célèbre famoso,-a adj.
célébrer celebrar v.
célébrité famoso,-a (personne) / fama n.m. / n.f.
célibataire soltero,-a [estar] adj.
chaîne canal n.m.
chaleur calor n.m.
champ campo n.m.
chance suerte n.f.
changement cambio n.m.
changer cambiar v.
chanter cantar v.
chanteur,-euse de flamenco cantaor,-a n.m.
charge carga n.f.
chaussette calcetín n.m.
chef jefe n.m.
chef d'entreprise empresario n.m.
chef-d'œuvre obra maestra n.f.
chemin camino n.m.
chemise camisa n.f.
chercher buscar v.
cheval caballo n.m.
cheveux pelo n.m.
choisir elegir [i] / escoger v.
chômage paro / desempleo n.m.
chômeur,-euse parado,-a / desempleado,-a adj.
choquer chocar v.
cinéma cine n.m.
cité (ville) urbe n.f.
citoyen,-ne ciudadano,-a n.
civilisation civilización n.f.
classique clásico,-a adj.
clé (élément) clave (elemento) / llave n.f.
cliché cliché n.m.
climat clima n.m.
clocher campanario n.m.
clone clon n.m.
club club n.m.
coexister convivir v.
cohabitation convivencia n.f.
cohabiter convivir v.
cohésion cohesión n.f.
coin esquina n.f.
collègue compañero,-a n.
colonne columna n.f.
combattre combatir v.
commander mandar v.
commémorer conmemorar v.
commencer empezar [ie] / comenzar [ie] v.
commencer à faire jour amanecer v.irr.
communiquer comunicar(se) v.
complexe complicado,-a adj.
complexé,-e acomplejado,-a adj.
complice cómplice adj.
complicité complicidad n.f.
compliqué,-e complicado,-a adj.
comprendre comprender, entender [ie] v.

concevoir diseñar v.
concourir competir [i] v.
condamné,-e condenado,-a n. / adj.
confiance confianza n.f.
conflit conflicto n.m.
confondre (avec) confundir (con) v.
confortable cómodo,-a adj.
conjugaison conjugación n.f.
connaissance conocimiento n.m.
conquérir conquistar v.
conquistador conquistador n.m.
consacrer (se) dedicar (se) v.
conscience conciencia n.f.
conseil consejo n.m.
conseiller aconsejar v.
conserver conservar v.
consommateur,-trice consumidor,-a n.
consommation consumo n.m.
consommer consumir v.
construire construir v.irr.
conte cuento n.m.
contemporain,-e contemporáneo,-a adj.
continuer seguir [i] v.
contruibuer contribuir v.irr.
convaincre convencer v.irr
convainquant,-e convincente adj.
convoité,-e codiciado,-a adj.
convoitise codicia n.f.
copier copiar v.
corps cuerpo n.m.
corruption corrupción n.f.
cosmovision cosmovisión n.f.
côté lado n.m.
couche capa n.f.
couleur color n.m.
coup golpe n.m.
coup de foudre flechazo n.m.
coupable culpable n.m. / adj.
coup de feu disparo n.m.
couple pareja n.f.
courage valor / valentía n.m. / n.f.
courageux,-euse valiente adj.
couramment de corrido loc. / adv.
course recado n.m.
cousin,-e primo,-a n.
coutume costumbre n.f.
couverture (une de journal) portada n.f.
craindre temer v.
créatif,-ve creativo,-a adj.
créer crear v.
creuser excavar v.
crier gritar v.
crise crisis n.f.
croire creer v.
croisière crucero n.m.
croix cruz n.f.
croyance creencia n.f.
cruauté crueldad n.f.
cruche jarra n.f.
cuisine cocina n.f.
culte culto n.m.
culture (agriculture) cultivo n.m.
cupidité codicia n.f.
danger peligro n.m.
dangereux,-euse peligroso,-a adj.
danse baile / danza n.m. / n.f.
danseur,-euse de flamenco bailaor,-a n.
de dos de espaldas loc.
débarquement desembarco n.m.
débarquer desembarcar v.
débouché salida n.f.
debout de pie loc.
décennie década n.f.
déchet residuo / basura n.m. / n.f.
décor decorado / escenario n.m.
découverte descubrimiento n.m.
découvrir descubrir v.
décrire describir v.
dedans dentro adv.
déesse diosa n.f.
défaite derrota n.f.
défaut defecto n.m.
défendre defender [ie] v.
défi desafío / reto n.m.
défilé desfile n.m.
déforestation deforestación n.f.
degât daño n.m.
degré grado n.m.
déguisement disfraz n.m.
dehors fuera adv.
déjeuner comer (esp) / almorzar [ue] (amér.) v.
déjeuner (petit) desayunar v.
délai plazo n.m.
demain mañana adv.
demande demanda n.f
demander (question) preguntar v.
demander (requête) pedir [i] v.
déménager mudar(se) v.
demi-frère,-sœur hermanastro,-a n.
démissionner demitir v.
dénoncer denunciar v.
dentiste dentista n.m. / n.f.
dépassement superación n.f.
dépasser asomar v.
dépasser (se) superar(se) v.
déplacer (se) desplazar(se) v.
déranger molestar v.
dernier,-ère último,-a adj.
derrière detrás de loc.
descendant,-e descendiente n.
désert desierto n.m.
désertification desertificación / desertización n.f.
désertique desértico,-a adj.
désespoir desesperación n.f.
désir deseo n.m.
désirer desear v.
désobéir desobedecer v. irr
dessin dibujo n.m.
dessiner dibujar v.
dessous abajo / debajo adv.
dessus encima adv.
déterminé,-e determinado,-a adj.
détruire destruir / destrozar / arrasar v. irr / v.
détruit,-e derruido,-a adj.
devant delante (de) prep. / loc.
développement desarrollo n.m.
développer desarrollar v.
devenir convertirse [ie] (en) v.
dévotion devoción n.f.
dieu dios n.m.
difficile difícil adj.
difficulté dificultad n.f.
dîner cenar v.
diplôme diploma n.m.
dire au revoir despedir(se) [i] v.
discrimination discriminación n.f.
discuter hablar / conversar v.
disparaître desaparecer v. irr
disparition desaparición n.f.
dispute pelea n.f.
disputer (se) discutir / pelearse v.
dissemblable dispar adj.
distinguer distinguir v.
distraire distraer v.irr
divorcé,-e divorciado,-a [estar] adj.
domaine ámbito n.m.
dommage daño n.m.
douleur dolor n.m.
droit (jur.) derecho n.m.
droit,-e derecho,-a adj.
droite derecha n.f
drôle (être) gracia (tener / hacer) loc.
durable sostenible / duradero,-a / sustentable adj.
durée duración n.f.
dynamique dinámico,-a adj.
eau agua n.f.
échange intercambio n.m.
écharpe bufanda n.f.
échec fracaso n.m.
échecs (jeu) ajedrez n.m.
échelon escalón n.m.
écœurer dar asco loc.
école escuela n.f
écotourisme (tourisme écologique) ecoturismo n.m.
écouteurs auriculares n.m.pl.

écrire escribir v.
écrivain,-e escritor,-a n.
édifice edificio n.m.
effacer borrar v.
efforcer (s') esforzarse [ue] v.
effort esfuerzo n.m.
effrayer asustar v.
église iglesia n.f.
élargir ampliar v.
élève alumno,-a n.m.
éloignement distanciamiento n.m.
émancipation emancipación n.f.
embaucher contratar v.
embrasser dar un beso loc.
émotion emoción n.f.
émouvant,-e conmovedor,-a adj.
émouvoir conmover [ue] v.
émouvoir (s') emocionar(se) v.
empirer empeorar v.
emplacement ubicación n.f.
emploi puesto de trabajo loc.
ému,-e emocionado,-a adj.
en avoir marre estar harto,-a loc.
en face enfrente adv.
en haut arriba adv.
en orbite en órbita [estar] loc.
en-dessous de debajo de loc.
enceinte embarazada [estar] adj.
encourager animar v.
endommager dañar v.
énergie energía n.f.
enfant niño,-a n.
enfants (filiation) hijos n.m.pl.
enfer infierno n.m.
enfermer encerrar [ie] v.
engagement compromiso n.m.
engager (s') comprometer(se) v.
enjeu reto n.m.
enlacer abrazar v.
enlever quitar v.
ennemi,-e enemigo,-a n.m. / n.f.
ennui aburrimiento n.m.
enquête encuesta n.f.
enraciné,-e arraigado,-a adj.
enregistrer grabar v.
enrichir enriquecer v. irr.
ensemble conjunto n.m.
entendre oír v. irr
enthousiasme entusiasmo n.m.
enthousiasmer (s') ilusionar(se) v.
enthousiaste entusiasta adj.
entouré,-e cercado,-a adj.
entreprise empresa n.f
entretien d'embauche entrevista n.f
envahir invadir v.
envahisseur invasor n.m.
envie ganas n.f. pl.
environnement (ce qui nous entoure) entorno n.m.
environnement (nature) medioambiente n.m.
éolien,-ne eólico,-a adj.
épanouir (s') realizar(se) v.
épée espada n.f.
épice especia n.f.
épuisement agotamiento n.m.
épuiser (s') agotar(se) v.
équipe equipo n.m.
esclavage esclavitud n.f.
espace espacio n.m.
espoir esperanza n.f.
esprit espíritu n.m.
essai intento n.m.
essayer intentar / tratar de v.
esthétique estética / estético,-a n.f. / adj.
estime de soi autoestima n.f.
étage piso n.m.
éteindre apagar v.
étoile estrella n.f.
étrange raro,-a / extraño,-a adj.
étranger,-ère extranjero,-a, extraño,-a / foráneo,-a adj.
être diplomé graduarse v.
être ému,-e emocionar(se) v.
être en arrêt estar de baja v.
être en compétition competir [i] v.
être en vacances estar de vacaciones v.
être humain ser humano loc.
étroit estrecho,-a adj.
études (universitaires) carrera n.f
étudiant estudiante n.m.
étudier estudiar v.
événement acontecimiento n.m.
éviter evitar v.
évoluer evolucionar v.
excès exceso n.m.
exercer ejercer v.
exercer (une profession) ejercer una profesión v.
existence existencia n.f.
expérience experiencia n.f
exploitation explotación n.f.
explorer explorar v.
exposer exponer v. irr
exposition exposición n.f.
exprimer expresar v.
extrait fragmento n.m.
façade fachada n.f.
facile fácil adj.
facilité facilidad n.f.
faire confiance à confiar (en) v.
faire des études estudiar / cursar v.
faire du shopping ir de compras loc.
faire le portrait retratar v.
faire mal doler [ue] v.
faire partie de formar parte de loc.
faire peur dar miedo loc.v.irr.
faire prendre conscience concienciar v.
faire ressortir resaltar v.
faire rire hacer gracia v. irr
faire un stage estar de prácticas loc.
familier,-ère familiar adj.
famille familia n.f.
famille nombreuse familia extendida n.f.
faune fauna n.f.
favoriser favorecer v. irr.
fer hierro n.m.
ferveur fervor n.m.
festivité festejo n.m.
fête fiesta n.f.
fêter celebrar v.
feu fuego n.m.
fiancé,-e novio,-a n.
fidèle fiel adj.
fier,-ère orgulloso,-a adj.
fierté orgullo n.m.
film película n.f.
fils,fille hijo,-a n.
fléau plaga n.f.
fleuve río n.m.
flore flora n.f.
flou,-e borroso,-a adj.
foi fe n.f.
folie locura n.f.
fonction función n.f.
fonder fundar v.
footballeur,-euse futbolista n.
force fuerza n.f.
forcer forzar [ue] v.
forger forjar v.
formation formación n.f
fort,-e fuerte adj.
forteresse fortaleza n.f.
fou, folle loco,-a adj.
fouet látigo n.m.
fouille (arch.) excavación n.f.
fouiller escarbar v.
fournir abastecer v. irr.
foyer hogar n.m.
frayeur susto n.m.
frère, sœur hermano,-a n.
fresque mural n.m.
froideur frialdad n.f.
fruit fruta (veg.) / fruto n.f.
fuir huir (de) v.irr
fumée humo n.m.
futur futuro n.m.
gagner ganar v.

gagner sa vie ganar(se) la vida v.
galaxie galaxia n.f.
galicien,-ienne gallego,-a n. / adj.
gaspiller despilfarrar / derrochar v.
gauche izquierda / izquierdo,-a n.f. / adj.
gaz gas n.m.
géant,-e gigante adj.
geek friki n.m.
gêné,-e molesto,-a adj.
gêner molestar v.
génération generación n.f.
gens gente n.f.
gitan,-e gitano,-a n. / adj.
goût sabor n.m.
goûter merendar [ie] v
goûter (essayer) probar [ue] v.
gradins gradas n.m.
graffeur,-se grafitero,a n.m. / n.f.
graffiti grafiti / pintada n.m. / n.f.
grand,-e alto,-a, / grande adj.
grand-père,-mère abuelo,-a n.
grandeur grandeza n.f.
grandir crecer v. irr.
gratte-ciel rascacielos n.m.
gros mots palabrotas n.f.pl.
guerrier,-ère bélico,-a adj.
guide guía n.
guider guiar v.
guitare guitarra n.f.
habileté habilidad n.f.
habiller (s') vestir(se) [i] v.
habitat hábitat n.m.
habits ropa n.f.
habitude costumbre / hábito n.f. / n.m.
haillons harapos n.m.pl.
hameau aldea n.f.
handball balonmano n.m.
handicap discapacidad n.f.
handicapé,-e discapacitado,-a adj. / n.
haut,-e alto,-a adj.
héritage herencia / legado n.f.
hériter heredar v.
hésiter dudar / vacilar v.
heures supplémentaires horas extras n.f. pl.
heureux,-euse feliz adj.
heurter chocar v.
hier ayer adv.
hologramme holograma n.m.
hommage homenaje n.m.
homme hombre n.m.
honorer honrar v.
honte vergüenza n.f.
honte (avoir) avergonzar(se) [ue] v.
honteux,-euse vergonzoso,-a / avergonzado,-a adj.
hooligan hooligan n.m.
hors fuera adv.
humble humilde adj.
hypothèse hipótesis n.f.
identifier (s') (à) identificar(se) (con) v.
identité identidad n.f.
idyllique idílico adj.
ignorer desconocer v. irr.
image imagen n.f.
impact impacto n.m.
impliqué,-e implicado,-a adj.
impliquer (s') involucrar(se) / implicar(se) v.
imposant,-e imponente adj.
imposer imponer v.irr
impressionant,-e impresionante adj.
inacceptable inaceptable adj.
incendie incendio n.m.
inclure incluir v.irr
incompréhensible incomprensible adj.
inconnu,-e desconocido,-a adj.
inconvénient desventaja / inconveniente n.f. / n.m.
incroyable increíble adj.
indélébile imborrable adj.
indépendance independencia n.f.
indépendant (devenir) independizar(se) v.
indépendant,-e independiente adj.
indifférence indiferencia n.f.
indigène indígena n. / adj.
indispensable indispensable, imprescindible adj.
ineffaçable imborrable adj.
influence influencia n.f.
informer informar v.
ingénieur,-e ingeniero,-a n.m. / n.f.
innondation inundación n.f.
innover innovar v.
inondation inundación n.f.
inoubliable inolvidable adj.
inquiéter (s') inquietar(se) / preocupar(se) v.
inquiétude inquietud / preocupación n.f.
inscrire (s') (école) matricular(se) v.
insecte insecto n.m.
insérer insertar v.
insulte insulto n.m.
intelligence inteligencia n.f.
intensité intensidad n.f.
interviewer entrevistar v.
intimidé,-e intimidado,-a adj.
invention invento n.m.
irrigation regadío n.m.
irritation enfado n.m.
isolé,-e aislado,-a adj.
jaune amarillo,-a adj.
jeans vaqueros n.m.
jeter tirar v.
jeune joven n.m.
job curro n.m.
joie alegría n.f.
joli,-e bonito,-a / hermoso,-a / guapo,-a adj.
jouer jugar [ue] v.
jouer (un rôle) desempeñar (un papel) v.
jouer d'un instrument tocar un instrumento loc.
jouir gozar v.
jour día n.m.
journal de bord diario de a bordo loc.
joyau joya n.f.
joyeux,-euse alegre adj.
judicieux,-euse acertado,-a adj.
juger jugar v.
juif,-ve judío,-a n. / adj
jungle selva n.f.
jupe falda n.f.
justifier justificar v.
laid,-e feo,-a adj.
laisser dejar v.
langue idioma / lengua n.m., n.f.
large amplio,-a / ancho,-a adj.
légende leyenda n.f.
légume verdura n.f.
les deux ambos,-as adj.
lésé,-e perjudicado,-a adj.
lettre (de motivation) carta (de motivación) n.f.
lever (se) levantar v.
liberté libertad n.f.
lié,-e vinculado,-a adj.
lien vínculo n.m.
lien (affectif) lazo n.m.
lien de parenté parentesco n.m.
lieu lugar n.m.
lieu commun tópico n.m.
lignée saga n.f.
linge ropa n.f.
lire leer v.
location alquiler n.m.
logement vivienda / alojamiento n.f., n.m.
lointain,-ne lejano,-a adj.
loisir ocio n.m.
long,-ue largo,-a adj.
loyer alquiler n.m.
lumière luz n.f.
lunettes gafas n.f.pl.
lutter luchar v.
luxuriant,-e frondoso,-a adj.
lycée instituto (esp) / liceo (amér.) n.m.
machine máquina n.f.

maigre delgado,-a adj.
maillot camiseta n.f.
main d'oeuvre mano de obra loc.
maire alcalde,-sa n.
mairie ayuntamiento n.m.
maison de retraite residencia de tercera edad, de ancianos n.f.
maître,-esse amo,-a n.m.
maîtriser dominar v.
mal (avoir du) costar [ue] v.
malbouffe comida basura loc.
malheur desgracia n.f.
manger comer v.
manipuler manipular v.
manque falta / carencia n.f.
manquer (de) carecer (de) v.irr
manteau abrigo n.m.
marathon maratón n.f.
marche escalón n.m.
marché mercado n.m.
marché du travail mercado laboral n.m.
marcher sur pisar v.
marée marea n.f.
marié,-e casado,-a [estar] adj.
marraine madrina n.f.
massacre masacre n.f.
match partido n.m.
matriarcat matriarcado n.m.
mécontentement enfado n.m.
médaille medalla n.f.
meilleur mejor adj. / adv.
mélanger mezclar v.
membre miembro n.m.
memoire memoria n.f.
menace amenaza n.f.
menacer amenazar v.
mensonge mentira n.f.
mépriser despreciar v.
mer mar n.m.f.
mère madre n.f.
message mensaje n.m.
mesure medida n.f.
mesurer medir [i] v.
métier oficio n.m.
métis mestizo n.m.
métissage mestizaje n.m.
mieux mejor adv.
miroir espejo n.m.
moderne moderno,-a adj.
moderniser modernizar v.
modifier modificar v.
mois mes n.m.
moitié mitad n.f.
moment rato n.m.
monoparental monoparental adj.
monstre monstruo n.m.
monter subir v.
montrer mostrar [ue] v.
moquer (se) burlar(se) v.
morceau trozo n.m.
mosquée mezquita n.f.
mot palabra n.f.
mouvement movimiento n.m.
moyen medio / recurso n.m.
mur pared n.f.
musique música n.f.
mythe mito n.m.
nager nadar v.
nationalité nacionalidad n.f.
nature naturaleza n.f.
navette (spatiale) nave n.f.
naviguer navegar v.
navire nave n.f.
neveu, nièce sobrino,-a n.m.
nier negar [ie] v.
noir et blanc (en) blanco y negro (en) loc.
noir,-e negro,-a adj.
nom (de famille) apellido n.m.
nombreux,-euse numeroso,-a adj.
nombril ombligo n.m.
noter apuntar v.
notes (prendre des) apuntes (tomar) n.m.
nourrir nutrir / alimentar v.
nourriture comida n.f.
nouveauté novedad n.f.
nouvelle noticia n.f.
noyau núcleo n.m.
nuage nube n.f.
nuancer matizar v.
nucléaire nuclear adj.
obéir obedecer v. irr
objectif objetivo n.m.
obliger obligar v.
obscur,-e oscuro,-a adj.
observatoire observatorio n.m.
obstacle traba n.f.
obtenir obtener / conseguir [i] v.irr / v.
occasion (à l'—de) motivo (con—de) loc.
œuvre obra n.f.
offrande ofrenda n.f.
offre oferta n.f
oignon cebolla n.f.
oncle tío n.m.
opposer (s') oponer(se) v. irr
optimiste optimista adj.
or oro n.m.
orage tormenta n.f.
ordre (consigne) / ordre (rangement) orden n.f / n.m.
ordures basuras n.f. pl.
orgueilleux,-euse orgulloso,-a (ser) adj.
origine origen n.m.
oublier olvidar v.
paisible apacible adj.
paix paz n.f.
palais palacio n.m.
panier cesta n.f.
pantin muñeco n.m.
par cœur de memoria loc.
par hasard por casualidad loc.
paradis paraíso n.m.
parcourir recorrer v.
parcours (études) carrera n.f.
parcours (itinéraire) recorrido n.m.
parents padres n.m.
parler hablar v.
paroles (d'une chanson) letra n.f.
parrain padrino n.m.
partager compartir v.
participer participar (en) v.
particulier,-ère peculiar adj.
passer (se) pasar / ocurrir / suceder v.
passion pasión / afición n.f.
passionné,-e apasionado,-a
passionner (se) apasionar(se) v.
pâtes pasta n.f.
patient,-e paciente n.m. / n.f.
patrimoine patrimonio n.m.
patron patrón n.m.
pauvre pobre adj.
paysage paisaje n.m.
peindre pintar v.
peintre pintor,-a n.
penser opinar v.
perdre perder [ie] v.
père padre n.
période periodo n.m.
périphérie extrarradio n.m.
personne âgée anciano,-a n.
perte pérdida n.f.
peser pesar v.
pessimiste pesimista adj.
petit-déjeuner desayuno n.m.
petit-fils,-fille nieto,-a n.
petit,-e bajo,-a / pequeño,-a adj.
petit,-e ami,-e novio,-a n.
pétrole petróleo n.m.
peuple pueblo n.m.
peur miedo n.m.
phénomène fenómeno n.m.
photogramme fotograma n.m.
photographe fotógrafo,-a n.
photographie fotografía n.f.
photographier fotografiar / retratar v.
pierre piedra n.f.
piéton,-onne peatonal adj.
pilier pilar n.m.
pillage saqueo / pillaje n.m.

piller saquear v.
pire peor adj.
place lugar / plaza n.m / n.f.
plaire apetecer v.irr.
plaisir placer n.m.
plan plano n.m.
planète planeta n.m.
plastique plástico,-a n.m. / adj.
pluie lluvia n.f.
poche (vêtement) bolsillo n.m.
poème poema n.m.
poésie poesía n.f.
pollué,-e contaminado,-a adj.
polluer contaminar v.
pollution contaminación n.f.
populaire popular adj.
population población n.f.
porter vestir [i] v.
portrait retrato n.m.
poste puesto n.m.
poubelle basura n.f.
poudre polvo n.m.
poussière polvo n.m.
précieux,-ieuse valioso,-a adj.
prédiction predicción n.f.
prédire predecir v.irr
prendre coger / tomar (una bebida) v.
prendre congé despedir(se) [i] v.
prendre sa retraite jubilar(se) v
prendre soin de cuidar de v.
prénom nombre n.m.
près cerca adv.
préserver preservar v.
prier rezar v.
prix precio n.m.
prix (récompense) premio n.m.
produire producir v.irr
produit producto n.m.
profession profesión n.f.
profit provecho n.m.
profiter aprovechar v.
profond,-e hondo,-a / profundo,-a adj.
progrès progreso / adelanto n.m.
projet proyecto n.m.
projeter proyectar v.
promotion (professionnelle) ascenso n.m.
promouvoir promover [ue] v.
prononciation pronunciación n.f.
propre limpio,-a adj.
protecteur,-trice protector,-a adj.
protection protección n.f.
protéger proteger v.
protester protestar v.
provoquer provocar v.
puissance potencia n.f.
pureté pureza n.f.
qualité calidad n.f.
qualité (personne) cualidad n.f.
quartier barrio n.m.
quelque chose algo adv.
quitter abandonar / dejar v.
quotidien cotidiano / día a día n.m.
racine raíz n.f.
racisme racismo n.m.
raffiné,-e refinado,-a adj.
raison razón n.f.
râleur,-euse gruñón,-a adj.
ranger guardar v.
rapidité rapidez n.f.
rappeler (se) recordar [ue] v.
rappeur,-euse rapero,-a n.
rapprochement acercamiento n.m.
raser (se) afeitar(se) v
rasoir maquinilla n.f.
rassembler reunir v.
rassembler(se) juntar(se) v.
rassurer (se) tranquilizar(se) v.
rater (un examen) suspender v.
réagir reaccionar v.
réaliste realista adj.
réalité realidad n.f.
recette receta n.f.
réchauffement calentamiento n.m.
rechercher buscar / investigar v.
récit relato n.m.
recomposé,-e recompuesto,-a adj.
reconnaissance reconocimiento n.m.
recopier copiar v.
record récord n.m.
recordman, recordwoman plusmarquista / recordman, recordwoman n.
recours recurso n.m.
recrutement contratación n.f
recrutement (d'un sportif) fichaje n.m.
reculer retroceder v.
recyclage reciclaje n.m.
réduire reducir v.irr
réduire en esclavage esclavizar v.
reflet reflejo n.m.
refléter reflejar v.
refuser negar [ie] v.
regard mirada n.f.
règle regla n.f.
rejeter rechazar v.
relever apuntar / entresacar v.
religieux,-euse religioso,-a adj.
religion religión n.f.
remédier remediar / solucionar v.
remercier agradecer v.irr
remplacer reemplazar / sustituir v. / v.irr.
rencontre encuentro n.m.
rendre (se) compte de dar(se) cuenta de loc.
renier renegar [ie] v.
renommée fama n.f.
renouvelable renovable adj.
rénover renovar [ue] v.
renverser vuelta (dar la) n.f. loc.
renvoyer qqun despedir [i] a alguién v.
répéter repetir [i] v.
répondre contestar v.
représenter representar v.
respect respeto n.m.
respecter respetar v.
ressemblance semejanza n.f.
ressembler parecer(se) v. irr
ressentir sentir [ie] v.
ressortir resaltar v.
ressource recurso n.m.
rester quedar(se) v.
retourner (se) volverse [ue] v.
retraite jubilación n.f
réunir (se) juntar(se) / reunir(se) v.
réussir lograr / conseguir [i] v.
réussir (un examen) aprobar [ue] v.
réussite éxito n.m.
rêve sueño n.m.
réveiller despertar [ie] v.
revendiquer reivindicar v.
revenir regresar v.
rêver (de) soñar [ue] (con) v.
riche rico,-a adj.
rime rima n.f.
rire risa n.f.
risque riesgo n.m.
risqué,-e arriesgado,-a adj.
rituel rito n.m.
rivière río n.m.
robot robot n.m.
rôle papel / rol n.m.
rôle (jouer un) papel (desempeñar un) n.m. / loc
roman novela n.f.
romantique romántico adj.
rond,-e redondo,-a adj.
rouge rojo,-a adj.
route carretera n.f.
ruine ruina n.f.
rupture ruptura n.f.
sable arena n.f.
sac bolso n.m.
sac (plastique) bolsa n.f.
sac à dos mochila n.f.
sacré,-e sagrado,-a adj.
sacrifier sacrificar v.
sacrilège sacrilegio n.m.
sain,-e saludable / sano,-a adj.
saison temporada / estación n.f.

salaire salario / sueldo n.m.
salle de cours aula n.f.
sandwich bocadillo n.m.
santé salud n.f.
saoul,-e bebido,-a adj.
sauce salsa n.f.
sauver salvar v.
savoir saber v.irr
scénario guion n.m.
scénariste guionista n.m. / n.f.
scène escenario n.m.
science-fiction ciencia-ficción n.f.
script guion n.m.
sécheresse sequía n.f.
secret secreto n.m.
secteur ámbito / sector n.m.
secteur (profesionnel) ámbito (profesional) n.m.
sécurité seguridad n.f.
séjour estancia n.f.
sembler parecer v.irr
sens sentido n.m.
sensibiliser sensibilizar / concienciar v.
sentiment sentimiento n.m.
sentir sentir [ie] v.
séparé,-e separado,-a [estar] adj.
série serie n.f.
serre invernadero n.m.
serveur (bar) camarero n.m.
siècle siglo n.m.
similitude semejanza n.f.
simple sencillo,-a adj.
simplicité sencillez n.f.
site archéologique yacimiento n.m.
skate monopatín n.m.
slogan eslogan n.m.
sœur hermana n.f.
soie seda n.f.
sol suelo n.m.
solaire solar adj.
soleil sol n.m.
solidaire solidario,-a adj.
solidarité solidaridad n.f.
solitude soledad n.f.
solution solución n.f.
solutionner solucionar v.
sombre oscuro,-a adj.
sommeil sueño n.m.
son sonido n.m.
sonner sonar [ue] v.
sortir (s'en) salir adelante loc.v. irr
sortir du lot resaltar / destacar(se) v.
souffrance sufrimiento n.m.
souffrir sufrir v.
souhait deseo n.m.
source fuente n.f.
souriant,-e sonriente adj.
sourire sonreír [i] v.
sous debajo prep.
soutenir animar / apoyar v.
souterrain,-aine subterráneo,-a adj.
soutien apoyo n.m.
souvenir recuerdo n.m.
souvenir (se) recordar [ue] / acordar(se) [ue] de v.
souvent a menudo adv.
spatial,-e espacial adj.
spécialiste especialista n.
spectacle espectáculo n.m.
sphère esfera n.f.
splendeur esplendor n.m.
sport deporte n.m.
sportif,-ve deportista n.
sportif,-ve deportivo,-a adj.
stade estadio n.m.
statue estatua n.f.
stéréotype tópico / estereotipo n.m.
strophe estrofa n.f.
stupeur estupor n.m.
subir sufrir v.
substituer sustituir v.irr.
succès éxito n.m.
suivre seguir [i] v.
supérieur (enseignement) post-grado n.m.
supermarché supermercado n.m.
superposer superponer v. irr.
supporter aguantar v.
supporter hincha n.m.
sur encima prép.
sûr,-e seguro,-a adj.
surnom apodo n.m.
surprenant sorpendente adj.
surprendre sorprender v.
surpris,-e sorprendido,-a adj.
surprise sorpresa n.f.
surveiller vigilar v.
survenir ocurrir v.
survivre sobrevivir v.
symbole símbolo n.m.
T-shirt camiseta n.f.
tableau cuadro n.m.
tâche tarea n.f.
tag grafiti / pintada n.
tagueur,-se grafitero,a n.
taille tamaño n.m.
taire (se) callar(se) v.
tante tía n.f.
tape-à-l'oeil llamativo,-a adj.
technologie tecnología n.f.
télécommande mando n.m.
téléscope telescopio n.m.
témoin testigo n.m.
témoignage testimonio n.m.
température temperatura n.f.
temple templo n.m.
temps tiempo n.m.
tendresse cariño n.m.
terre tierra n.f.
tête de mort calavera n.f.
théâtre teatro n.m.
timide tímido,-a adj.
tissu tejido n.m.
titre título n.m.
toile lienzo n.m.
tolérance tolerancia n.f.
tomber amoureux,-euse enamorar(se) v.
tour torre n.f.
touriste turista n.m. / n.f.
touristique turístico,-a adj.
trace huella n.f.
tradition tradición n.f.
traduction traducción n.f.
traduire traducir v. irr.
trahir traicionar v.
trait rasgo n.m.
trajectoire trayectoria n.f.
transformer (se) convertirse [ie] v.
transmettre (se) transmitir(se) v.
transmission transmisión n.f.
travailler trabajar v.
traversée travesía n.f.
tremblement de terre terremoto n.m.
trésor tesoro n.m.
tri sélectif selección de residuos loc.
tribu tribu n.f.
trier seleccionar / separar v.
triste triste adj.
troisième âge tercera edad n.f.
tromper engañar v.
trottoir acera n.f.
trouver encontrar [ue] / hallar v.
tuer matar v.
tuile teja n.f.
uni,-e unido,-a adj.
union unión n.f.
univers universo n.m.
université universidad n.f
urbain,-e urbano,-a adj.
usine fábrica n.f
utile útil adj.
vaincre vencer v.
vaisseau nave n.f.
valeur valor n.m.
valise maleta n.f.
vélo bici(cleta) n.f.
vendre vender v.
vent viento n.m.
vérifier averiguar / verificar v.

véritable verdadero / genuino adj.

vérité verdad n.f.

vers verso n.m.

vert,-e verde adj.

vestibule portal n.m.

vêtement ropa n.f.

vêtements vestimenta n.f.

vexer (se) molestar(se) v.

viande carne n.f.

victoire victoria n.f.

vie vida n.f.

vieille-ville casco histórico n.m.

vieux, vieille viejo,-a n.

vif vivo adj.

vignette viñeta n.f.

village pueblo n.m.

ville ciudad n.f.

violence violencia n.f.

violent,-e violento,-a adj.

vire-langue trabalenguas n.m.

virtuel,-le virtual adj.

visage rostro n.m.

vision du monde cosmovisión n.f.

vitesse velocidad n.f.

vivant,-e vivo,-a adj.

vivre ensemble convivir v.

vocabulaire vocabulario n.m.

vocation vocación n.f

voisin,-e vecino,-a n.

voix voz n.f.

vol (soustraction) robo n.m.

voler volar [ue] v.

voler (soustraire) robar v.

vouloir querer [ie] v.

voyager viajar v.

voyant,-e llamativo,-a adj.

vraisemblable verosímil adj.

vue vista n.f.

xénophobe xenófobo,-a adj.

xénophobie xenofobia n.f.

zone zona n.f.

Références Iconographiques

couverture (h) GemaBlanton/IstockPhoto ; **couverture (b)** Syldavia/IstockPhoto ; **6 (hd)** FSG/Agefotostock ; **8, 10, 12 (hhg)** George Dolgikh/Shutterstock ; **8 (md)** Gelpi/Shutterstock ; **8 (hd)** Gary Conner/Photodisc/Gettyimages ; **9 (mm)** ArtFamily/Shutterstock ; **9 (hd)** "Si fueras tú"/RTVE ; **10 (mm)** Shocking Liar ; **10 (hg)** El Almendro "Vuelta a casa por Navidad", 2017/La Viuda ; **11 (bhm)** Sergey Peterma/Adobe Stock ; **11 (bhg)** inbj/Istock ; **11 (bbg)** sompob/Adobe Stock ; **11 (bbd)** borisyankov/Istock ; **11 (bhd)** picsfive/Adobe Stock ; **12 (h)** C. Chaumet ; **13 (hg)** Jaime Villanueva/El País ; **14, 4 (hg)** Victoriano Izquierdo ; **16 (4)** azahar-sevilla.com ; **16 (5)** INALI (Instituto Nacional de Lenguas Indígenas), 2012 ; **16 (1,1)** El Rubius ; **16 (1,4)** Facebook © 2018 ; **16 (1h)** © 2018 YouTube ; **16 (1,3)** Instagram © 2016 ; **16 (1,2)** © 2018 Twitter, Inc. ; **16 (1,6)** © 2018 WhatsApp Inc ; **16 (1,5)** © 2018 Snap Inc. ; **17 (2)** Uly Martín/El País ; **17 (3)** pukach2012/Adobe Stock ; **17 (6)** Juan Manuel Castro Prieto/Agence Vu ; **17 (bg)** Juan Andrés y Nicolás Ospina ; **17 (7)** Alan Graf/Alamy ; **18** Luke Korns ; **19 (bm)** Cortesía de Ediciones Tusquets Editores, un sello de Editorial Planeta ; **19 (hg)** Roger-Viollet ; **20 (hm)** sunlight19/Adobe Stock ; **20 (hg, mm)** C. Chaumet ; **20 (mg)** I. Alonso ; **21 (md)** "Campaña de prematrícula curso 2018-2019", Irekia, euskadi.eus, Gobierno Vasco ; **21 (hg)** EITB, Euskal Televusta-Televisión Vasca S.A. ; **22 (bd)** Ilustraciones: Metzican/Laboratorio de Ciudadanía Digital (LCD) ; **22 (hd)** MinMujer, Instituto Nacional de la Mujer, Venezuela ; **23 (hg)** Tihorappers Crew ; **23 (bd)** Hugo Ortuno/Efe ; **25 (md)** Quesería La Antigua de Fuentesauco/Instituto Cervantes ; **25 (hg)** José Luis Perales Inc/Agefotostock ; **26 (bd)** Santi Burgos ; **26 (hg)** Cortesía de Ediciones Martínez Roca, un sello de Editorial Planeta ; **27** Raquel Córcoles, Carlos Carrero/Moderna de Pueblo ; **28 (hd)** Real Key Music ; **28 (mm)** Editorial Montena/Penguin Random House Grupo Editorial, 2012 ; **29** Javier Ruescas ; **30** "El rostro de la sombra" de Alfredo Gómez Cerdá, 2011, ©Ediciones SM, 2011, Madrid, España ; **31** Rayden ; **33 (hg)** Con la amable autorización de Esmeralda Verdú ; **33 (md)** jacoblund/Istockphoto ; **34 (hg)** Luis Franke ; **34 (md)** C. Chaumet ; **35** INYM (Instituto Nacional de Yerba Mate) ; **36 (md)** Penguin Random House Grupo Editorial, México ; **36 (bg)** Teka ; **37 (hg)** Colectivo argentino de contrapublicidad Proyecto Squatters como autores de la pieza gráfica, @proyectosquatters ; **37 (bg)** G.steph.rocket, https://creativecommons.org/licenses/by-sa/4.0/ ; **37 (bd)** Valentyn Volkov/Shutterstock ; **38 (bd)** Enrique Villegas/lanacion.com.ar ; **38 (hg)** switchpipi/Adobe Stock ; **38 (hbg)** RedlineVector/Adobe Stock ; **39** "Sueño en otro idioma", 2017, Director: Ernesto Contreras, Guión: Carlos Contreras, Actores: Eligio Meléndez, Manuel Poncelis, Fernando Álvarez-Rebeil, Fátima Molina, Norma Angélica, Mónica Miguel, Productores: Agencia SHA, Alebrije Cine y Video, Revolver Amsterdam, EFICINE, FOPROCINE, Estudios Churubusco, EFD ; **44, 4 (hd)** Juan Mabromata/Afp ; **46 (5)** Ana Nance ; **46 (7)** Jaime Villanueva/El País ; **46 (2)** Stephen Pond-British Athletics/Gettyimages ; **46 (1)** Enric Fontcuberta/Efe/lafototeca.com ; **46 (6)** Álvaro Fuente ; **47 (8)** Steeve Luncker-Gómez/Agence Vu ; **47 (9)** ENA/AP/Sipa ; **47 (bm)** Félix Márquez/AP/Sipa ; **47 (3)** Santi Burgos ; **47 (4)** Federico Ríos ; **48 (hg)** Alexis Berg ; **48 (bd)** Nacho Dean ; **49 (md)** Marzena Wystrach ; **49 (hg)** Jordi de La Fuente/Tenerife Bluetrail/Ideco ; **50 (hg)** www.fundaciontelefonica.com ; **50 (bd)** Aflo Co. Ltd./Alamy ; **51 (md)** Álvaro Longoria © Morena films, 2018 ; **51 (hg)** "Campeones" de Javier Gutierez, 2018 © Morena films ; **51 (hd)** Javier Soriano/Afp ; **53 (hg)** Marca ; **53 (bd)** David Rogers/Getty Images/Afp ; **54 (hg)** Leo La Valle/Efe ; **54 (bm)** Siglo XXI Editores ; **55 (md)** Marca ; **55 (h)** Oscar del Pozo/Afp ; **56 (md)** Alfredo Martirena Hernández ; **56 (bg)** Daniel García/Afp ; **57 (bg)** Campaña "Alerta contra el racismo en el fútbol", 2013, Ministerio de Cultura, Perú ; **57 (md)** Suma de Letras/Penguin Random House Grupo Editorial, 2015 ; **57 (hd)** Manuel Lorenzo/Efe ; **58 (md)** deportesdigital.com.ve ; **58 (hd)** Triego.com ; **58 (hg)** pukach2012/depositphotos.com/C. Chaumet ; **59** Tondero Distribución ; **62, 5 (hg)** Gregori Civera ; **64 (1)** Miss Galician Pie/La Familia de Carlos IV", Equipo Crónica, 1969 © Adagp, Paris, 2019 ; **64 (5)** © 2015, Luisa Rivera, por la ilustración, Licencia editorial otorgada por Penguin Random House Grupo Editorial, S.A.U. ; **64 (6)** Alessandro Albert & Paolo Verzone/Agence Vu ; **64 (2)** Lliteres/Efe/lafototeca.com ; **65 (3)** Carol Yepes/Moment/Gettyimages ; **64 (7)** SW Productions/Photodisc/Gettyimages ; **65 (8)** Gabriele Galimberti ; **65 (bm)** www.pieroonline.com ; **65 (4)** © JR/Agence Vu ; **65 (9)** Juan Manuel Castro Prieto/Agence Vu ; **66** Duffour/Andia.fr ; **67** "Coco", 2017, Réal. Lee Unkrich et Adrian Molina/Collection Christophel ©The Walt Disney company ; **68** Hirukide ; **69** Consejo de Juventud de España, www.cje.org, ; **70** Álvaro Fuente/El País ; **71** "Niñato", 2017, réal. Adrián Orr/Collection Christophel ©New Folder Studio ; **73 (hg)** Gregori Civera ; **73 (hd)** El Mundo Petardo, El Petardo ; **73 (bd)** El Grupo El Yate ; **74** Juerga gitana, "La Singla", Barcelona, 1963 © Colita ; **75** Photogramme du clip "Malamente" interprété par Rosalía © 2018 Columbia Records, avec l'aimable autorisation de Sony Music Entertainment ; **76 (bd)** Zuma Press, Inc./Alamy ; **76 (hg)** Kike Calvo/ZumaPress ; **77** Víctor Sainz/El País ; **78 (h3)** Cortesía Editorial Planeta SA https://static2planetadelibroscom.cdnstatics.com/usuaris/libros/fotos/212/original/portada_la-torre-imposible_elrubius_201604191124.jpg ; **78 (h2)** Jaime Lorente López ; **78 (h5)** R+R/Adobe Stock ; **78 (h1)** blackday/Adobe Stock ; **78 (h6)** ballabeyla/Adobe Stock ; **78 (h4)** Natalia Merzlyakova/Adobe Stock ; **78 (bd)** Fotografía: Sergio González Valero/El Mundo, Fotomontaje: LusiParejo/El Mundo ; **79** ©Morena Films ; **84, 5 (hd)** European Commission, Erasmus+ ; **86, 87 (2, 3, 4, 5, 6, 7)** Jonás Bel y Rafael Trapiellos ; **86 (1)** El Taller Tmoz ; **86 (8)** www.agraria.pe ; **86 (9)** xavierarnau/E+/Gettyimages ; **87 (10)** MGB, Guggenheim Bilbao/Erika Ede ; **87 (bm)** JC Olivera/Getty Images North America/Afp ; **87 (12)** Beatriz Tormo ; **87 (11)** Emakunde , 2019 ; **88 (mm)** Eudeba ; **88 (bg)** Gorka Lejarcegi/El País ; **89 (bg)** Antonio Fraguas de Pablo, dit Forges © Adagp, Paris 2019 ; **89 (h)** Zonajobs, 2017 ; **90 (hg)** "Campaña #GitanasEnEstéreo de la Fundación Secretariado Gitano, 2018" ; **90 (hd)** "Campaña El empleo nos hace iguales de la Fundación Secretariado Gitano, 2007" ; **90 (bg)** #EmploParaTodas, "No le pongas género, ponle talento" Día Internacional de la Mujer, Fundación Adecco, 2016 ; **91** "Roma", Réal. Alfonso Cuarón avec Yalitza Aparicio, 2018/Collection Christophel © Esperanto filmoj/Participant media ; **93 (hm)** Daniel Ernst/Adobe Stock/https://tuvideocvonline.com/argentina/ ; **93 (bd)** Emakunde ; **93 (hd)** Hirukide ; **94 (hd)** Europa Press ; **94 (bm)** Tusquets Editores, Editorial Planeta ; **95** Avalón Producciones ; **96 (md)** sepies.es ; **96 (hg)** Susan Meiselas/Magnum Photos ; **96 (bm)** Debolsillo/Penguin Random House Grupo Editorial, 2014 ; **97** "El Pais con tu futuro", 2016, DR ; **98 (hd)** Juan Chaves ; **98 (hg)** Universidad de Sevilla ; **99** User T38 ; **102, 6 (hg)** Sebastian Maharg ; **104 (1)** Ramón Espinosa/AP/Sipa ; **104 (6)** "Francisco Pizarro and his Conquistadors", Baraldi, Severino (b.1930)/Private Collection/© Look and Learn/Bridgeman Images ; **104 (2)** www.escaperoomtempo.com ; **104 (3)** Sébastien Désarmaux/Godong ; **104 (hm)** C. Chaumet ; **104 (7)** Jorge Gonzalez Camarena, "El Abrazo", 1980 dit Marcel Gonzalez Camarena Barre De Saint Leu/Museo Soumaya © Adagp, Paris 2019 ; **105 (5)** Santillana Educación ; **105 (4)** Oliver Tjaden/laif/Réa ; **105 (9)** Michael Zegers/imageBroker/Alamy ; **105 (8)** "1808 Madrid" de Julian Olivares y Juan Aguilera, 2017, Cascaborra Ediciones ; **105 (bm)** Didier Messens/Redferns/Gettyimages ; **106** Asmodee ; **107** Afp ; **108 (h)** Santi Burgos ; **108 (bg)** Photo © Museo Nacional del Prado, Dist. RMN-GP/image du Prado ; **109** AP Photo/Eduardo Verdugo/Sipa ; **110 (hd)** Jaime Villanueva/El País ; **110 (hg)** RTVE ; **111** Movistar+/Sky Vision ; **113 (md)** Photo © Museo Nacional del Prado, Dist. RMN-GP/image du Prado ; **113 (hg)** Shotshop GmbH/Alamy ; **114 (m)** Santi Pérez/National Geographic España/RBA ; **115 (hg, bm)** "La cocina en Al-Andalus" textos de Mabel Villagra, dibujos de Celia Coe, Diputación provincial de Almería, 2018 ; **115 (hd)** volff/Adobe Stock ; **116 (bm)** Fundación José Manuel Lara ; **116 (hd)** Hulton Fine Art Collection/Heritage Images/Gettyimages ; **116 (hg)** Andrés Campos Asensio ; **117 (hg)** Unión de Moros y Cristianos Virgen de las Nieves de Aspe/Turismo de Aspe ; **117 (hd, md, bg)** Alcoy Turismo ; **118 (hg)** alua.es ; **118 (hd)** A.Ruiz/Adobe Stock ; **119 (hg)** Bayad wa-Riyad (La historia de Bayad y Riyad), manuscrito siglo XIII, Biblioteca Vaticana ; **119 (bg)** Raffael/Leemage ; **119 (bm)** Philippe Lissac/Godong/Leemage ; **119 (bd)** José Luis Muñoz - http://www.jlmunoz.com/ ; **121 (bd)** Zaragoza & Eventos ; **121 (hd)** I. Alonso ; **121 (hg)** Universidad Pública de Navarra ; **122 (bm)** Cortesía de Editorial Planeta ; **122 (hd)** Santiago, Cambio 16, 19/09/1988 ; **123** Pamela J. Peters/Navajo Filmmaker ; **124, 125** Akg-images © 2019 Banco de México Diego Rivera Frida Kahlo Museums Trust, Mexico, D.F. / Adagp, Paris ; **126** Fernando Vicente ; **127 (bd)** Ediciones Era ; **127 (h)** Felix Parra "Escenas de la conquista: La matanza de Cholula", 1877, Museo Nacional de Arte, INBA, México ; **128 (bg)** Whymaps/#elinstituto ; **128 (hd)** Eneko ; **129** Atres Media ; **134** Kike Parra/El País ; **136 (2)** Kike Parra/El País ; **136 (6)** Barna Tanko/Moment/Getty images ; **136 (7)** marchello74/Istock ; **136 (8)** Enrique Marcarian/Reuters ; **136 (1)** Marka/Alamy ; **136 (3)** José Manuel Navia/Agencia Vu ; **137 (9)** Walter Bibikow/AWL Images/Gettyimages ; **137 (10)** Roberto Machado Noa/LightRocket/Gettyimages ; **137 (bm)** Pymca/Universal Images Group/Gettyimages ; **137 (5)** Gonzalo Azumendi/Agefotostock ; **137 (4)** Chris Clor/Blend Images LLC/Gettyimages ; **138 (hg)** Travel Collection/Hemis.fr ; **138 (bm)** Tusquets Editores un sello de Editorial Planeta ; **139** Tripelon-Jarry/Only World/Only France/Afp ; **140** ClaraBMartin ; **141 (bd)** Fialka.com.ar, DR ; **141 (hg)** Mat Jacob/Tendance Floue ; **143 (bd)** Espacio Pozas 14/Cruz Roja ; **143 (hg)** Marcos Brindicci/Reuters ; **144 (hd)** David Hiser/The Image Bank/Gettyimages ; **144 (bm)** akg-images/De Agostini Picture Lib./A. Gregorio ; **144 (mm)** Real Academia Española ; **145** Meinzahn/iStock Editorial/GettyImages ; **146** Salas/Efe/lafototeca.com ; **147** Grupo CPHE (Ciudades Patrimonio de la Humanidad de España) ; **148 (hd)** Martin Parr/Magnum Photos ; **148 (md, mm)** Emilie Chaix/Photononstop ; **148 (b)** Justin Setterfield/Gettyimages ; **149 (hd)** Yale Peabody Museum/AP/Sipa ; **149 (md)** Apic/Retired/Hulton Archive/Gettyimages ; **149 (hg)** Andina/Alberto Orbegoso ; **150 (hm)** Lucas Gil-Turner ; **150 (mm)** Segovia cultura Habitada ; **150 (hd)** Manel Antolí /RV EDIPRESS ; **150 (hg)** Zaragoza Cultural ; **151** Wanda ; **156** Photo Edward Quinn ©edwardquinn.com/"Chouette", 1953, "Bord de mer, II", 1957 (détail), "Femme débout", 1953 (détail), Pablo Picasso © Succession Picasso 2019 ; **158 (3)** "El entierro del Conde de Orgaz", Equipo Crónica, 1967, Serigrafía Plancha: 59,8 x 69,5 cm, Colección de Arte Afundación / Herederos Rafael Solbes / © Adagp, Paris 2019 ; **158 (1)** Photo © RMN-Grand Palais (Musée national Picasso-Paris)/Béatrice Hatala/"Tête de taureau ", Pablo Picasso, 1942 © Succession Picasso 2019 ; **158 (5)** Heritage Image Partnership Ltd/Alamy ; **158 (6)** Diego Perez Cabeza/Efe/lafototeca.com/Salvador Dali, "Rosas ensangrentadas", 1930 © Salvador Dalí, Fundació Gala-Salvador-Dalí/Adagp, Paris 2019 ; **158 (7)** Gorka Lejarcegi/El País ; **158 (2)** © D.R. Rufino Tamayo/Herederos/ México/2015/Fundación Olga y Rufino Tamayo, A.C /Adagp, Paris 2019 ; **159 (4)** Photo: Helene Toresdotter © The artist, the photographer and Malmö Konsthall, ; **159, 7 (10, hg)** "El Sur. Homenaje a Enrique Morente", coreografía Víctor Ullate, foto Manuel Montaño, dónde se ve a Enrique Morente bailando, https://www.victorullateballet.com ; **159 (8)** akg-images/Album/Oronoz/© Adagp, Paris 2019 ; **159 (9)** Courtesy Galerie Esther Woerdehoff/Chema Madoz, "Untitled", 2009 © Adagp, Paris 2019 ; **159 (bm)** JHT ; **160 (hg)** © Juanjo Sáez, 2009 ; **160 (hd)** Philadelphia Museum of Art, Pennsylvania, PA, USA/A. E. Gallatin Collection, 1952/Bridgeman Images/© Successió Miró/Adagp, Paris, 2019 ; **160 (mm)** Astiberri ; **162 (hg)** Gastón Tagtachián/Estudio Corazza ; **162 (bm)** Portada diseñada por Manuel Estrada, Alianza Editorial, 2012 ; **163 (hd)** Museo Casa de Tiros, Granada/Junta de Andalucía ; **163 (mm)** Debolsillo/Penguin Random House Grupo Editorial, 2016 ; **164 (md)** Ilustración Lorenzo Montatore/Editorial Verano del cohete ; **164 (bg)** La caja del Terror ; **165 (hg)** Fundació Sitges, Festival Internacional de Cine de Cataluña ; **165 (hd)** Photo © Museo Nacional del Prado, Dist. RMN-GP/image du Prado ; **167 (hg)** Taller de teatro de Mimí Harvey/Colegio Nacional UNLP ; **167 (md)** "Fiesta, Fiesta, Fiesta", de Lucía Miranda, 2017, Javier Burgos/The Cross Border Project ; **168 (hg)** ©Museo Lázaro Galdiano. Madrid ; **168 (bg)** 'Alegoría de la atención (autorretrato)' 1842, Rosario de Weiss, Museo National del Romanticismo ; **169 (hd)** Laura León y José Antonio de Lamadrid ; **169 (hg)** Photo © BPK, Berlin, Dist. RMN-Grand Palais/image BStGS ; **170** © Tatewaki Nio/This work was produced with the support of the musée du quai Branly–Jacques Chirac ; **170** Freddy Mamani ; **171 (hg, mm)** Luis Vidales/Red Bull Content Pool ; **171 (md)** Alejandro Braña/Ediciones Nueve Doce ; **171 (hm)** Okuda San Miguel/Ink and Movement/Foto por Elchino Pomares ; **172 (bg)** I. Alonso ; **172 (hg)** Jerónimo Alba/Alamy ; **172 (hm)** Daniel Frasnay/akg-images ; **172 (mmg)** Europa Press Entertainment/Gettyimages ; **172 (mbg)** Philippe Ledru/akg-images ; **172 (mmd)** Charles Eshelman/FilmMagic/Getyimages ; **173** "El Perro andaluz", réal. Luis Buñuel, 1929/Collection Christophel ; **178, 7 (hd)** Astroland Agency ; **180 (2)** Jesús Martínez ; **180 (7)** Nigel Dickinson/Alamy ; **180 (6)** "Menos plásticos más Mediterráneo", Troy Mayne/Oceanic/Greenpeace.es, 2017 ; **180 (1)** kegfire/Adobe Stock ; **181 (8)** Albert Monteys, "¡Universo!", Astiberri, 2018 ; **181 (9)** Roger Ressmeyer/Corbis/VCG/Gettyimages ; **181 (5)** © Joaquín S.Lavado (Quino)/Caminito S.a.s.- Literary Agency ; **181 (4)** Paco Fuentes/El País ; **181 (bm)** Oscar González/NurPhoto/Afp ; **181 (3)** Azoury Ricardo/F4/Sipa ; **182** Transformación que sufrirá España si no se actúa contra el cambio climático según los informes del Panel Intergubernamental de Cambio Climático de la ONU para alertar de la urgencia de reducir las emisiones de CO2 ©Pedro Armestre/Mario Gómez ; **183** Bernardo Vergara, eldiario.es, 2017 ; **184 (hg)** ©Survival, https://survivalinternational.org ; **184 (bd)** La Nasa ; **185** "El progreso", Ricardo

Barbetti, 1975, 1m x 70 cm, acrílico sobre cartón, godofredo543@gmail.com ; **187 (hg)** Agència Catalana de l'Aigua ; **187 (md)** Alberto di Lolli/El Mundo ; **188 (bm)** Diseño de portada: Paola Álvarez Baldit copyright © 2014, Fondo de Cultura Económica. Todos los derechos reservados. Ciudad de México. Esta edición consta de 20,000 ejemplares impresos formato electrónico y en página web de acceso con contraseña ; **188 (hd)** © 2019 King Features Syndicate, Inc. ; **189 (hg)** Organización Tupac Amaru/Prensa Amaru ; **189 (bm)** Siglo XXI ; **190** Comisión Gestora de Zorrotzaurre ; **191 (hd)** sachanampi.com ; **191 (bd)** Greenpeace/ Pedro Armestre ; **191 (mm)** Julio Etchart/Alamy ; **191 (md, hm)** Esteffany Bravo ; **191 (mg)** Heeb Christian/Prisma/Agefotostock ; **191 (bg)** Crea ; **193 (hg)** ART Collection/Alamy ; **193 (md)** fotoventura/Adobe Stock ; **194 (hg)** ESO/B. Tafreshi (twanight.org) ; **194 (hd)** ALMA (ESO/NAOJ/NRAO)/L. Calçada (ESO) ; **194 (mg)** Comunicaciones CONICYT ; **195 (hd)** www.worldview.space ; **195 (bm)** "Alucinadas , 2014", colección Nube Púlsar, Palabaristas Press ilustradora Ana Díaz Eiriz ; **196** La República ; **197 (bm)** Hearst Digital Media ; **197 (hg)** EthamPhoto/Corbis NX/Gettyimages ; **198 (hd)** Suppakij1017/Shutterstock ; **198 (hm)** kegfire/Adobe Stock ; **198 (bg)** Infobae ; **199** Nahiara S. Alonso/El País ; **200 (hg)** Asociación Navarra Nuevo Futuro ; **200 (md)** Enrique Carrascal/El Mundo ; **200 (hd)** Andrea Crisante/123rf ; **200 (mg)** Maxim Basinski/Adobe Stock ; **201** "La Zona", Alberto & Jorge Sánchez-Cabezudo, Movistar+ ; **206 (md)** El Rubius ; **206 (bg)** Ammit/Adobe Stock ; **206 (hg, hd)** C. Chaumet ; **207 (bg)** Foxys Forest Manufacture/Shutterstock ; **207 (hg)** José Jordan/Afp ; **207 (bd)** Herika Martinez/Afp ; **207 (md)** tilialucida/Adobe Stock ; **208 (hm)** Mr. Tickle ; **208 (hd)** Andrew Lichtenstein/CorbisNews/Gettyimages ; **208 (mg)** "Antonio Gades y Cristina Hoyos bailando en La Arboleda", Girona, 1969 © Colita ; **208 (bd)** Manuel Ruiz Toribio/Efe/lafototeca.com ; **209 (hd)** José Gomez/Reuters ; **209 (bd)** "No quieren", "Los Desastres de la Guerra. 1810-1812", Francisco de Goya, RMN-Grand Palais/The Trustees of the British Museum © The British Museum, Londres, Dist. ; **209 (mg)** Kevork Djansezian/Getty Images/Afp ; **209 (hm)** Archivo FNPI ; **210 (hg)** Spanish School/Gettyimages ; **210 (bm)** "1492 Christophe Colomb", 1992, par Ridley Scott avec Gerard Depardieu et Tchecky Karyo, Collection ChristopheL © France 3 Cinéma/Légende Entreprises ; **210 (bg)** Cristian Andriana/Adobe Stock ; **210 (hd)** Michael Ochs Archives/Gettyimages ; **211 (hm)** Federico Parra/Afp ; **211 (hd)** piccaya/123rf ; **211 (mg)** kasto/Adobe Stock ; **211 (bd)** Lucas Vallecillos/Agefotostock ; **212 (md)** Illustration of Huascar Inca from 'Historia y Genealogia Real de los Reyes Incas del Peru, de sus hechos, costumbres, trajes y manera de Gobierno', known as the Codice Murua (vellum), Spanish School, (16th century) / Private Collection / Bridgeman Images ; **212 (hg)** Gerardo Borbolla/Adobe Stock ; **212 (mm)** rudiernst/Adobe Stock ; **212 (bg)** Knipsersiggi/Adobe Stock ; **212 (hd)** CarlosMS/Adobe Stock ; **213 (hm)** Universal History Archive/UIG via Getty Images ; **213 (bd)** Ashley Cooper pics/Alamy ; **213 (bg)** akg-images/Album/Joseph Martin ; **213 (hd)** The National Gallery, London/akg-images ; **213 (mm)** "Autorretrato", Francisco de Goya © Museo Nacional del Prado, Dist. RMN-GP/image du Prado ; **213 (md)** © Museo Nacional del Prado, Dist. RMN-GP/image du Prado ; **214 (bd)** Anagoria ; **214 (md)** Paulo Santos/Reuters ; **214 (bg)** © Philippe Halsman/Magnum Photos ; **215 (hd)** Skreidzeleu/Shutterstock ; **215 (mg)** Javier Barbancho/Reuters ; **215 (hg)** reisegraf.ch/Alamy ; **215 (bd)** asharkyu/Shutterstock ; **215 (mm)** gosphotodesign/ Shutterstock ; **clap cinéma** Vlad Kochelaevskiy/Shutterstock.

Références Textes ; 8 Isabel Allende fragmento de "El cuaderno maya" © 2011, Isabel Allende ; **11** Universaria, Costa Rica ; **12** Mónica Godoy, http:// emprendedores-estilosap.blogspot.com ; **13** "Descubre qué estilo de aprendizaje te corresponde", universia.es ; **19** Jorge Semprún, "Adiós, luz de veranos", Tusquets Editores/Editorial Planeta, 1998 ; **20** Lourdes Domenech, Alumnos del INS Serrallarga ; **22 (hg)** El Peruano publicado por Editora Perú ; **22 (bg)** "Kernaia: lenguas indígenas al alcance de una app", Magis, 1/01/2018 ; **22 (md)** María Alvaro Navarro/El País ; **22 (hd)** Miguel León Portilla ; **23** Víctor Usón/El País ; **26** DR ; **28** Javier Ruescas, fragmento de "Play" © 2012, Javier Ruescas ; **30** "El rostro de la sombra" de Alfredo Gómez Cerdá, 2011 ©Ediciones SM, 2011, p. 7, Madrid, España ; **31** Rayden ; **33** aboutespanol.com ; **34 (g)** 'Unos versos al mate', "Kafuriga", Jorge Luis Caraballo, 2009 ; **34 (d)** "DLEXXIIIRAE" ; **36** ©Laura Esquivel, 1989 ; **38 (hd)** José Antonio Cabeza Cabeza ; **38 (bd)** Efe ; **48** Movistar+ ; **49** asics.com/es ; **53** Daniel Sánchez Caballero/eldiariodelaeducacion. com ; **54** Eduardo Galeano, "El fútbol a sol y sombra", 1995, Siglo XXI Editores ; **56** The New York Times, es ; **57** "Pez en la hierba" de Ángel Gil Cheza, 2015, Editorial Suma de Letras, Penguin Random House Grupo Editorial, S.A.U ; **59** elcomercio.pe ; **66** Rosa Montero/El País ; **70** Álvaro Fuente/El País ; **71** eldiario. es ; **74** Instituto de Cultura Gitana ; **76** "La Jaula De Oro", (Enrique Manuel Franco) © Tigres Del Norte Ediciones Musicales, 1984, Avec l'aimable autorisation d'EMI Music Publishing France. Droits protégés. ; **77** Patricia Gonsálvez/El País ; **78** Sara Rosati/El País ; **91** Diana García/AP ; **94** "El lector de Julio Verne" de Almudena Grandes, 2012, Tusquets Editores un sello de Editorial Planeta ; **96** Gabriel García Márquez fragmento de "Vivir para contarla" © 2002, Gabriel García Márquez ; **98** © María Dueñas, 2012 ; **106** https://juegosdemesayrol.com/blog/expansiones-de-timeline-versiones/Studio Lightroom ; **109** La Prensa, ; **110** EDUCACIÓN 3.0 ; **115** "La cocina en Al-Andalus" de Mabel Villagra y dibujos de Celia Coe, Diputación provincial de Almería, 2018 ; **116** © Antonio Muñoz Molina, 1991 ; **118** Eduardo Manzano Moreno ; **122** © Juan Eslava Galán, 1995 ; **126** Mario Vargas Llosa/El País ; **127** Ediciones Era ; **128** Eduardo Galeano, "Espejos", 2008, Siglo XXI Editores ; **138** "Los besos en el pan" de Almudena Grandes, 2015, Tusquets Editores un sello de Editorial Planeta ; **140** Rosa Montero/El País ; **143** Lucía Mbomío ; **144** Carlos Fuentes un fragmento de "La región más transparente" © 2008, Carlos Fuentes ; **145** Mario Vagas Llosa/El País ; **146** Eva Saíz/El País ; **148** www.boletomachupicchu.com ; **149** Danilo Sánchez Lihón ; **151 (bg)** Filmaffinity ; **151 (bd)** Cubacine.cult.cu ; **155** © Nicolás Gillén ; **161** Susana Langue - Herederos Oliverio Girondo ; **163** Julio Cortázar un fragmento de "Rayuela" © 1963, Julio Cortázar ; **167** Jordi Sierra i Fabra, "Historia de un segundo" (Premio El Barco de Vapor 2010) ; **168** Carlos Saura/Lola Films ; **172** Francesc Miralles, 2011 ; **173** Miguel Calvo Santos/HA, historia-arte.com ; **188** "El pueblo del sol", Alfonso Caso Andrade, copyright (c) 1971, Fondo de Cultura Económica . Todos los derechos reservados. Ciudad de México. Esta edición consta de 20,000 ejemplares impresos formato electrónico y en página web de acceso con contraseña ; **189** Eduardo Galeano, "Los hijos de los días", 2012, Siglo XXI Editores ; **190** Marta Montojo Torrente/La Vanguardia ; **193** Miguel Angel García Vega/El País ; **194** Afp ; **195** Lola Robles ; **198** BBC Mundo ; **199** Nahiara S. Alonso/El País.

Références Audio ; 17 Juan Andrés y Nicolás Ospina ; **21** "Caras conocidas comparten su experiencia con el euskera", 3/12/2015, EITB, Euskal Televusta-Television Vasca S.A. ; **23** www.vocesnuestras.org ; **25** Efe ; **31** Rayden ; **33** Programa "El canto del grillo", "En Voz Alta", "Mamá, quiero ser 'youtuber'", 4/05/2018, material cedido por RNE ; **35** Emisión "Lalo Bla, bla", Lalo Mir/Radio Mitre ; **37** Emisión "Futuro abierto", "La dieta mediterránea" presentado y dirigido por Tato Puerto, material cedido por RNE ; **51** Programa "De película", "Premios Goya - Jesús Vidal, Goya al Mejor Actor Revelación: "Me vienen a la cabeza tres palabras: inclusión, visibilidad, diversidad", 2/02/2019, material cedido por RNE ; **57** Levante-EMV ; **58** "La importancia de hacer deporte para los niños" con el profesor Castaño Mena, Hacer Familia, 11/04/2018 ; **69** Programa "España vuelta y vuelta", "Los jóvenes españoles y sus dificultades para emanciparse", presentado y dirigido por Manolo HH, 27/02/2018, material cedido por RNE ; **73** "Jóvenes que adoptan abuelos para combatir la soledad" de Verónica Gayá/El Confidencial ; **75** "Rosalía, una artista para el flamenco 2.0" de Enrique Santiago/RTVE ; **76** "De dreamer a asambleísta estatal: la inspiradora historia de Catalina Cruz", programa "Despierta América", 27/11/2018, Univision ; **89** "Enamorados de lo que hacen", Zonajobs ; **90** "Campaña #GitanasEnEstéreo de la Fundación Secretariado Gitano, 2018" ; **107** "Reconstrucción el video juego de la guerra en Colombia", Afp, 26/12/2016 ; **114** Programa "En días como hoy", "El desembarco de los musulmanes en España", presentado por Calor Garrido, RNE, 28/04/2011, material cedido por RNE ; **119** "Memoria de España", "El Islam y la resistencia cristiana", TV2, RTVE, 28/05/2015 ; **121** Programa "Preguntas a la historia", "Cuantos arabismos hay en español", Radio 5, 5/05/2017, material cedido por RNE ; **123** "Hoy por hoy", "Colón ayer y hoy, aquí y allá", Manuel Jabois y Pepa Bueno, 12/11/2018 © Sociedad Española de Radiodifusión, S.L.U., 2018, España, Todos los derechos reservados ; **129** "Oro", Agustín Díaz Yanes, 2017/Atres Media ; **139** Programa "Cambio de Rumbo", "Mi barrio", Radio 5, 6/11/2014 material cedido por RNE ; **149** Programa "En días como hoy", "100 años del descubrimiento de Machu Picchu" con Cristina Concostrina, 7/07/2011 material cedido por RNE ; **150** Programa "Nómadas", "Tarragona, La huella de un imperio", Radio 5, 13/10/2018 material cedido por RNE ; **155** © Nicolás Gillén ; **161** Juan Angel Italiano en "Retorno a la Babel", Vía Láctea Ediciones ; **162** "La Casa de Bernarda Alba", grabado el 2 de diciembre de 1998 en el Teatro María Guerrero de Madrid, DR ; **182** "Más de dos tercios de España en peligro de desertificación", Radio 5, 17/06/2017, material cedido por RNE ; **187** Emisión "Entre parentesis", "Greenpeace, sequía con mala gestión del agua", Radio 5, 23/11/2017, material cedido por RNE ; **197** "A punto La 2", "El futuro de los robots"/RTVE ; **200** "Gafas de realidad aumentada para afrontar sin miedos la visita al dentista", Itziar Mena,14/02/2018/ EITB, Euskal Televusta-Television Vasca S.A.

Références Vidéo ; 9 "Si fueras tú"/RTVE ; **10** El Almendro "Vuelta a casa por Navidad", 2017/La Viuda ; **18** Luke Korns ; **29** Javier Ruescas: https://www. youtube.com/User/Ruescas/ ; **30** ©Ediciones SM, 2011 ; **36** "Donde se cocina la vida", Teka ; **39** "Sueño en otro idioma", 2017, Director: Ernesto Contreras, Guión: Carlos Contreras, Actores: Eligio Meléndez, Manuel Poncelis, Fernando Álvarez-Rebeil, Fátima Molina, Norma Angélica, Mónica Miguel, Productores: Agencia SHA, Alebrije Cine y Video, Revolver Amsterdam, EFICINE, FOPROCINE, Estudios Churubusco, EFD ; **48** RTVE ; **59** "Guerrero" de Fernando Villarán, 2016, Tondero Distribución ; **68** "Con los abuelos somos +Familia", Hirukide, Federación de Asociaciones de Familias Numerosas de Euskadi ; **79** "El Olivo" de Iciar Bollaín, 2016 © Morena Films ; **90 (bg)** #EmploParaTodas, "No le pongas género, ponle talento"/Día Internacional de la Mujer, Fundación Adecco, 2016 ; **93 (hd)** "Ser madre es un plus", Hirukide, Federación de Asociaciones de Familias Numerosas de Euskadi ; **95** "Física, II" de Daniel Sánchez Arévalo, Avalón Producciones, 2004 ; **97** "El País con tu futuro", 2016, DR ; **99** User T38 ; **111** "La Peste", producida por Movistar+, creada por Alberto Rodríguez y Rafael Cobos, 2017/Sky Vision (AJOUTER LOGO). Musique titre "In the Shadows o the sword", compositeur Audio Android, Red earth/Sony ATV ; **117** www.alcoyturismo.com ; **129** "Oro" de Agustín Díaz Yanes, 2017/Atres Media ; **141** Infobae ; **143** Expedia.mx ; **147** Grupo CPHE (Ciudades Patrimonio de la Humanidad de España) ; **148** Programa "Españoles en el mundo", "Cuzco", 1/11/2018/RTVE ; **151** "Suite Habana", Fernando Pérez, 2003/Wanda ; **164** La caja del Terror ; **170** Une web-série produite par la Fondation Cartier pour l'art contemporain. Écrite et réalisée par Simon Depardon et Olivier Lambert. Production exécutive Lumento ; **184** ©Survival, https://survivalinternational.org ; **191 (bg)** Crea ; **198 (bg)** Infobae ; **201** "La Zona", producida por Movistar+, Telefónica España.

Conception, coordination éditoriale et édition : Inés Alonso

Édition des chapitres 2, 3, 4 ,6 : Dominique Colombani

Responsable éditoriale : Viviane Suschetet

Création graphique de la couverture : Nicolas Piroux

Création graphique et mise en page de l'intérieur : Cécile Chaumet

Recherche iconographique et droits : María Mora

Illustrations : Pages "Vocabulario" : Bartolomé Seguí - Pages "Expresión guiada" : Bea Tormo

Photogravure : Cécile Chaumet - RVB

PAPIER À BASE DE FIBRES CERTIFIÉES

éditions didier s'engagent pour l'environnement en réduisant l'empreinte carbone de leurs livres. Celle de cet exemplaire est de :
1,6 kg éq. CO_2
Rendez-vous sur www.editionsdidier-durable.fr

ISBN : 978-2-278-09209-3
Achevé d'imprimé par LEGO LAVIS (Italie) en avril 2019
Dépôt légal : 9209/01